DIE GROSSEN WEINE DER WELT

TEXT
SYLVIE GIRARD-LAGORCE

DELIUS KLASING VERLAG

Einführung

Wenn es eine Kultur gibt, die einen Willen, eine Leidenschaft und einen Geschmack zum Ausdruck bringen will, dann ist es ganz offenkundig die der Rebe und des Weins. Das unterstreicht Raymond Dumay zu Recht und nicht ganz ohne Humor: »Der Wein ist zunächst einmal Stolz und Kraft. Als einziges bedeutendes Produkt unseres Planeten ohne Nutzen lebt er nur angelehnt an seinen Stolz. Er kämpft um seinen Ruhm, und dieser Ruhm ist, was für ein wunderbares Zusammentreffen, die Freude des Menschen. Er entstammt buchstäblich dem Schlamm, wurde vom Menschen adoptiert und schwingt sich dank dessen Hilfe in die höchsten Sphären auf. Der Erhalt eines großen Cru ist die dauerhafteste aller künstlerischen Betätigungen.« Die Geschichte ist immer dieselbe, sei es im Médoc, im Moseltal, in der Hawke's Bay in Neuseeland oder im kalifornischen Napa Valley, in einem friedlichen Dorf an der Côte de Nuits, auf den Terrassen des Dourotales, den Rebbergen von Tupungato in fast 1500 Metern Höhe am Fuß der Anden oder in einem kleinen Flecken im Hügelgebiet des Barolo. Diese Beispiele könnte man endlos weiterführen. Die Geschichte erzählt uns von leidenschaftlichen Beziehungen, die zwischen einem Anbaugebiet, dem dort herrschenden Klima, den dortigen Rebsorten und der inneren Überzeugung des Winzers bestehen können.

Die großen Weine entstehen nie durch reinen Zufall. Verantwortlich ist immer eine Kombination günstiger klimatischer und geologischer Gegebenheiten, die in einem seltenen Gleichgewicht zueinander stehen. Bei diesen Anbaugebieten kann man wahrlich von

einem »Genius loci« sprechen, dem »geistigen Klima« eines Ortes.

Man könnte meinen, es sei ausreichend, ein Stück Land zu besitzen, dessen Boden eine bestimmte Beschaffenheit hat. Mergel, Sand, Kalk, Granit, Schiefer oder Basalt. Man fühlt sich an den Granit der Hügel von Hermitage erinnert, der die Sonnenstrahlen reflektiert, oder an das fruchtbare Schwemmland des Napa Valley, die berühmte Terra Rossa des Kalkgebietes von Coonawarra in Südaustralien, die Kieselböden des Bordeaux und den Schiefer des Moseltals. Die Beziehung zwischen Boden und geografischer Lage ist eine Gleichung mit verschiedenen Unbekannten, die sich gegenseitig beeinflussen. Die Lage ist bestimmten klimatischen Bedingungen ausgesetzt, die der Winzer nicht beeinflussen kann. Aus diesem Grund, und ganz unabhängig von der Bodenqualität, spielen geografische Gegebenheiten bei der Wahl des Weinbergs die wichtigste Rolle. Man geht dabei von einer ganz einfachen Feststellung aus: Nach Süden gerichtete Lagen auf der Nordhalbkugel und Nordlagen auf der Südhalbkugel erhalten von Natur aus mehr Sonne als andere. Ist das allgemeine Klima eher frisch, so wird ein schattiger Hang zu kalt sein für den Anbau eines qualitativ hoch stehenden Weins. Ist das Klima aber sehr heiß, so kann sich ein schattiger Hang als ideal erweisen. Einige Wissenschaftler wollen herausgefunden haben, dass das Klima der wichtigste Faktor ist. Aber was ist mit dem Zusammenspiel zwischen Rebe und Boden? Obwohl das Moseltal eher kalt und windig ist, wachsen dort – dank des Schieferbodens, der Hangexposition und der Wahl der richtigen Rebsorte – die besten Rieslinge der Welt. Es wurde auch

schon behauptet, dass Talent des Winzers könne Wunder bewirken … In Wirklichkeit entsteht ein großer Wein wohl immer durch das Zusammenspiel all dieser Elemente: Der Boden liefert das Potenzial, aber ein großer Wein entsteht nur mit der richtigen Rebsorte und dem Talent des Winzers.

Alle großen Weine dieses Planeten, in der Alten wie in der Neuen Welt, verbindet eine Gemeinsamkeit. Sie ist stärker, komplexer und tiefgreifender als die den Weinen innewohnende Qualität. Es ist ihre Existenzberechtigung, ihr Ursprung aus der Leidenschaft, die der Mensch für ihre Herstellung aufbringt. Ein Anbaugebiet so zu lieben, dass man aus ihm »wahrhaftige« Weine gewinnt, Weine, die wie Botschafter für diese Lage, für diese Appellation und die ganze Region sind, das ist eben mehr als nur ein Handwerk. Eine Technik, gewiss, ein ererbtes oder erlerntes Know-how, ohne Zweifel, aber in vielen Fällen auch eine Philosophie, die Wahl eines Anspruchs. Das verbindende Element, das unzerstörbare gemeinsame Merkmal zwischen einem Condrieu und einem Brunello di Montalcino, einem Pomerol und einem Priorato, einem Eiswein und einem Merlot von Stag's Leap ist nichts anderes als die Persönlichkeit des Anbaugebietes. Es ist ein einzigartiges Ensemble natürlicher Elemente, das sich selbst genügen muss, um etwas zum Ausdruck zu bringen. Es ist wie eine Schwingung, die keine önologische Technik, und sei sie noch so ausgeklügelt, zu erzeugen vermag. Selbstverständlich helfen Technik, Forschung und Erfahrung, ein Anbaugebiet bestmöglich in seinem Wein zum Ausdruck zu bringen, ihn immer subtiler und raffi-

nierter zu gestalten und ihn damit der Vollkommenheit anzunähern. Aber der »wahre« Winzer kennt die Grenzen, die er einhalten muss, damit sich die Technik nicht gegen ihn wendet und der Wein seine »Seele« verliert.

Denn ein großer Wein hat eine Seele. Sie zeigt sich, wenn die Intelligenz des Winzers, seine Wahrhaftigkeit während aller Phasen der Vinifizierung und das Potenzial des Anbaugebietes zusammentreffen. Man findet auf der ganzen Welt tausende von großen Weinen. Wie soll man aber die besten davon aussuchen? Welche Kriterien soll man anwenden, um sie von anderen zu unterscheiden? »Um einen großen Wein zu produzieren«, schrieb Jean Orizet, »braucht man einen Verrückten für die Pflege der Rebe, einen Weisen für die Reglementierung, einen Künstler mit klarem Kopf für die Kelterung und einen Verliebten, um ihn zu trinken …«

Die Anforderungen an die Qualität sind am Ende verhältnismäßig einfach zu definieren: ein außergewöhnliches Anbaugebiet, ein bemerkenswertes Gewächs, eine beachtliche Fähigkeit zur Lagerung, eine Feinheit oder Kraft jenseits des Üblichen. Diese Kriterien mögen banal erscheinen, sind in Wirklichkeit aber außerordentlich schwierig einzuhalten. Jenseits von Geschmack, Prestige und Berühmtheit existiert noch ein Kriterium, das sich bei der Wahl der besten Weine der Welt als überlegen erweist: die von Jahrgang zu Jahrgang ausgeglichene Qualität.

Frankreich

Elsass

Der Elsässer Weinbau ist einer der ältesten in Frankreich, er reicht bis in die Vor- und Frühgeschichte zurück. Schon damals konnten die Menschen im Elsass mit der Weinrebe und ihren Früchten etwas anfangen. Der Weinbau im eigentlichen Sinn geht aber auf die Römer zurück: Dokumente aus vorchristlicher Zeit zählen mehrere Dutzend Örtlichkeiten auf, an denen Reben angebaut wurden.

Es ist kein Zufall, dass die Reben auf Höhenzügen wachsen, die parallel zu den Vogesen verlaufen. Dieses Mittelgebirge trennt das Elsass vom Rest Frankreichs. Im Elsass herrschen besondere klimatische Bedingungen mit warmen Sommern und eher kalten Wintern. Hier entwickelten sich vielfältige Böden, und durch das Relief entstehen ausgeprägte Unterschiede in der Exposition. Das erklärt die geografische Verteilung der Weinberge und auch die entsprechenden Qualitätsunterschiede.

Abgesehen von diesen natürlichen Gegebenheiten, treten zwei Besonderheiten in den Vordergrund: Die Elsässer Weine sind im Wesentlichen weiß, trocken oder auch nicht, aber stets aromatisch. Sie passen vorzüglich zur bekannten lokalen Küche. Die Weine tragen die Bezeichnung der Rebsorte, aus der sie gekeltert wurden (Riesling, Sylvaner, Gewürztraminer usw.). Die übrigen französischen Weine mit kontrollierter Ursprungsbezeichnung tragen meist nur den Namen der Region oder des Ortes, aus dem sie stammen.

Der Weinbau erstreckt sich über rund 100 Kilometer von Mülhausen bis nach Straßburg. Das ganze Jahr über finden in den Dörfern an der Weinstraße (»Route du Vin«) weinkundliche Veranstaltungen statt und bilden einen zusätzlichen Anreiz, diese kulturell reiche Landschaft zu besuchen.

In den oft steilen Hanglagen kann die Arbeit des Winzers sehr beschwerlich sein.

Jean-Baptiste Adam

Die Domäne Adam hat seit 1614 ihren Sitz in dem alten Dorf Ammerschwihr nordwestlich von Colmar. Bis auf den heutigen Tag wird die Familientradition vom Vater an den Sohn weitergereicht. Die Familie Adam besitzt eine der berühmtesten Lagen: den Kaefferkopf. Das älteste Etikett elsässischen Weins trägt die Aufschrift » Kaefferkopf« und stammt aus dem Jahre 1834.

Bezeichnung: Alsace Riesling
Anbaufläche und Ort: 1,50 ha in Ammerschwihr
Rebsorten: Riesling (100%)
Anzahl Flaschen pro Jahr: 4000
Beste Jahrgänge: 1990, 1996

Léon Beyer

In den engen Straßen von Eguisheim scheinen sich die Häuser aneinander zu lehnen. Seit 1580 leben dort die Beyers als Winzer. Die Weinberge in der Umgebung zählen zu den besten am Fuß der Vogesen. Papst Leo IX. kam in der Burg auf die Welt, die der erste Graf von Eguisheim im 7. Jahrhundert erbauen ließ.

Bezeichnung: Alsace Gewurztraminer
Anbaufläche und Ort: 3 ha in Eguisheim
Rebsorten: Gewürztraminer (100%)
Anzahl Flaschen pro Jahr: Im Schnitt 10 000. Wird aber nicht jedes Jahr produziert.
Beste Jahrgänge: 1990, 1997, 1998, 2000

Domaine Bott-Geyl

Jean-Christophe Geyl führt die Domäne Bott-Geyl seit 1993 und ist Erbe einer Familientradition, die bis ins Jahr 1695 zurückreicht. Damals presste sein Vorfahr Jean-Martin Geyl Wein in Beblenheim. Der Unternehmer keltert Weine von vier Grands Crus und drei weiteren Lagen. Es geht ihm vor allem darum, die Einzigartigkeit jeder Lage in seinen Weinen zum Ausdruck zu bringen.

Bezeichnung: Alsace Grand Cru Furstentum
Anbaufläche und Ort: 0,5 ha in Sigolsheim
Rebsorten: Gewürztraminer (100%)
Anzahl Flaschen pro Jahr: 2000
Beste Jahrgänge: 1994, 1996, 1998, 2000

Es ist der Boden, der dem Wein seinen Charakter verleiht.

Von der Bedeutung des »Terroir«

In seiner umfassenden Bedeutung impliziert der französische Begriff des »Terroir« die Gesamtheit aller Faktoren, die beim Zustandekommen eines Weins mitwirken: Geografie, Klima, Boden, die Wahl der Rebsorten, soziologische und kulturelle Gegebenheiten. Diese können auch weit in die Geschichte zurückreichen und führten zu so unterschiedlichen Produkten wie den Médocs, dem Champagner, dem Chianti Classico, dem Portwein und den Weinen der Cloudy Bay in Neuseeland.
Im engeren Sinn versteht man unter »Terroir« die örtlichen Gegebenheiten: die Beschaffenheit des Bodens und des Muttergesteins und die Topografie. In diesem Zusammenhang spricht man auch vom »Goût de Terroir«, dem Bodengeschmack.

Weitere große Weine ...

Jean-Baptiste Adam

Name des Weins: Kaefferkopf »Vieilles Vignes« 1999 Cuvée Jean-Baptiste
Bezeichnung: Alsace Grand Cru Kaefferkopf Gewurztraminer
Anbaufläche und Ort: 1,5 ha in Ammerschwihr
Rebsorten: Gewürztraminer (100%)
Anzahl Flaschen pro Jahr: 6000
Beste Jahrgänge: 1990, 1997

Léon Beyer

Name des Weins: Les Ecaillers
Bezeichnung: Alsace Riesling
Anbaufläche und Ort: 3 ha in Eguisheim
Rebsorten: Riesling (100%)
Anzahl Flaschen pro Jahr: 15 000
Beste Jahrgänge: 1997, 1998, 2000

Domaine Bott-Geyl

Name des Weins: Pinot Gris Grand Cru Sonnenglanz
Bezeichnung: Alsace Grand Cru Sonnenglanz Pinot Gris
Anbaufläche und Ort: 1,3 ha in Beblenheim
Rebsorten: Pinot Gris (100%)
Anzahl Flaschen pro Jahr: 2200
Beste Jahrgänge: 1990, 1994, 1998, 2000

Albert Boxler

Name des Weins: Tokay-Pinot Gris Brand
Bezeichnung: Alsace Grand Cru Brand Tokay-Pinot Gris
Anbaufläche und Ort: 0,55 ha in Turckheim
Rebsorten: Tokay-Pinot Gris (100%)
Anzahl Flaschen pro Jahr: 2200
Beste Jahrgänge: 1990, 1994, 1996, 1999

Ernest Burn

Name des Weins: Clos Saint-Himer La Chapelle
Bezeichnung: Alsace Grand Cru Goldert Gewurztraminer
Anbaufläche und Ort: 1,97 ha in Gueberschwihr
Rebsorten: Gewürztraminer (100%)
Anzahl Flaschen pro Jahr: 10 000
Beste Jahrgänge: 2001, 2002

Albert Boxler

Die Weine der Domäne Boxler verdanken ihren Ruf einer klugen Politik der Mengenbegrenzung und der besonderen Qualität des Anbaugebietes, etwa von Lagen wie Sommerberg und Brand. Die Vinifikation findet in beeindruckenden Holzfässern statt.

Bezeichnung: Alsace Grand Cru Brand Riesling
Anbaufläche und Ort: 0,65 ha in Turckheim
Rebsorten: Riesling (100%)
Anzahl Flaschen pro Jahr: 3000
Beste Jahrgänge: 1990, 1994, 1998, 2000

Ernest Burn

Das Dorf Gueberschwihr ist für seinen prächtigen romanischen Glockenturm mit Fensterreihen auf drei Stockwerken und als Wohnort eines Winzers von geradezu legendärer Beharrlichkeit bekannt. Er begann in den 1930er-Jahren mit dem Weinbau. Seine beiden Söhne Joseph und Francis respektieren seine Prinzipien wie den Verzicht auf Dünger und die Lese von Hand.

Bezeichnung: Alsace Grand Cru Goldert
Anbaufläche und Ort: 1,97 ha in Gueberschwihr
Rebsorten: Gewürztraminer (100%)
Anzahl Flaschen pro Jahr: 10 000
Beste Jahrgänge: 2001, 2002

Clos Saint Landelin (René Muré)

Das Dorf Rouffach ist eine wichtige Etappe auf der »Route du Vin«. Hier liegt auch eines der schönsten Weinanbaugebiete auf Kalkboden. Die Reben stehen auf Terrassen und gehören René Muré, dessen Familie seit 1648 Weinbau betreibt. Hier gedeihen alle Rebsorten gleich gut – und das ist nicht die Regel.

Bezeichnung: Alsace Grand Cru Vorbourg Muscat
Anbaufläche und Ort: 0,45 ha in Rouffach
Rebsorten: Muscat (100%)
Anzahl Flaschen pro Jahr: 1000
Beste Jahrgänge: 1994

Dirler-Cadé

Die Leidenschaft für Wein ist bisweilen stärker als alles andere. Der Urgroßvater von Jean-Pierre Dirler war Lehrer, bevor er 1871 sein Weingut begründete. Seither geht es vom Vater auf den Sohn über und besteht zu einem Drittel aus Grands Crus. Bei der Weinbereitung ist man sehr auf Reintönigkeit bedacht und will die Frucht und Frische der Rebsorte erhalten.

Bezeichnung: Alsace Grand Cru Saering
Anbaufläche und Ort: 0,26 ha in Bergholtz
Rebsorten: Gewürztraminer (100%)
Anzahl Flaschen pro Jahr: rund 1500 (nicht zwangsläufig jedes Jahr)
Beste Jahrgänge: 1996, 1997, 1999, 2000

Dopff »Au Moulin«

Die Geschichte des Hauses Dopff ist eng mit der Geschichte des Ortes Riquewihr verbunden, einer der bekanntesten Orte auf der »Route du Vin«. Im 17. Jahrhundert ließ sich hier Jean-Daniel Dopff, Sohn eines Pastors, als Bäckermeister und Gastwirt im Zeichen des Hirschen nieder. Sein Sohn wurde Küfermeister und beschäftigte sich als Erster mit Wein.

Bezeichnung: Alsace Grand Cru Schoenenbourg
Anbaufläche und Ort: 8,8 ha in Riquewihr
Rebsorten: Riesling (100%)
Anzahl Flaschen pro Jahr: 20 000
Beste Jahrgänge: 1990, 1996, 1998, 1999

Pierre Frick

Die Familie Frick produziert seit zwölf Generationen Wein in Pfaffenheim. Pierre Frick vertritt den ökologischen Landbau und folgt der Redensart aufs Wort: »Man befiehlt der Natur nur, wenn man ihr gehorcht.« Seit 1999 verzichtet er auf alle rotierenden Bodenbearbeitungsgeräte, weil sie die Struktur der Böden schädigen.

Bezeichnung: Alsace Grand Cru Steinert
Anbaufläche und Ort: 0,60 ha in Pfaffenheim
Rebsorten: Gewürztraminer, Riesling, Sylvaner, Pinot Blanc, Pinot Gris, Pinot Noir
Anzahl Flaschen pro Jahr: 2500
Beste Jahrgänge: 2002

Hugel & Fils

Die Geschichte des elsässischen Qualitätsweinbaus steht in engem Zusammenhang mit diesem Familienunternehmen, das seit über 350 Jahren in Riquewihr beheimatet ist. Die Keller mit ihren über 100 Jahre alten Fässern stammen aus dem 16. Jahrhundert. Doch die Technik ist modern. Durch eine langsame Pressung und den Verzicht auf das Umpumpen erhält man die »Premiers Jus«.

Bezeichnung: Alsace Grand Cru Sporen
Anbaufläche und Ort: 8 ha in Riquewihr
Rebsorten: Gewürztraminer (100%)
Anzahl Flaschen pro Jahr: 1000–8000
Beste Jahrgänge: 1976, 1989, 1998, 2000

Josmeyer & Fils

Der Betrieb wurde im Jahre 1854 von Aloyse Meyer in Wintzenheim, in der Nähe von Colmar, gegründet. Er wird heute von Jean Meyer geleitet, der an der Tradition festhält: Einen Teil der Reben erzeugt er selbst, den anderen Teil kauft er auf, damit die Cuvée ausgeglichen wird. Die Weinbereitung geschieht ohne Zugabe von Hefe, aber unter Temperaturkontrolle.

Bezeichnung: Alsace Grand Cru Hengst Riesling
Anbaufläche und Ort: 1,80 ha in Wintzenheim
Rebsorten: Riesling (100%)
Anzahl Flaschen pro Jahr: 13 000
Beste Jahrgänge: 2000

André Kientzler

Die Domäne liegt in der Gemeinde Ribeauvillé, wo die Kientzlers seit fünf Generationen leben. Hier, am Fuß der Vogesen, befindet sich ein besonderes Weinanbaugebiet mit drei Schlössern. Die Stadt feiert jedes Jahr das historische Fest »Pfifferdi«. Dabei kommen Musikanten und Bänkelsänger zusammen und löschen ihren Durst an einer Weinfontäne.

Bezeichnung: Alsace Grand Cru Kirchberg Tokay-Pinot Gris
Anbaufläche und Ort: 0,4 ha in Ribeauvillé
Rebsorten: Tokay-Pinot Gris (100%)
Anzahl Flaschen pro Jahr: 1200
Beste Jahrgänge: 1999, 2000

Durch die Pflege, die man den Reben angedeihen lässt, sieht die Landschaft oft wie ein Garten aus.

Kuentz-Bas

Sieben Kilometer südlich von Colmar, in Husseren-les-Châteaux, liegt der Höhepunkt der »Route du Vin«, am Fuß der Ruinen der berühmten »Trois Châteaux«. Von ihnen aus hat man einen wunderbaren Blick über die Weinberge und die gesamte elsässische Ebene. Die Domäne Kuentz-Bas wurde 1795 gegründet und wird von Nachkommen des Gründers geleitet, derzeit von Christian Bas.

Bezeichnung: Alsace Grand Cru Eichberg
Anbaufläche und Ort: 1 ha
Rebsorten: Gewürztraminer (100%)
Anzahl Flaschen pro Jahr: 10 000 bis 12 000
Beste Jahrgänge: 1989, 1995, 1998, 2000

Seppi Landmann

In Soultzmatt, im Herzen des »Vallée Noble«, erhebt sich das Zinnkoepflé. Der Weinberg weist ein außergewöhnliches Klima auf, weil er von den Westwinden und den Sommergewittern geschützt ist. Hier gründete Seppi Landmann 1982 mit nur einem Hektar seinen Betrieb. Er hat einen eisernen Willen und eine sehr eigene Herangehensweise an den Wein.

Bezeichnung: Alsace Grand Cru Zinnkoepflé Gewürztraminer Sélection de Grains Nobles
Anbaufläche und Ort: 0,60 ha in Soultzmatt
Rebsorten: Gewürztraminer (100%)
Anzahl Flaschen pro Jahr: 3200
Beste Jahrgänge: 1994

Albert Mann

Das kleine Dorf Wettolsheim gilt als Wiege des elsässischen Weinbaus: Hierher sollen die Römer erstmals Reben eingeführt haben, und von hier aus verbreiteten sie sich später über die ganze Region. Die Domäne gründeten die Brüder Jacky und Maurice Barthelmé 1984. Sie umfasst heute 19 Hektar – das ist im Elsass schon sehr beachtlich.

Bezeichnung: Alsace Gewurztraminer
Anbaufläche und Ort: 0,67 ha in Kintzheim
Rebsorten: Gewürztraminer (100%)
Anzahl Flaschen pro Jahr: 1500
Beste Jahrgänge: 1994, 1997, 2000

Weitere große Weine ...

Clos Saint Landelin (René Muré)

Name des Weins: Gewurztraminer Vendanges Tardives Clos Saint Landelin
Bezeichnung: Alsace Grand Cru Vorbourg
Anbaufläche und Ort: 0,45 ha in Rouffach
Rebsorten: Gewürztraminer (100%)
Anzahl Flaschen pro Jahr: 10 000
Beste Jahrgänge: 2002

Dopff »Au Moulin«

Name des Weins: Gewurztraminer Riquewihr
Bezeichnung: Alsace Grand Cru Sporen
Anbaufläche und Ort: 1,1 ha in Riquewihr
Rebsorten: Gewürztraminer (100%)
Anzahl Flaschen pro Jahr: 6000
Beste Jahrgänge: 1996, 1997

Hugel & Fils

Name des Weins: Tokay Pinot Gris »Hugel« Sélection de Grains Nobles (Trockenbeerenauslese)
Bezeichnung: Alsace Tokay-Pinot Gris
Anbaufläche und Ort: 2 ha, teils mitten im Grand Cru Sporen, teils in der Lage Pflostig
Rebsorten: Tokay-Pinot Gris (100%)
Anzahl Flaschen pro Jahr: 300–3000, je nach Jahrgang
Beste Jahrgänge: 1976, 1989, 1998, 2000

Gewürztraminer: Aromen in Hülle und Fülle

Die deutsche Bezeichnung sagt schon viel aus über die Eigenschaften dieser weißen Rebsorte, die typisch für den Elsässer Weinbau ist. Man findet sie auch in Deutschland, in der Schweiz, in Norditalien und Neuseeland. Die Gewürztraminer, auch die trockenen, sind stets sehr aromatisch. Damit der Wein richtig gelingt und die gewünschte Säure erreicht, die als Ausgleich für so viel Aroma benötigt wird, braucht die Rebe ein ziemlich frisches Klima; allerdings ist sie frostempfindlich. Wenn die Trauben von der Edelfäule befallen werden, entstehen daraus unvergleichliche süße Weine.

André Kientzler EARL

Name des Weins: Tokay Pinot Gris Grand Cru Kirchberg
Bezeichnung: Alsace Grand Cru Tokay-Pinot Gris
Anbaufläche und Ort: 0,4 ha, Lage Kirchberg in Ribeauvillé
Rebsorten: Tokay-Pinot Gris (100%)
Anzahl Flaschen pro Jahr: 1200
Beste Jahrgänge: 1999, 2000

Kuentz-Bas

Name des Weins: Riesling Eichberg
Bezeichnung: Alsace Grand Cru Eichberg
Anbaufläche und Ort: 0,20 ha
Rebsorten: Riesling (100%)
Anzahl Flaschen pro Jahr: 3000
Beste Jahrgänge: 1990, 1998, 1999, 2000

Seppi Landmann

Name des Weins: Riesling Grand Cru Zinnkoepflé
Bezeichnung: Alsace Grand Cru Zinnkoepflé
Anbaufläche und Ort: 0,60 ha in Soultzmatt
Rebsorten: Riesling (100%)
Anzahl Flaschen pro Jahr: 3600
Beste Jahrgänge: 1999

André Ostertag

Name des Weins: Fronholz »Muscat«
Bezeichnung: Alsace Muscat
Anbaufläche und Ort: 0,33 ha in Epfig
Rebsorten: Muscat (100%)
Anzahl Flaschen pro Jahr: 2000
Beste Jahrgänge: 1997, 1998, 2001

Das richtige Glas

Wenn man einen Wein richtig genießen will, braucht man unbedingt das richtige Glas dazu. Es muss farblos und natürlich absolut sauber sein, damit man die Farbe des Weins mit all ihren Nuancen beurteilen kann. Die ideale Form ist die einer Tulpe: Der obere Rand ist somit etwas enger als der Bauch. Es muss auf jeden Fall ein Stielglas sein, damit man den Wein nicht anwärmt, wenn man das Glas in der Hand hält. Stielgläser lassen sich auch leichter in drehende Bewegung versetzen, damit der Wein Sauerstoff aufnehmen und sein Bukett verströmen kann.
Man hat sich heute auf ein »Normglas« geeinigt und bekommt es vielerorts unter der Bezeichnung »Degustationsglas INAO«. Damit ist das französische »Institut National des Appellations d'Origine« gemeint.

Meyer-Fonné

In einem traditionellen Keller aus dem 17. Jahrhundert stellen François Meyer und als Nachfolger sein Sohn Felix, der sein Metier bei Léonard Humbrecht gelernt hat, traditionsbetonte Weine mit Handlese und Ausbau »sur lie« (Hefesatzlagerung) her. Die zehn Hektar liegen in den Gemeinden Katzenthal, Ingersheim, Ammerschwihr, Colmar und Bennwihr.

Bezeichnung: Alsace Riesling
Anbaufläche und Ort: 1,15 ha in Katzenthal
Rebsorten: Riesling (100%)
Anzahl Flaschen pro Jahr: 3500
Beste Jahrgänge: 1993, 1998, 2000

Domaine Mittnacht-Klack

Die Perle des elsässischen Weinbaus, Riquewihr, blühte dank des Weinhandels schon im 16. Jahrhundert. Hier gibt sich das Elsass ganz traditionell. Doch das alte gallorömische »Richovillare« ist kein Freilichtmuseum. Das beweist diese Domäne, die aus den Besitztümern zweier Familien entstanden ist: 1973 folgten Annie und Jean Mittnacht auf Frédéric Mittnacht und Emile Klack.

Bezeichnung: Alsace Grand Cru Rosacker Riesling
Anbaufläche und Ort: 0,28 ha in Hunawihr
Rebsorten: Riesling (100%)
Anzahl Flaschen pro Jahr: 1200
Beste Jahrgänge: 1998

André Ostertag

Die große Stärke von André Ostertag aus Epfig besteht darin, dass er intuitiv weiß, wie man aus einem rohen Stein ein Schmuckstück machen kann. Das erkennt man insbesondere an seiner Lage Muenchberg. Er ist ein geborener Winzer, aber auch ein Künstler und schafft Weine mit großer Persönlichkeit. Man sollte sie in Ostertags natürlichem Höhlenkeller verkosten.

Bezeichnung: Alsace Grand Cru Muenchberg Riesling
Anbaufläche und Ort: 2 ha in Nothaten
Rebsorten: Riesling (100%)
Anzahl Flaschen pro Jahr: 2000–4000
Beste Jahrgänge: 1990, 1995, 1997, 2000

Martin Schaetzel

Im Jahre 1979 übernahmen Béa und Jean Schaetzel den Weinbaubetrieb von ihrem Onkel Martin. Der Name Schaetzel spielt seit 1803 eine Rolle in der Geschichte des Ammerschwihrer Weinbaus: Die Domäne verdankt einen großen Teil ihrer Reputation der gleichzeitig granitischen wie tonigen Lage Kaefferkopf.

Bezeichnung: Alsace Riesling
Anbaufläche und Ort: 0,4 ha in Ammerschwihr
Rebsorten: Riesling (100%)
Anzahl Flaschen pro Jahr: 2000
Beste Jahrgänge: 1998, 2000

Charles Schleret

Charles Schleret ist peinlich genau, ein Ingenieur, aber er ist auch Avantgardist. Er bearbeitet seine Reben und Trauben, die auf hervorragenden Lagen in Turckheim wachsen, mit modernster Technik. Als einer der Ersten im Elsass ging er zur Gärung in Metallbehältern über, um oxidierende und reduzierende Prozesse im Holz auszuschließen.

Bezeichnung: Alsace Gewurztraminer
Anbaufläche und Ort: 1,4 ha in Turckheim
Rebsorten: Gewürztraminer (100%)
Anzahl Flaschen pro Jahr: 10 000
Beste Jahrgänge: 1999, 2000

Schlumberger

Im Norden von Guebwiller trägt ein Weinberg der Domäne Schlumberger den Namen »Grand Cru Kessler«. In seinem Zentrum liegt ein Tal, das nach Südosten ausgerichtet, vor den Winden aus dem Norden und vor der Kaltluft des Tales geschützt liegt. Diese Lage Kessler wird zum ersten Mal 1394 erwähnt. Seit 1830 tragen die entsprechenden Weine ihren Namen.

Bezeichnung: Alsace Grand Cru Kessler
Anbaufläche: 28,5 ha in Guebwiller
Rebsorten: Gewürztraminer (100%)
Anzahl Flaschen pro Jahr: rund 10 000
Beste Jahrgänge: 1971, 1983, 1997,1999

Bernard Schoffit

Der Grand Cru Rangen in Thann ist der südlichste Weinberg des Elsass. Seine Hänge sind so steil, dass der Winzer hier nur von Hand arbeiten kann. Der Clos trägt den Namen der Kollegiatskirche von Thann, Saint-Théobald. Sie war einst in ganz Europa als Pilgerziel berühmt.

Bezeichnung: Alsace Grand Cru Rangen Tokay-Pinot Gris
Anbaufläche und Ort: 2,55 ha in Thann
Rebsorten: Tokay-Pinot Gris (100%)
Anzahl Flaschen pro Jahr: 8500
Beste Jahrgänge: 1900, 1996, 1998, 2001

Pierre Sparr

Die Ursprünge des Hauses Sparr in Sigolsheim gehen auf das Jahr 1680 zurück. Heute steht es unter der Leitung der neunten Generation. Auch sie respektiert die Devise ihres Großvaters Pierre Sparr: »Investieren, modernisieren und erhalten.« 1945 baute dieser eine der prestigeträchtigsten Domänen des Elsass wieder auf.

Bezeichnung: Alsace Grand Cru Mambourg Gewurztraminer
Anbaufläche und Ort: 1,8 ha in Sigolsheim
Rebsorten: Gewürztraminer (100%)
Anzahl Flaschen pro Jahr: 13 500
Beste Jahrgänge: 1989, 1990, 1996, 2000

F. E. Trimbach

Jean Trimbach begann 1626 mit der Weinherstellung. Das war der Beginn eines Weinbauunternehmens, das schließlich einen ganz eigenen Stil kreierte und zu einem Vorbild wurde. Der exklusive Besitz des Clos Sainte-Hune, einer außergewöhnlichen Parzelle von 1,3 ha in der Umgebung von Hunawihr, auch »Roi du Riesling« genannt, hat viel zu diesem Ruf beigetragen.

Bezeichnung: Alsace Gewurztraminer
Anbaufläche und Ort: 3 ha in Hunawihr
Rebsorten: Gewürztraminer (100%)
Anzahl Flaschen pro Jahr: maximal 35 000
Beste Jahrgänge: 1990, 1996, 1998, 2000

Weinbach Colette Faller et ses filles

Die Domäne Weinbach hat ihren Sitz in einem alten Konvent inmitten der Weinberge am Ausgang des Dorfes Kientzheim-Kaysersberg. Sie wird von Colette Faller und ihren beiden Töchtern Catherine und Laurence geleitet. Sie besitzen vor allem acht Hektar in Schlossberg, einem Terroir, das für den Riesling wie geschaffen ist und als Erstes im Elsass als Grand Cru klassifiziert wurde.

Bezeichnung: Alsace Riesling
Anbaufläche und Ort: 2 ha in Schlossberg
Rebsorten: Riesling (100%)
Anzahl Flaschen pro Jahr: 7000
Beste Jahrgänge: 1990, 1993, 1998, 2000

Zind Humbrecht

Die Domäne Zind Humbrecht hat in den letzten 20 Jahren ihren Grundbesitz um das Achtfache erhöht. Sie umfasst heute ungefähr 40 Hektar in fünf Gemeinden, drei Grands Crus und sechs verschiedene Lagen. Dem Vater Léonard, einem eher gefühlsmäßigen Winzer, steht der wissenschaftlich ausgebildete Sohn Olivier zur Seite. Er baute 1992 einen ultramodernen großen Keller.

Bezeichnung: Alsace Grand Cru Rangen
Anbaufläche und Ort: 0,5 ha in Thann
Rebsorten: Gewürztraminer (100%)
Anzahl Flaschen pro Jahr: 800
Beste Jahrgänge: 1989, 1996, 1998, 2000

Weitere große Weine ...

Schoffit

Name des Weins: Riesling Clos Saint Théobald
Bezeichnung: Alsace Grand Cru Rangen
Anbaufläche und Ort: 1,04 ha in Thann
Rebsorten: Riesling (100%)
Anzahl Flaschen pro Jahr: 4500
Beste Jahrgänge: 1996, 2000, 2002

Pierre Sparr

Name des Weins: Riesling Schoenenbourg
Bezeichnung: Alsace Grand Cru Schoenenbourg
Anbaufläche und Ort: 1,55 ha in Riquewihr und Zellenberg
Rebsorten: Riesling (100%)
Anzahl Flaschen pro Jahr: 8500
Beste Jahrgänge: 1990, 1996, 1998, 2000

Weinbach Colette Faller et ses filles

Name des Weins: Tokay Pinot Gris Cuvée Laurence
Bezeichnung: Alsace Tokay-Pinot Gris
Anbaufläche und Ort: 0,5 ha, am Fuß des Hügels Altenbourg
Rebsorten: Tokay-Pinot Gris (100%)
Anzahl Flaschen pro Jahr: 4500
Beste Jahrgänge: 1996, 2000, 2002

Zind Humbrecht

Name des Weins: Pinot Gris Rangen de Thann Clos Saint Urbain
Bezeichnung: Alsace Grand Cru Rangen
Anbaufläche und Ort: 2,9 ha in Thann
Rebsorten: Pinot Gris (100%)
Anzahl Flaschen pro Jahr: 9000
Beste Jahrgänge: 1990, 1996, 1998, 2000

Beaujolais

Offiziell gehört das Beaujolais zum Weinbaugebiet Burgund (Bourgogne). Die Weine haben aber einen ganz eigenen Charakter und sind heute durch die weltweite Vermarktung überall bekannt, selbst in Japan und China. Bei uns weiß jeder, dass am dritten Donnerstag im November der neue spritzige Beaujolais als »Primeur« oder »Nouveau« auf den Markt kommt.

Ohne Zweifel verdanken die Weine des Beaujolais einen Teil ihrer Bekanntheit der Feinschmeckerstadt Lyon, wo sie in großen Mengen getrunken werden. Dem Hörensagen zufolge fließen drei Ströme durch die Stadt: Rhône, Saône und Beaujolais! Die Region hat ihren Namen nach der mittelalterlichen Stadt Beaujeu, dem Sitz einer alten Lehnsherrschaft mit ausgedehnten Landgütern. Erst als das Gebiet unter die großen königlichen Landgüter aufgenommen wurde, deren Produkte auf dem Transport nach Paris, der damals lange Zeit auf dem Wasserweg erfolgte, keine Steuern zu entrichten hatten, entwickelte sich auch der Weinbau. Das Anbaugebiet umfasst heute von Mâcon bis zu den Grenzen der Agglomeration Lyon 22 000 Hektar Hügelgebiet. Durch dessen geologische Vielfalt ergeben sich spürbare Unterschiede zwischen den einzelnen Terroirs. Das Renommee des Gebiets stützt sich auf die berühmten zehn Crus: Brouilly, Chenas, Chiroubles, Côte-de-Brouilly, Fleurie, Juliénas, Morgon, Moulin-à-Vent, Régnié und Saint-Amour. Diese Weine sind nicht für eine lange Lagerung gedacht. Man trinkt sie vielmehr wegen ihrer Frische und der Feinheit des Duftes, der an Blüten und Früchte erinnert.

Sanfte Hügel, alte, sonnenbeschienene Winzerorte: Das ist der Charme des Beaujolais.

François et Jean Calot

Der Weinbaubetrieb existiert seit den 1930er-Jahren. Jean ist für die Weinbereitung zuständig, experimentiert gern und ist allem Neuen gegenüber aufgeschlossen. François beschäftigt sich seit jeher mit der Züchtung und Vermehrung der Rebe. Die Familie Calot ist der größte Produzent von Wein- und Pfropfreben in der ganzen Region.

Bezeichnung: Morgon
Anbaufläche und Ort: 1,5 ha in Villié-Morgon (zwei Parzellen mit 45 bzw. 60 Jahre alten Stöcken)
Rebsorten: Gamay (100%)
Anzahl Flaschen pro Jahr: 9000
Beste Jahrgänge: 1991, 1997, 1999, 2000

Domaine du Clos du Fief

Für die Cuvée Prestige des Clos du Fief werden zwei Weinberge in der Appellation Juliénas (Cru Impérial, angeblich benannt nach Julius Cäsar) von Hand gelesen: nämlich die Parcelle des Berthets mit 65 Jahre alten Reben und die Parcelle des Gonnards mit 80-jährigen Reben. Der Produzent ist Michel Tête. Seit drei Generationen wird in dieser Familie der Beruf des Winzers weitergegeben.

Bezeichnung: Juliénas
Anbaufläche und Ort: 7 ha
Rebsorten: Gamay (100%)
Anzahl Flaschen pro Jahr: 80 000
Beste Jahrgänge: 1995, 1999

Le Cotoyon (Pruzilly)

Saint-Amour-Bellevue ist die nördlichste Gemeinde der zehn Crus des Beaujolais. Sie liegt oben auf einem 309 m hohen Hügel. Der Name (»heilige Liebe«) soll sich auf das vergnügliche Leben beziehen, das man während der Revolution in der Herberge des Weilers Thévenins führte, die den Spitznamen »Hotel der Jungfrauen« trug.

Bezeichnung: Saint-Amour
Anbaufläche und Ort: 4 ha in Pruzilly
Rebsorten: Gamay (100%)
Anzahl Flaschen pro Jahr: 5000
Beste Jahrgänge: 1995, 1999, 2000, 2002

Das Beaujolais hat einen granitischen Untergrund. Hier wächst allein die Gamay-Rebe, auch in den zehn berühmten Crus.

Gamay und Beaujolais gehören zusammen

Die Rebsorte Gamay Noir ist die Einzige, die in der Appellation Beaujolais zugelassen ist. Sie beherrscht somit die Produktion der roten fruchtigen Weine dieser berühmten Region. Die Rebsorte trägt in der Regel reichlich, wird aber wegen ihrer Strenge andernorts nicht besonders geschätzt.

Auf den steilen Hängen der Granithügel des Beaujolais gedeiht sie besonders gut. Hier liegen die besten Crus. Wo der Boden flacher, fruchtbarer und weniger gut entwässert ist, wächst ein eher gewöhnlicher Beaujolais. Die Gamay-Rebe wird auch in der Auvergne, im Loiretal, in Savoyen sowie in der Schweiz angepflanzt. Sie hat sich auch erfolgreich in den USA und in Australien akklimatisiert.

Weitere große Weine …

François et Jean Calot

Morgon Vieilles Vignes

Bezeichnung: Morgon

Anbaufläche und Ort: 1,2 ha in Villié-Morgon (4 Parzellen, Alter zwischen 60 und 100 Jahre)

Rebsorten: Gamay (100%)

Anzahl Flaschen pro Jahr: 7500

Beste Jahrgänge: 1994, 1995, 1999, 2000

Georges Dubœuf

Saint-Amour

Bezeichnung: Saint-Amour

Anbaufläche und Ort: 282 ha in Saint-Amour

Rebsorten: Gamay (100%)

Anzahl Flaschen pro Jahr: 90 000

Beste Jahrgänge: 1999, 2000, 2001, 2003

Georges Dubœuf

Régnié

Bezeichnung: Régnié

Anbaufläche und Ort: 60 ha in Régnié

Rebsorten: Gamay (100%)

Anzahl Flaschen pro Jahr: 120 000

Beste Jahrgänge: 1999, 2000, 2001, 2003

Coudert Père et Fils

Im Jahre 1900 wurde diese Domäne, die in der berühmtesten Lage von Fleurie liegt, nach dem Lieblingspferd seines Besitzers benannt, nämlich Clos de la Roilette. Sie befindet sich heute im Besitz der Familie Coudert. Die 9,5 Hektar liegen auf sehr tonigem Boden. Die Lese erfolgt in diesen alten Weinbergen in einem weit fortgeschrittenen Reifezustand der Trauben.

Bezeichnung: Fleurie
Anbaufläche und Ort: 9,5 ha in Fleurie
Rebsorten: Gamay (100%)
Anzahl Flaschen pro Jahr: ca. 50 000
Beste Jahrgänge: nicht mitgeteilt

Didier Desvignes Calvaire de Roche-Grès

Die Gemeinde Villié-Morgon ist zu Recht stolz darauf, dass sie sich als Erste um die Liebhaber des Beaujolais ganz allgemein und des Morgon im Besonderen gekümmert hat. Dieser Cru steht, was die Bedeutung anbelangt, an zweiter Stelle hinter dem vom Brouilly und befindet sich auf dem Gebiet einer einzigen Gemeinde. Hier arbeitet Didier Desvignes mit großem Respekt vor der Rebe.

Bezeichnung: Morgon
Anbaufläche und Ort: 2,2 ha in Villié-Morgon
Rebsorten: Gamay (100%)
Anzahl Flaschen pro Jahr: 16 000
Beste Jahrgänge: 2001

Georges Dubœuf

Im Dorf Déduits auf dem Gebiet der Gemeinde Fleurie steht ein Schloss aus dem 17. Jahrhundert. Es gehörte einer alten Familie aus dem Beaujolais, die diese Domäne mehrere Jahrhunderte lang auch betreute. Der Händler Georges Dubœuf erkannte mit gewohnter Klarheit die Qualität der Trauben, die auf diesem gutem Terroir reifen.

Bezeichnung: Fleurie
Anbaufläche und Ort: 6,5 ha in Fleurie, Déduits
Rebsorten: Gamay (100%)
Anzahl Flaschen pro Jahr: 40 000
Beste Jahrgänge: 1999, 2000, 2001

Claude Geoffray Château Thivin

Zaccharie Geoffray, ein Vorfahr des heutigen Besitzers, kaufte 1877 bei einer Auktion das Château Thivin im Herzen des Beaujolais mit kaum zwei Hektar Rebland. Sein Sohn schuf in den 1930er-Jahren die Appellation Côte-de-Brouilly und baute seine Domäne mit viel Energie aus. 1948 wurde dort die heute noch aktive Académie Rabelais gegründet.

Bezeichnung: Côte-de-Brouilly
Anbaufläche und Ort: 3,8 ha im Süden der Colline de Brouilly
Rebsorten: Gamay (100%)
Anzahl Flaschen pro Jahr: 23 000
Beste Jahrgänge: 1996, 1999, 2000

Paul Janin et Fils

Auf den nach Süden exponierten Hängen der Lagen Burdelines und Greneriers, die sich mit ihren tonig-sandigen Böden harmonisch ergänzen, pflegt Paul Janin seinen Clos du Tremblay mit großem Respekt vor der Umwelt und dem ökologischen Gleichgewicht. Einige Reben sind dort über 100 Jahre alt.

Bezeichnung: Moulin-à-Vent
Anbaufläche und Ort: 10 ha in Romanèche-Thorins, Lagen Les Burdelines und Les Greneriers
Rebsorten: Gamay (100%)
Anzahl Flaschen pro Jahr: 45 000
Beste Jahrgänge: 1999, 2000, 2002

Marcel Lapierre

Dieses Familienunternehmen arbeitet bereits in der dritten Generation. Sie verliehen dem Morgon jenen »Goût de Terroir«, den der Franzose als »Granit décomposé« (verwitterter Granit) bezeichnet, blieben dabei aber dem Wesen der Rebsorte Gamay treu. Die Kultivierung der Rebe erfolgt ohne Dünger und Unkrautvernichtungsmittel.

Bezeichnung: Morgon
Anbaufläche und Ort: 11 ha in Villié-Morgon
Rebsorten: Gamay (100%)
Anzahl Flaschen pro Jahr: 60 000
Beste Jahrgänge: 1997, 1999, 2000

Bordeaux

Überall auf der Welt ist Bordeaux das Synonym für Wein – nicht nur wegen der Größe des Weinanbaugebietes, des umfangreichsten in Europa, oder der Menge des jährlich produzierten Weins. Das Bordeaux setzt noch heute bei der Qualität und der Vielfalt der Produktion Maßstäbe, die man nicht einfach übergehen kann.

Der besondere Status der Region Bordeaux beruht auf den zahlreichen Terroirs und Lagen, auf denen mit die besten Weine der Welt erzeugt werden. Er ergibt sich aber auch aus einer anderen Tatsache: Hier konzentrierte sich schon vor Jahrhunderten der Weinhandel. Aber man beschränkte sich nicht auf den nationalen Handel, sondern verschiffte vom Hafen Bordeaux' aus die besten Weine in die ganze Welt. Diese enge Verbindung zwischen Weinbau und Weinhandel stellt wohl das Geheimnis für den jahrhundertelangen Erfolg dieser Region dar, auch wenn heutzutage in anderen Ländern Konkurrenz herangewachsen ist.

Die Vorbildfunktion des Bordeaux beruht auf der besonderen Anpassungsfähigkeit der Menschen an die konkrete Realität des Terroir. Die Vielfalt der Bordelaiser Weine erklärt sich zunächst durch die enge Verbindung zwischen Mensch, Boden und Rebe. Die Winzer versuchen seit jeher, Weine zu keltern, die die wahre Natur des Gebietes, in dem sie heranwachsen, zum Ausdruck bringen. Weinliebhaber finden heute noch ihr Glück im Bordeaux, mögen sie nun auf der Suche nach einem guten Tischwein oder einem renommierten Grand Cru sein. Sie finden ganz trockene oder vollsüße, likörartige Weißweine ebenso wie Rosés und dunkle Rote.

Das Château d'Yquem hat als einzige Domäne des Bordeaux ein Gebäude aus dem Mittelalter.

Médoc

Der Name dieses berühmten Weinbaugebiets geht auf den lateinischen Ausdruck »in medio aquae« zurück. Tatsächlich handelt es sich um ein Gebiet »inmitten der Gewässer«. Gemeint sind hier die Gironde und das Meer nördlich von Bordeaux fast bis zum Ende der Pointe de Graves. Die Weinberge nehmen ein verhältnismäßig schmales Band an der Seite der Gironde ein. Einem alten Sprichwort aus dem Médoc zufolge wird »der Wein am besten, wenn die Rebe den Fluss sieht«. Die besten gedeihen auf den Hügelzügen und Hängen über dem Ästuar an Stellen, wo die Pflanzenwurzeln bis in sieben Meter Tiefe reichen. Über den alluvialen Sedimenten liegen Sand- und Kiesschichten. Die vielen Kiesel nehmen die Wärme des Tages in sich auf und geben sie nachts langsam wieder ab. Das ist besonders wichtig für den edlen Cabernet-Sauvignon, den man niedrig schneidet.

Das Médoc produziert praktisch nur Rotweine. Die klimatischen Bedingungen sind ideal, denn die Dünen und die Kiefernwälder schützen vor Frost. Der Cabernet-Sauvignon macht hier über die Hälfte aller Reben aus. Diesen Weinen bekommt die Alterung gut, während sich die zweitwichtigste Rebsorte, der Merlot, schneller entwickelt.

Mit Margaux im Süden und seinen 21 Crus Classés – schon diese Gemeinde ist ein Symbol des Médoc oder besser noch des Haut-Médoc – beginnt eine beeindruckende Litanei großer Namen. Die Weinberge auf diesen berühmten sandigen und kiesigen Böden unterliegen einer strengen Reglementierung.

Dann folgen Moulis und Listrac, die etwas weiter entfernt von der Gironde liegen und schließlich ein berühmtes Trio: Saint-Julien (elf Crus Classés), das wie eine harmonische Synthese zwischen Margaux und Pauillac erscheint; die Gemeinde Pauillac (18 Crus Classés), die durch ihre geografische Lage im Herzen des Weinbaugebiets und durch ihre drei Premiers Grands Crus Classés (Lafite, Latour und Mouton) als Hauptort des Médoc gilt; schließlich Saint-Estèphe (fünf Crus Classés), die nördlichste der Gemeindebezeichnungen im Médoc.

Die Weine des gesamten Weinbaugebiets Médoc dürfen diesen Namen tragen. In der Praxis wird er aber nur im Bas-Médoc verwendet, im nördlichen Teil der Halbinsel, in der Umgebung von Lesparre.

Cabernet-Sauvignon: die große Rebsorte

Der Cabernet-Sauvignon gilt als die bedeutendste Rotweinrebe. Sie ist zur Hauptsache für den großen Ruf der Médoc-Weine verantwortlich. Die Vorteile dieser Rebsorte lassen sich nicht leugnen: Sie wächst ohne allzu große Schwierigkeiten und kann sich zahlreichen Terroirs anpassen. Die einzelnen blauschwarzen Trauben stehen dicht gedrängt und haben eine dicke Haut, sodass ihnen Herbstregen nichts anhaben kann. Der Ertrag ist allerdings nicht bedeutend, was die Rebe aber nur noch edler erscheinen lässt.

Als Winzer auf der ganzen Welt, in Kalifornien, Chile und Australien, die Qualität ihrer Weine verbessern wollten, suchten sie die Lösung für ihre Probleme im Bordeaux, der Wiege des Cabernet-Sauvignon. Cabernetweine sind zunächst sehr tanninreich und müssen durch Alterung den Gehalt an diesen Stoffen abbauen. Sie eignen sich ganz besonders für die Mischung mit anderen, weicheren Rebsorten, etwa dem Cabernet Franc oder dem Merlot.

Château Armailhac

Das Château gehört seit 1934 der Familie Rothschild. 1855 erhielt es unter der Bezeichnung »Mouton d'Armailhacq« den Rang eines Cru Classé. Es liegt im Norden von Pauillac, neben dem Château Mouton-Rothschild. In seinen umfangreichen Nebengebäuden finden sich die Anlagen für die Weinbereitung.

Bezeichnung: Pauillac
Anbaufläche und Ort: 50 ha in Pauillac
Rebsorte: Cabernet-Sauvignon (52%), Merlot (26%), Cabernet Franc (20%), Petit Verdot (2%)
Anzahl Flaschen pro Jahr: 220 000
Beste Jahrgänge: 1989, 1999, 2000, 2003

Château Belgrave

Dieses Château wurde 1855 unter der Bezeichnung »Château Coutenceau« klassifiziert. Seinen heutigen Namen hat es nicht etwa vom ortstypischen Kies- und Sandboden (Graves); vielmehr brachte ein früherer britischer Besitzer darin seine Liebe zum Londoner Viertel Belgravia zum Ausdruck, in dem er einst gewohnt hatte.

Bezeichnung: Haut-Médoc 5e Cru Classé
Anbaufläche: 60 ha
Rebsorten: Cabernet-Sauvignon (50%), Merlot (40%), Cabernet Franc (7%), Petit Verdot (3%)
Anzahl Flaschen pro Jahr: 400 000
Beste Jahrgänge: 1990, 1996, 1998, 2000

Château Beychevelle

Das Landhaus hat einen Panoramablick über die Gironde und gehörte im 16. Jahrhundert dem Duc d'Epernon. Die Schiffe, die an seinem Gut vorbeifuhren, nahmen die Gewohnheit an, zum Gruß die Segel herunterzulassen. Daher stammt der Name Beychevelle, der nichts anderes als »basse voile«, »niedergeholtes Segel« bedeutet.

Bezeichnung: Saint-Julien 4e Cru Classé
Anbaufläche und Ort: 75 ha in Saint-Julien
Rebsorten: Cabernet-Sauvignon (62%), Merlot (31%), Cabernet Franc (5%), Petit Verdot (2%)
Anzahl Flaschen pro Jahr: 240 000–320 000
Beste Jahrgänge: 19986, 1996, 1998, 2000

Château Branaire

Ende des 18. Jahrhunderts kaufte J.-B. Braneyre eine Parzelle von Beycheville. 1875 wurde Georges Ducru Besitzer dieses Cru, der bereits 1855 klassifiziert worden war. Seine Erben verkauften die Domäne 1919. Der bisher letzte Besitzer, Patrick Maroteaux, kaufte das Gut 1988 und modernisierte die Kelleranlagen.

Bezeichnung: Saint-Julien 4e Cru Classé
Anbaufläche und Ort: 50 ha in Saint-Julien
Rebsorten: Cabernet-Sauvignon (70%), Merlot (22%), Cabernet Franc (5%), Petit Verdot (3%)
Anzahl Flaschen pro Jahr: 180 000
Beste Jahrgänge: 1982, 1995, 1996, 2000

Château Cantemerle

Am Rand von Bordeaux öffnet dieses Château die Pforten zum Médoc. Seinen Park schuf gegen 1850 der berühmte Landschaftsarchitekt Louis-Bernard Fischer. Am Ende einer langen Geschichte, die auf die mächtigen Herren de Blanquefort zurückgeht, gehört die Domäne jetzt einer Gebäudeversicherung.

Bezeichnung: Haut-Médoc 5e Cru Classé
Anbaufläche und Ort: 67 ha in Macau und Lugon
Rebsorten: Cabernet-Sauvignon (45%), Merlot (45%), Cabernet Franc (5%), Petit Verdot (5%)
Anzahl Flaschen pro Jahr: 300 000
Beste Jahrgänge: außergewöhnlich im Jahr 2000

Château Chasse-Spleen

Wer hat diesem Wein den Namen verliehen, Lord Byron oder Baudelaire? Der Engländer auf dem Weg nach Spanien, der in diesem Wein Ruhe fand vor seinen Qualen, oder der Franzose, der einen Nachbarn des Château besuchte, Odilon Redon, den Illustrator von »Spleen et Idéal«? Die erste Besitzerin, Madame Castaing, kannte beide Dichter.

Bezeichnung: Moulis en Medoc
Anbaufläche und Ort: 80 ha in Grand-Poujeaux
Rebsorten: Cabernet-Sauvignon (65%), Merlot (30%), Petit Verdot (5%)
Anzahl Flaschen pro Jahr: 300 000
Beste Jahrgänge: 1945, 1966, 1996, 2000

Château Clerc Milon

Die Domäne gehört seit 1970 der Baronne Philippine de Rothschild. Das 30 Hektar große Besitztum hat einen besonders begünstigten Boden. Der Ausbau der Weine geschieht in neuen Eichenbarriques, die jedes Jahr zu einem Drittel ersetzt werden. Die Lagerung dauert je nach Jahrgang 16 bis 18 Monate.

Bezeichnung: Pauillac 5e Cru Classé
Anbaufläche und Ort: 30 ha in Pauillac
Rebsorten: Cabernet-Sauvignon (46%), Merlot (35%), Cabernet Franc (15%), Petit Verdot (3%), Carmenère (1%)
Anzahl Flaschen pro Jahr: 170 000
Beste Jahrgänge: 1986, 1990, 1996, 2000

Château Cos d'Estournel

Eine architektonische Fantasie im Herzen des Bordelais: Diese Art Pagode wurde von Reisen nach Indien und in den Orient inspiriert und war das Werk von Louis Gaspard d'Estournel, des ersten Besitzers der Domäne und eines leidenschaftlichen Reisenden. Die 67 ha liegen auf einem kleinen Hügel – daher der Name Cos, der so viel wie Côte bedeutet.

Bezeichnung: Saint-Estèphe 2e Cru Classé
Anbaufläche und Ort: 67 ha in Saint-Estèphe
Rebsorten: Cabernet-Sauvignon (60%), Merlot (38%), Cabernet Franc (2%)
Anzahl Flaschen pro Jahr: 250 000
Beste Jahrgänge: 1982, 1989, 1996, 2000

Château Cos Labory

Das Château, das auf demselben Hügelzug liegt wie das benachbarte Cos d'Estournel, berührt im Süden die Grenze zwischen Pauillac und Saint-Estèphe und grenzt an Château Lafite. Labory hieß der erste Besitzer zwischen 1820 und 1840. Seit einem Jahrhundert gehört das Gut der Familie Audoy.

Bezeichnung: Saint-Estèphe 5e Cru Classé
Anbaufläche und Ort: 18 ha
Rebsorten: Cabernet-Sauvignon (55–65%), Merlot (30–35%), Cabernet Franc (5–10%)
Anzahl Flaschen pro Jahr: 120 000
Beste Jahrgänge: 1982, 1998, 2001, 2002

Château Dauzac

Erst nach der Ankunft von Thomas Michel Lynch im Jahre 1740 wurde dieses Gebiet zu einer bekannten Lage. In diesem Gut entwickelte Ernest David die »Bordelaiser Brühe«, die die europäischen Weinberge vor dem Falschen Mehltau rettete. Die Gesellschaft MIF kaufte das Gut 1888. Die Leitung hat André Lurton inne.

Bezeichnung: Margaux 5e Cru Classé
Anbaufläche und Ort: 25 ha in Margaux
Rebsorten: Cabernet-Sauvignon (58%), Merlot (37%), Cabernet Franc (5%)
Anzahl Flaschen pro Jahr: 130 000
Beste Jahrgänge: 1982, 1995, 1998, 2000

Château Duhart-Milon Rothschild

Im 17. Jahrhundert befanden sich einige Grundstücke des Dorfes Milon in der Hand des Korsaren Duhart. Später hatten sie zahlreiche Besitzer, bis die Familie Rothschild diesen Quatrième Grand Cru 1962, einen Nachbarn von Lafite, aufkaufte. Die beiden Weinberge werden heute von derselben Mannschaft bewirtschaftet.

Bezeichnung: Pauillac 4e Cru Classé
Anbaufläche und Ort: 71 ha in Pauillac
Rebsorten: Cabernet-Sauvignon (80–85%), Merlot (15–20%)
Anzahl Flaschen pro Jahr: 240 000
Beste Jahrgänge: nicht mitgeteilt

Château Grand-Puy-Lacoste

Raymond Dupin, eine große Figur im Bordelaiser Weinbau, überließ das Gut 1978 der Familie Borie, die schon Château Ducru-Beaucaillou besitzt. Die Domäne hat auch Weinberge auf dem Plateau de Bages südwestlich des Dorfes Pauillac, auf einer Anhöhe mit der Bezeichnung Grand Puy. Das Château wurde von der Familie Lacoste 1855 gebaut.

Bezeichnung: Pauillac 5e Cru Classé
Anbaufläche und Ort: 55 ha in Pauillac
Rebsorten: Cabernet-Sauvignon (75%), Merlot (20%), Cabernet Franc (5%)
Anzahl Flaschen pro Jahr: rund 190 000
Beste Jahrgänge: 1985, 1986, 1996, 2000

Der Gärkeller eines Château – hier von Cantemerle – nötigt stets Respekt ab und ruft zur Stille auf.

Die richtige Temperatur

Die großen roten Bordeauxweine trinkt man bei einer Temperatur zwischen 16 und 17 °C, die Burgunder bei ein oder zwei Grad weniger. Alle großen Rotweine trinkt man zwischen 14 und 17 °C, und das gilt auch für die größten trockenen Weißweine. Etwas weniger berühmte Sorten schmecken kühler etwas besser, zwischen 10 und 12 °C, und Entsprechendes gilt auch für kleinere Rotweine. Champagner serviert man zwischen 7 und 8 °C. Nur likörartige Weißweine trinkt man noch kühler, um 6 °C. Unter keinen Umständen darf die Trinktemperatur 20 °C überschreiten. Jenseits dieser Grenze erfährt der Wein physikalische wie chemische Veränderungen, die seine Qualität definitiv beeinträchtigen.

Eine noch volle, verkorkte und flach im Kühlschrank gelagerte Flasche kühlt alle zehn Minuten um rund 2 °C ab. Im Tiefkühlfach erfolgt die Abkühlung doppelt so schnell. Das beste Verfahren zum Kühlen einer Flasche besteht darin, sie in einen Sektkübel mit Eiswasser zu stellen. Sie sollte dabei ganz untergetaucht sein. Man kann eine Flasche in lauwarmem Wasser auch erwärmen, doch meistens reicht es aus, sie im Wohnbereich stehen zu lassen.

Château Gruaud Larose

Im 18. Jahrhundert vereinigte ein Bordelaiser Besitzer mit Namen Gruaud mehrere Parzellen zu einer Domäne, die schließlich ein Herr de Larose erbte. Nach mehreren Erbfolgen wurde das Gut im 19. Jahrhundert aufgeteilt. Erst 1925 kaufte Désiré Cordier die beiden Châteaux auf und vereinigte sie wieder miteinander.

Bezeichnung: Saint-Julien 2e Cru Classé
Anbaufläche und Ort: 82 ha in Saint-Julien
Rebsorten: Cabernet-Sauvignon (57%), Merlot (31%), Cabernet Franc (7,5%), Petit Verdot (3%), Malbec (1,5%)
Anzahl Flaschen pro Jahr: rund 250 000
Beste Jahrgänge: 1982

Château Haut-Marbuzet

Wie der Name sagt, liegt dieses Château auf dem bekannten Höhenzug Marbuzet oberhalb der Gironde. Heute führt die dritte Generation das Unternehmen von Hervé Dubosq, der die Domäne 1952 übernahm. Es handelt sich um ein einfaches Bürgerhaus mit reichem Grundbesitz in den guten Lagen von Saint-Estèphe.

Bezeichnung: Saint-Estèphe
Anbaufläche und Ort: 58 ha in Saint-Estèphe
Rebsorten: Cabernet-Sauvignon (50%), Merlot (40%), Cabernet Franc (10%)
Anzahl Flaschen pro Jahr: 330 000
Beste Jahrgänge: 1982, 1990, 1995, 1998

Château Lafite Rothschild

Die Bezeichnung Lafite geht auf das baskische »hite«, »Anhöhe« zurück. Am Beginn von Lafite steht der Marquis de Ségur. 1868 kaufte James de Rothschild die Domäne. Im neuen Kellergebäude von Ricardo Bofill sind die Barriques kreisförmig angeordnet – eine gelungene Verbindung zwischen Ästhetik und technischen Anforderungen.

Bezeichnung: Pauillac 1er Grand Cru Classé
Anbaufläche und Ort: 100 ha in Pauillac
Rebsorten: Cabernet-Sauvignon (80–95%), Merlot (5–20%), Petit Verdot (0–3%)
Anzahl Flaschen pro Jahr: 180 000 bis 240 000
Beste Jahrgänge: keine Angaben

Château Lafon-Rochet

Die Geschichte dieses Château reicht ins 17. Jahrhundert zurück: Antoinette de Guillemotes brachte als Mitgift in die Ehe mit Pierre de Lafon Grundbesitz mit der Bezeichnung La Rochette ein. Heute gehört das Gut Guy Tesseron. Er hat das heutige Herrenhaus nach den Plänen eines Landhauses aus dem 18. Jahrhundert errichten lassen.

Bezeichnung: Saint-Estèphe 4e Cru Classé
Anbaufläche und Ort: 40 ha in Saint-Estèphe
Rebsorten: Cabernet-Sauvignon (55%), Merlot (40%), Cabernet Franc (5%)
Anzahl Flaschen pro Jahr: 120 000
Beste Jahrgänge: 1961, 1975, 1986, 2000

Château Lagrange

Diese Domäne, die im Mittelalter »Maison Noble de Lagrange Monteil« genannt wurde, hatte ihren Höhepunkt in der Mitte des 19. Jahrhunderts. Dann folgte der Niedergang: Brand des Gebäudes, Verkleinerung des Weinbergs, katastrophaler Ruf. 1983 kaufte der japanische Getränkeriese Suntory die Domäne und stellte deren guten Ruf wieder her.

Bezeichnung: Saint-Julien 3e Cru Classé
Anbaufläche und Ort: 113 ha in Saint-Julien
Rebsorten: Cabernet-Sauvignon (65%), Merlot (28%), Petit Verdot (7%)
Anzahl Flaschen pro Jahr: 280 000
Beste Jahrgänge: 1988, 1990, 1996, 2001

Château La Lagune

Die Domäne, einst Château Grand La Lagune genannt, gehörte lange Zeit der Familie de Sèze. Der Niedergang begann zu Beginn des 20. Jahrhunderts. Nach dem Zweiten Weltkrieg bemühten sich drei Besitzer darum, dem Gut seinen alten Glanz wiederzugeben: erst Georges Brunet, dann René Chayou und schließlich Jean-Michel Ducellier.

Bezeichnung: Haut-Médoc 3e Cru Classé
Anbaufläche und Ort: 75 ha in Ludon-Médoc
Rebsorten: Cabernet-Sauvignon (55%), Merlot (22%), Cabernet Franc (15%), Petit Verdot (10%)
Anzahl Flaschen pro Jahr: 300 000
Beste Jahrgänge: 1982, 1990, 1999, 2000

Château Latour

Der Turm, der zum Emblem dieser Domäne – einst das Schmuckstück unter den Besitztümern der Familie de Ségur – wurde, ist ein Taubenhaus aus dem 17. Jahrhundert. Der Turm, der auf dem Etikett abgebildet ist, gehört zu einer mittelalterlichen, heute nicht mehr existierenden Mauer. Er verlieh dem Gut seinen Namen.

Bezeichnung: Pauillac 1er Cru Classé
Anbaufläche und Ort: 47 ha in Pauillac
Rebsorten: Cabernet-Sauvignon (75%), Merlot (20%), Cabernet Franc (4%), Petit Verdot (1%)
Anzahl Flaschen pro Jahr: 150 000–180 000
Beste Jahrgänge: 1929, 1945, 1990, 2002

Château Latour Les Forts de Latour

Der Weinberg von Château Latour am Ufer der Gironde erstreckt sich über 65 Hektar. Nur 47 davon, die das Château umgeben, sind für die Produktion des Erstweins zugelassen. Die restlichen Hektar ergeben den Zweitwein mit der Bezeichnung »Les Forts de Latour«.

Bezeichnung: Pauillac
Anbaufläche und Ort: 18 ha in Pauillac
Rebsorten: Cabernet-Sauvignon (70%), Merlot (30%)
Anzahl Flaschen pro Jahr: 140 000
Beste Jahrgänge: 1982, 1989, 1996, 2000

Château Léoville Barton

Im Jahre 1826 wurde die Domaine de Léoville verkauft, und ein Ire, Hugh Barton, kaufte eine Parzelle davon. Sie trägt heute seinen Namen und gehört nach sechs Generationen immer noch seinen Nachkommen. Sie besitzen auch Château Langoa-Barton, wo die Weine beider Domänen gekeltert und ausgebaut werden.

Bezeichnung: Saint-Julien 2e Cru Classé
Anbaufläche: 45 ha
Rebsorten: Cabernet-Sauvignon (72%), Merlot (20%), Cabernet Franc (8%)
Anzahl Flaschen pro Jahr: 230 000
Beste Jahrgänge: 1985, 1999, 2000, 2001

Blick auf Cos d'Estournel, dessen exzentrisches Château Ende des 19. Jahrhunderts errichtet wurde.

Château Léoville Poyferré

Wie die beiden anderen Crus, die aus einer umfangreichen Domäne des Ancien Régime hervorgegangen sind, verfügt Château Léoville Poyferré über einen vorzüglichen homogenen Boden. Die natürliche Entwässerung begünstigt das Tiefenwachstum der Wurzeln. Das Château hat unter der Leitung von Didier Cuvelier an Statur gewonnen.

Bezeichnung: Saint-Julien 2e Cru Classé
Anbaufläche und Ort: 60 ha in Saint-Julien
Rebsorten: Cabernet-Sauvignon (60%), Merlot (30%), Petit Verdot (8%), Cabernet Franc (2%)
Anzahl Flaschen pro Jahr: 240 000
Beste Jahrgänge: 1983, 1989, 1996, 2000

Château Lynch-Bages

Als die Tochter des Besitzers von Bages, das auf einer Hochfläche aus Garonne-Kieseln liegt, 1740 den Sohn eines irischen Offiziers, Thomas Lynch, der vor den Religionskriegen geflohen war, heiratete, brachte sie die Weinberge als Mitgift in die Ehe ein. Der Besitz wurde 1938 an Jean-Charles Cazes verkauft, dessen Enkel es heute leitet.

Bezeichnung: Pauillac 5e Cru Classé
Anbaufläche und Ort: 90 ha in Pauillac
Rebsorten: Cabernet-Sauvignon (73%), Merlot (15%), Cabernet Franc (10%), Petit Verdot (2%)
Anzahl Flaschen pro Jahr: 420 000
Beste Jahrgänge: 1982, 1985, 1999, 2000

Château Margaux

Durch königliches Privileg trägt Château Margaux den Namen der eigenen Appellation. Eine heitere klassizistische Architektur, ein außergewöhnliches Terroir, eine legendäre Geschichte. Dies alles lässt das Château zu einem Mythos werden. Nachdem die Familie Mentzelopoulos ihm seinen Glanz wiedergegeben hatte, kaufte es 1998 Bernard Arnaud.

Bezeichnung: Margaux 1er Cru Classé
Anbaufläche und Ort: 78 ha (insgesamt) in Margaux
Rebsorten: Cabernet-Sauvignon (80–85%), Merlot (8–14%), Petit Verdot (3–5%), Cabernet Franc (1–2%)
Anzahl Flaschen pro Jahr: 200 000 (insgesamt)
Beste Jahrgänge: 1986, 1990, 1996, 2000

Château Margaux Pavillon Rouge

Die großen Domänen haben die Gewohnheit angenommen, so genannte »Zweitweine« zu keltern: Pavillon Rouge heißt der Zweitwein von Château Margaux. Beim Château Palmer ist es die Réserve du Général, und das Château Lafite-Rothschild bezeichnet ihn als »Carruades de Lafite«.

Bezeichnung: Margaux
Anbaufläche und Ort: 76 ha in Margaux
Rebsorten: Cabernet-Sauvignon (60–65%), Merlot (30–37%), Petit Verdot (2–3%)
Anzahl Flaschen pro Jahr: 200 000 (insgesamt)
Beste Jahrgänge: 1986, 1995, 1999, 2000

Château Montrose

Der kiesige Hang, auf dem sich die Reben erstrecken, war einst eine Heide, die sich bei der Blüte des Heidekrauts rosa verfärbte. Deswegen verlieh ihm der erste Besitzer, Dumoulin, 1778 die Bezeichnung »Montrose«. Die Familie hielt das Gut bis 1866. Seit 1896 gehört es der Familie Charmolüe.

Bezeichnung: Saint-Estèphe 2e Cru Classé
Anbaufläche und Ort: 68 ha in Saint-Estèphe
Rebsorten: Cabernet-Sauvignon (65%), Merlot (25%), Cabernet Franc (10%)
Anzahl Flaschen pro Jahr: 130 000
Beste Jahrgänge: 1986, 1990, 1996, 2000

Château Mouton Rothschild

Im Jahre 2003 feierte das Château Mouton den 150. Jahrestag des Kaufs durch den Baron Nathanael de Rothschild. Seit 1924 gestaltet jeweils ein großer Künstler ein neues Etikett: Picasso, Braque, Matisse, Bacon, Warhol, Balthus … Die Idee dazu stammt von Philippe de Rothschild.

Bezeichnung: Pauillac 1er Cru Classé
Anbaufläche und Ort: 78 ha in Pauillac
Rebsorten: Cabernet-Sauvignon (77%), Merlot (11%), Cabernet Franc (10%), Petit Verdot (2%)
Anzahl Flaschen pro Jahr: 300 000
Beste Jahrgänge: keine Angaben

Hinter dem Weinberg von Château Lafite Rothschild in Pauillac erkennt man das Ufer der Gironde (folgende Doppelseite).

Château Palmer

Im Jahre 1814 begegnete Jeanne de Grasq dem englischen General Charles Palmer. Er verliebte sich in die junge Witwe und in ihr Gut. Später kauften es die Bankiers Pereire und ließen das heutige Château mit den Türmchen errichten. 1937 übernahmen mehrere Familien die Domäne, eine aus Bordeaux, eine aus England und eine aus den Niederlanden.

Bezeichnung: Margaux 3e Grand Cru Classé
Anbaufläche und Ort: 52 ha in Margaux
Rebsorten: Cabernet-Sauvignon (47%), Merlot (47%), Petit Verdot (6%)
Anzahl Flaschen pro Jahr: 100 000–150 000
Beste Jahrgänge: 1900, 1947, 1985, 2002

Château Phélan Ségur

Dieser seit altersher berühmte Cru Bourgeois ist stolz darauf, Weinberge direkt neben Montrose und Calon Ségur zu besitzen. Ihre Bedeutung erlangte die Domäne durch einen bemerkenswerten Winzer und Unternehmer, Frank Phélan, der sich im 19. Jahrhundert in Saint-Estèphe niedergelassen hatte. 1985 kaufte die Familie Gardinier das Gut.

Bezeichnung: Saint-Estèphe
Anbaufläche und Ort: 64 ha in Saint-Estèphe
Rebsorten: Cabernet-Sauvignon (60%), Merlot (35%), Cabernet Franc (5%)
Anzahl Flaschen pro Jahr: 150 000
Beste Jahrgänge: 1995, 1998, 1999, 2000

Château Pichon-Longueville

In Pauillac gab es früher nur eine Domäne mit der Bezeichnung »Pichon-Longueville«. Noch vor der Klassifizierung von 1855 teilten sich der Baron Pichon-Longeville und seine Schwester, die Comtesse de Lalande, das Gut. Deswegen gibt es zwei verschiedene Crus und Etiketten. Die Domäne gehört heute der Gruppe AXA Millésimes.

Bezeichnung: Pauillac 2e Grand Cru Classé
Anbaufläche und Ort: 47 ha
Rebsorten: Cabernet-Sauvignon (75%), Merlot (24%), Petit Verdot und Malbec (1%)
Anzahl Flaschen pro Jahr: 200 000
Beste Jahrgänge: nicht mitgeteilt

Château Pichon-Longueville Comtesse de Lalande

Virginie de Pichon-Longueville, die 1840 das heute noch bestehende Château bauen ließ, drückte der Domäne ihren Stempel auf. Dasselbe kann man von der Erbin der Familie Miailhe behaupten, die das Gut 1925 kaufte, May-Eliane de Lencquesaing.

Bezeichnung: Pauillac 2e Grand Cru Classé
Anbaufläche und Ort: 80 ha in Pauillac (mit Zweitwein)
Rebsorten: Cabernet-Sauvignon (45%), Merlot (35%), Cabernet Franc (12%), Petit Verdot (8%)
Anzahl Flaschen pro Jahr: 360 000
Beste Jahrgänge: 1986, 1995, 1996, 2000

Cabernet Franc und Petit Verdot

Die Bezeichnung »Cabernet« stammt eindeutig aus dem Médoc. Wo ihre Wurzeln liegen, weiß man aber nicht. Doch alle Liebhaber von Bordeaux-Weinen kennen ihre beiden Varianten, den Cabernet-Sauvignon, die edelste Rebsorte Frankreichs, und den Cabernet Franc. Dieser unterscheidet sich von seinem noblen Bruder in äußerlichen Merkmalen und in seinen organoleptischen Qualitäten. Die Trauben sind nicht sehr groß und stehen auch nicht dicht gedrängt. Die schwarzblaue Haut der kleinen Beeren ist verhältnismäßig dünn, was die Gefahr eines Befalls mit der Graufäule mit sich bringt. Der Cabernet Franc trägt besser als der Cabernet-Sauvignon, ist weniger tanninreich und dafür säuerlicher.

Die beiden Rebsorten treten in den Assemblagen der Bordeaux-Weine sehr oft zusammen auf. Es werden aber noch weitere Rebsorten in geringen Mengenanteilen mitverwendet, etwa Malbec und Petit Verdot, die es fast nur im Bordeaux gibt. Der Cabernet Franc gilt als nicht so edel wie der Cabernet-Sauvignon und wird deswegen im Médoc gelegentlich abgelehnt. Er ist aber zum Beispiel zu einem beträchtlichen Anteil in der Assemblage des Château Cheval Blanc vertreten (zusammen mit Merlot und Malbec), die ohne Zweifel einen der besten Weine der Welt darstellt. Der Cabernet Franc ist im Bordeaux-Gebiet auch unter der Bezeichnung »Bouchet« oder »Plant des Sables«, örtlich auch als »Breton« oder »Véron« bekannt.

Die frühreife Rebe wird sortenrein im Loiretal gekeltert. Sie ergibt dort den Chinon, den Bourgueil und den Saint-Nicolas-de-Bourgueil und den Saumur-Champigny. All diese Weine eignen sich nicht für eine lange Lagerung. Der Cabernet Franc wird auch in Südamerika und Kalifornien angebaut.

Château Pontet-Canet

Der Ursprung dieses Weingutes geht auf den Beginn des 18. Jahrhunderts zurück: Jean-François Pontet vereinigte mehrere Parzellen. Seine Nachkommen vervollständigten sein Werk, indem sie benachbarte Weinberge aufkauften. So entstand das »Maison de Canet«. Ein dänischer Liebhaber übernahm die Domäne 1865. Guy Tesseron kaufte sie 1975.

Bezeichnung: Pauillac 5e Cru Classé
Anbaufläche und Ort: 80 ha in Pauillac
Rebsorten: Cabernet-Sauvignon (60%), Merlot (33%), Cabernet Franc (5%), Petit Verdot (2%)
Anzahl Flaschen pro Jahr: 250 000
Beste Jahrgänge: 1994, 1996, 1999, 2000

Château Poujeaux

Das Gut ist seit dem 16. Jahrhundert als »La Salle de Poujeaux« bekannt und war eine Dependance des Château Latour. 1880 wurde es dreigeteilt. 1921 kaufte François Theil ein Drittel. Seit 1957 sind die Jahrgänge mit Jean Theil unterzeichnet. Ihm gelang es, die drei Besitze wieder zu vereinigen. Heute führen seine Enkel das Unternehmen.

Bezeichnung: Moulis-en-Médoc
Anbaufläche und Ort: 53 ha in Moulis
Rebsorten: Cabernet-Sauvignon (50%), Merlot (40%), Cabernet Franc (5%), Petit Verdot (5%)
Anzahl Flaschen pro Jahr: 350 000
Beste Jahrgänge: 1988, 1990, 1996, 1998

Château Prieuré-Lichine

Im Jahr 1951 kaufte der Önologe, Kritiker und Schriftsteller Alexis Lichine dieses Château, das ursprünglich ein Benediktinerkloster war. Damals hieß es »Château Cantenac-Prieuré«. Die Namensänderung fand 1953 statt. Der Sohn Sacha übernahm das Gut, verkaufte es aber 1999 der Familie Ballande, die schon in Pessac-Léognan Grundbesitz hat.

Bezeichnung: Margaux 4e Grand Cru Classé
Anbaufläche und Ort: 40 ha in Cantenac
Rebsorten: Cabernet-Sauvignon (50%), Merlot (42%), Petit Verdot (6%), Cabernet Franc (2%)
Anzahl Flaschen pro Jahr: 216 000
Beste Jahrgänge: 1996, 1999, 2000, 2003

Château Rauzan-Ségla

Im Jahre 1661 kaufte Pierre des Mesures de Rauzan Grundbesitz von der Familie Gassies. Während der Revolution wurde die Domäne zwischen der Baronne de Ségla und M. Gassies aufgeteilt. Die Erneuerung kam 1983 mit Jacques Théo. Seit 1994 ist das Gut in den Händen des Hauses Chanel.

Bezeichnung: Margaux 2e Grand Cru Classé
Anbaufläche und Ort: 51 ha in Margaux
Rebsorten: Cabernet-Sauvignon (54%), Merlot (41%), Petit Verdot (4%), Cabernet Franc (1%)
Anzahl Flaschen pro Jahr: 100 000
Beste Jahrgänge: 1945, 1975, 1989, 2000

Château Sociando-Mallet

Die im Norden des Haut-Médoc gelegene Domäne trägt den Namen zweier früherer Besitzer. Ihr Ruf ist aber untrennbar mit dem Namen von Jean Gautreau verbunden, der sie 1969 kaufte. Damals bestand das Gut nur noch aus fünf Hektar. Daraus wurden schließlich 58 Hektar Kiesboden über Kalkton.

Bezeichnung: Haut-Médoc
Anbaufläche und Ort: 58 ha in Saint-Seurin de Cadourne
Rebsorten: Cabernet-Sauvignon (55%), Merlot (40%), Cabernet Franc (5%)
Anzahl Flaschen pro Jahr: 350 000
Beste Jahrgänge: 1986, 1990, 1996, 2000

Château Talbot

Der Name dieser über 100 Hektar umfassenden Domäne ist mit dem des Oberbefehlshabers Talbot verbunden, eines englischen Kriegsherrn. Heute gehört sie Lorraine Rustmann und Nancy Bignon, die das große Besitztum auf Kiesboden 1993 erbten.

Bezeichnung: Saint-Julien 4e Grand Cru Classé
Anbaufläche und Ort: 102 ha in Saint-Julien-Beychevelle
Rebsorten: Cabernet-Sauvignon (66%), Merlot (26%), Petit Verdot (5%), Cabernet Franc (3%)
Anzahl Flaschen pro Jahr: 300 000
Beste Jahrgänge: 1985, 1995, 1996, 1998

Graves

Die Domaine de Chevalier ist ein Gut in Léognan mit 38 Hektar.

Das Gebiet Les Graves bildet die Verlängerung des Médoc und umfasst auch Vororte von Bordeaux. Der Name geht auf den Boden zurück. Als »Graves« bezeichnet man eine Mischung aus Kiesel, Sand und Schotter, die die Garonne über einem Unterboden aus Sand, Ton und Kalk ablagerte. Damit erklärt sich auch die erstaunliche Vielfalt der weißen und roten Weine, die hier gekeltert werden.

Das Gebiet wird auf der einen Seite vom Waldgebiet des Landes begrenzt, auf der anderen von der Agglomeration Bordeaux bedrängt, die auf den besten Böden nur einige privilegierte, berühmte Inseln stehen lässt, etwa die Châteaux Haut-Brion und La Mission Haut-Brion. Trotzdem bildet die Landschaft Graves den historischen Kern des Bordeaux. Seit römischer Zeit umgaben Rebzeilen die Hauptstadt Aquitaniens. Columella, Verfasser einer Abhandlung über die Landwirtschaft, schrieb im 1. Jahrhundert n. Chr. von einem »Wein, der sich lange hält und der nach einigen Jahren noch besser wird.«

Im Mittelalter stammten alle Weine aus der unmittelbaren Umgebung von Bordeaux, und lange Zeit war die Bezeichnung »Les Graves« ein Synonym für Bordeaux. Im 19. Jahrhundert zog man ihnen allerdings die Weine des Médoc vor, deren Geschichte erst im 16. Jahrhundert, nach der Trockenlegung der Sümpfe, begonnen hatte. Deswegen blieben sie mit Ausnahme des Château Haut-Brion, das der englische Schriftsteller Samuel Pepys im 17. Jahrhundert so sehr gelobt hatte, wobei er es »Ho-Bryan« nannte, von der berühmten napoleonischen Klassifizierung anlässlich der Weltausstellung 1855 ausgeschlossen.

Die große Entwicklung der Graves-Weine geht auf die Zeit kurz vor dem Zweiten Weltkrieg zurück. 1959 wurden die besten Crus klassifiziert, allerdings – und das im Unterschied zu 1855 – ohne jede weitere Hierarchie. Es sind darin neun Weißweine und 13 Rotweine aufgeführt. 1987 schließlich entstand die Bezeichnung Pessac-Léognan für den gesamten nördlichen Teil.

Heute umfasst das Graves-Gebiet drei größere Appellationen im Bereich von 43 Gemeinden: Graves (doppelt so viele Rotweine wie trockene Weißweine), Graves Supérieurs (halbtrockene oder liebliche Weine aus dem Süden des Gebiets) und Pessac-Léognan (bekannte Rotweine, in geringerem Umfang auch trockene Weißweine, die zu den besten des gesamten Bordeaux zählen).

Entstanden im 16. Jahrhundert

Der berühmteste Wein von Graves, Haut-Brion, entstand 1525 und ist damit fast fünf Jahrhunderte alt. Er war 1663 der erste Bordeaux-Wein, der in der Royal Oak Tavern in London ausgeschenkt und von Samuel Pepys enthusiastisch gefeiert wurde. In seinem Tagebuch lesen wir: »Dort habe ich einen französischen Wein mit der Bezeichnung Ho-Bryan getrunken, der einen guten, ganz besonderen Geschmack aufwies, den ich bisher noch nicht kannte …«

Ungefähr 15 Jahre später begab sich ein weiterer Untertan des Königs, der Philosoph John Locke, an Ort und Stelle und staunte über die Bedingungen, unter denen ein derart großer Wein entstand: »Der Wein von Pontac, den man in England so sehr schätzt, wird auf einem kleinen, nach Westen gewandten Berg produziert, in einem Gebiet mit weißem Sand, gemischt mit etwas Kiesel. Man könnte glauben, dass hier überhaupt nichts wächst.«

Jean de Pontac heiratete die Tochter des Bürgermeisters von Libourne. Sie brachte als Mitgift die Lage Haut-Brion bei Pessac, ganz in der Nähe von Bordeaux, mit in die Ehe. Diesem Jean de Pontac ist es zu verdanken, dass dieser herrschaftliche Cru überhaupt entstand.

Château Carbonnieux

Die Domäne entstand in der Zeit des Hundertjährigen Krieges. Das Gut litt unter den Wechselfällen der Geschichte, der Reblauskrise und den wirtschaftlichen Erschütterungen. Carbonnieux ist eines der ältesten Crus des Graves-Gebiets und gehörte auch zu den Ersten, die mit dem Anbau von Weißweinreben begannen. 1956 erwarb die Familie Perrin die Domäne.

Bezeichnung: Pessac-Léognan Grand Cru Classé
Anbaufläche und Ort: 45 ha in Léognan
Rebsorten: Sauvignon (65%), Sémillon (35%)
Anzahl Flaschen pro Jahr: 200 000–250 000
Beste Jahrgänge: 1995, 1998, 2001

Château Les Carmes Haut-Brion

Die Domäne liegt wie ihre Nachbarin gleichen Namens am südwestlichen Ausgang von Bordeaux und trägt den Namen der Karmeliter von Notre-Dame, die sie 1584 als Geschenk erhielten. In der Revolutionszeit galt sie als nationales Gut. Zu Beginn des 19. Jahrhunderts kaufte ein Bordelaiser Weinhändler das Anwesen, der Vorfahr der heutigen Besitzer.

Bezeichnung: Pessac-Léognan
Anbaufläche und Ort: 4,66 ha in Pessac
Rebsorten: Merlot (50%), Cabernet Franc (40%), Cabernet-Sauvignon (10%)
Anzahl Flaschen pro Jahr: 24 000
Beste Jahrgänge: 1988, 1995, 1998, 2000

Domaine de Chevalier

Im Jahre 1865 kauften Arnaud Ricard und sein Sohn Jean, beide Küfer, Grundbesitz im westlichen Teil des Graves-Gebiets, das heute noch den alten gaskognischen Namen »Chivaley« trägt. Jean legte den Weinberg an. 1900 folgte auf ihn sein Schwiegersohn Gabriel Beaumartin, der den Ruf der Domäne begründete und deren Namen gallisierte.

Bezeichnung: Pessac-Léognan Grand Cru Classé
Anbaufläche und Ort: 15 ha in Léognan
Rebsorten: Cabernet-Sauvignon (65%), Merlot (30%), Petit Verdot (3%), Cabernet Franc (2%)
Anzahl Flaschen pro Jahr: ca. 90 000
Beste Jahrgänge: 1970, 1978, 1998, 2000

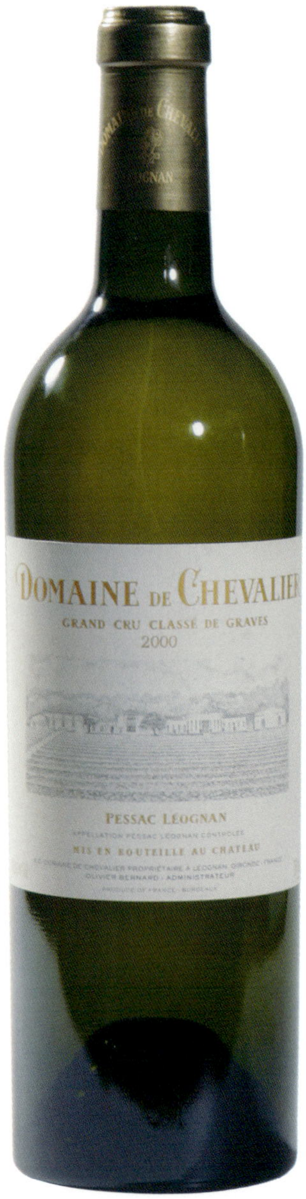

Domaine de Chevalier

Eine Bordelaiser Familie von Wein- und Branntweinhändlern kaufte das Gut 1983, modernisierte und vergrößerte es. Die Rosen, die am Anfang jeder Rebzeile gepflanzt wurden, dienen nicht nur der Schönheit und Eleganz des Anwesens. Sie leiden als Erste unter möglichen Krankheiten, die auch die Rebstöcke befallen können.

Bezeichnung: Pessac-Léognan Grand Cru Classé
Anbaufläche und Ort: 4 ha in Léognan
Rebsorten: Sauvignon (80%), Sémillon (20%)
Anzahl Flaschen pro Jahr: 15 000
Beste Jahrgänge: 2000, 2001, 2002

Clos Floridène

Das Gut in der Nähe von Barsac hat 18 Hektar. Seit 1982 stellen Denis und Florence Dubourdieu den Weinberg wieder her. Das Terroir in Pujols setzt sich aus einer dünnen Schicht rotem Sand über kalkhaltigem Untergrund zusammen. Damit verleiht es dem Weißwein seinen besonderen Charakter.

Bezeichnung: Graves
Anbaufläche und Ort: 13 ha in Pujols-sur-Ciron
Rebsorten: Sémillon (50%), Sauvignon (40%), Muscadelle (10%)
Anzahl Flaschen pro Jahr: 70 000
Beste Jahrgänge: 1993, 1996, 1998, 1999

Château de Couhins-Lurton

Unter der Bezeichnung »Bourdieu de la Gravette« war die Domäne über hundert Jahre lang in den Händen einer Bordelaiser Notarfamilie. 1967 pachtete André Lurton den Weinberg. 1970 kaufte er einen Teil der Domäne, die zuvor in den Besitz der INRA übergegangen war. Der heutige Weinberg von Couhins-Lurton ist ausschließlich mit Sauvignon bepflanzt, was im Bordeaux selten ist.

Bezeichnung: Pessac-Léognan Cru Classé
Anbaufläche und Ort: 6 ha in Villenave-d'Ornon
Rebsorten: Sauvignon (100%)
Anzahl Flaschen pro Jahr: 20 000
Beste Jahrgänge: 1967, 1971, 1992, 1999

Château de Fieuzal

Der Weinberg Fieuzal hieß einst »Gardères« und verdankt seinen Namen früheren Besitzern bis zum Jahre 1851. Nach mehreren Besitzerwechseln, unter ihnen die Familie Ricard und die Gruppe der Banques Populaires, kaufte im Jahre 2001 das Ehepaar Lochlann Quinn aus Irland das Gut.

Bezeichnung: Pessac-Léognan Grand Cru Classé
Anbaufläche und Ort: 40 ha in Léognan
Rebsorten: Cabernet-Sauvignon (60%), Merlot (35%), Cabernet Franc (5%)
Anzahl Flaschen pro Jahr: 94 000–145 000
Beste Jahrgänge: 1982, 1998, 1999, 2000

Château de Fieuzal

Ganz zu Beginn befand sich Fieuzal im Besitz des Duc de La Rochefoucauld, dem Autor der berühmten Maximen. Fieuzal hat einen kiesigen Boden mit weißen Steinen. Der Weißwein ist hier Tradition: Die Liebhaber nannten ihn zu Beginn des 19. Jahrhunderts »Sable d'Or«, »Goldsand«. In dieser Domäne begann man um 1985 mit der Wiederbelebung der großen weißen Bordeaux-Weine.

Bezeichnung: Pessac-Léognan
Anbaufläche und Ort: 8 ha in Léognan
Rebsorten: Sauvignon (50%), Sémillon (50%)
Anzahl Flaschen pro Jahr: 20 000–30 000
Beste Jahrgänge: 1985, 1987, 1996, 2000

Château Haut-Bailly

Den Weinberg legte 1630 der Pariser Bankier Firmin Le Bailly an. Aber erst Henri Bellot des Minières, der »König der Winzer«, machte ihn von 1872 an berühmt. Die zweite Renaissance geht auf das Jahr 1955 zurück, als ein belgischer Weinhändler das Gut kaufte. Heute ist es im Besitz eines amerikanischen Bankiers.

Bezeichnung: Pessac-Léognan Grand Cru Classé
Anbaufläche und Ort: 30 ha in Léognan
Rebsorten: Cabernet-Sauvignon (65%), Merlot (25%), Cabernet Franc (10%)
Anzahl Flaschen pro Jahr: 140 000–150 000
Beste Jahrgänge: 1921, 1959, 1995, 2000

Château Haut-Brion

Angesichts der Kleinheit der Parzelle (2,5 Hektar), oben auf einem Hügel gelegen mit flachem tonigem Boden, umstellt von Gebäuden der Orte Bordeaux und Pessac, muss dieser große Wein aus dem Graves-Gebiet selten und teuer sein.

Bezeichnung: Pessac-Léognan
Anbaufläche und Ort: 2,5 ha in Pessac
Rebsorten: Sémillon, Sauvignon
Anzahl Flaschen pro Jahr: 9600
Beste Jahrgänge: 1989, 1994, 1998

Château Haut-Brion

Diese prestigeträchtige Domäne wirkt hinter ihren hohen Mauern wie eine Enklave in der Stadt. Unter den Besitzern waren so berühmte Persönlichkeiten wie Arnaud de Pontac, der die Domäne berühmt machte, Charles Maurice de Talleyrand Périgord und schließlich der New Yorker Bankier Clarence Dillon, dessen Familie das Gut seit 1935 besitzt.

Bezeichnung: Pessac-Léognan 1er Grand Cru Classé
Anbaufläche und Ort: 43,2 in Pessac
Rebsorten: Cabernet-Sauvignon (45%), Merlot (37%), Cabernet Franc (18%)
Anzahl Flaschen pro Jahr: 80 000
Beste Jahrgänge: 1945, 1961, 1989, 2000

Château Larrivet-Haut-Brion

Seit 1987 ist das Château im Besitz der Gesellschaft Andros und hat seine Einheitlichkeit wiedergefunden. Die Domäne wird von Philippe Gervoson geleitet, önologischer Berater ist Michel Rollond. Erst 1929 wurde die Zugehörigkeit zur Appellation bestätigt, nach einem Gerichtsverfahren, das über ein Jahrhundert dauerte.

Bezeichnung: Pessac-Léognan
Anbaufläche und Ort: 9 ha in Pauillac
Rebsorten: Sauvignon (50%), Sémillon (48%), Muscadelle (2%)
Anzahl Flaschen pro Jahr: keine Angaben
Beste Jahrgänge: 1992, 1996, 1999, 2001

Château Latour-Martillac

Die Domäne liegt in Martillac und ist am Turm zu erkennen, der den Schlosshof schmückt. 1929 kaufte sie Alfred Kressmann. Sie ging auf dessen Sohn über, und er verlieh dem Gut die heutige Größe. Die Enkel halten die Tradition aufrecht. Sie modernisierten die Kelleranlagen und entschlossen sich, auf hohe Erträge zu verzichten.

Bezeichnung: Pessac-Léognan
Anbaufläche und Ort: 9 ha in Martillac
Rebsorten: Sémillon (55%), Sauvignon (40%), Muscadelle (5%)
Anzahl Flaschen pro Jahr: 30 000
Beste Jahrgänge: 1987, 1994, 1996, 1999

Château Laville Haut-Brion

Im 17. Jahrhundert verlieh eine Frau, Marie Laville, der Domäne ihren Namen. Drei Jahrhunderte später bestimmt erneut eine Frau, die Duchesse de Mouchy, Enkelin von Clarence Dillon, dem Besitzer des berühmten Château Haut-Brion, über das Schicksal des Weinguts.

Bezeichnung: Pessac-Léognan Grand Cru Classé
Anbaufläche und Ort: 3,7 ha in Talence
Rebsorten: Sémillon, Sauvignon
Anzahl Flaschen pro Jahr: 13 200
Beste Jahrgänge: 1989, 1994, 1998

Château La Louvière

Dank einer Parlamentarierfamilie, die zu den Pionieren des Bordelaiser Weinbaus zählt, entstand im 16. Jahrhundert der Weinberg von La Louvière. Das heutige Château wurde nach Plänen von François Lhote errichtet und von einem flämischen Maler dekoriert. Seit 1965 leitet es André Lurton, der einen Rotwein und einen Weißwein produziert.

Bezeichnung: Pessac-Léognan
Anbaufläche und Ort: 34,5 ha in Léognan
Rebsorten: Cabernet-Sauvignon (64%), Merlot (33%), Petit Verdot (3%)
Anzahl Flaschen pro Jahr: 150 000
Beste Jahrgänge: 1970, 1983, 1995, 2000

Château Malartic-Lagravière

Die Gruppe Laurent-Perrier kaufte im Lauf der 1990er-Jahre diese Domäne. Seit 1998 gehört sie dem belgischen Unternehmer Alfred-Alexandre Bonnie. Er ließ in den Kelleranlagen und im Château selbst, einem weißen Gebäude in klassizistischem Stil, umfangreiche Modernisierungsarbeiten durchführen.

Bezeichnung: Pessac-Léognan Grand Cru Classé
Anbaufläche und Ort: 7 ha in Léognan
Rebsorten: Sauvignon, Sémillon
Anzahl Flaschen pro Jahr: 30 000
Beste Jahrgänge: 1997, 1998, 1999, 2000

Château La Mission Haut-Brion

Haut-Brion und La Mission Haut-Brion bildeten ursprünglich eine Domäne. Sie wurde 1550 von Jean de Pontac geschaffen. Ein Jahrhundert später erbte der Klerus von Bordeaux einen Bauernhof von Haut-Brion. Er gelangte in den Besitz der Mission de Saint-Vincent de Paul. Heute gehört das Gut den Domaines Clarence Dillon.

Bezeichnung: Pessac-Léognan Grand Cru Classé
Anbaufläche und Ort: 20,9 ha in Talence
Rebsorten: Cabernet-Sauvignon (48%), Merlot (45%), Cabernet Franc (7%)
Anzahl Flaschen pro Jahr: 70 000
Beste Jahrgänge: 1961, 1989, 1995, 2000

Château Pape Clément

Die Domäne ist stolz, den ältesten Weinberg in der Region zu haben. Ihren Namen verdankt sie Bertrand de Got, der in Avignon zum Papst gewählt wurde und den Namen Klemens V. annahm. Während der Revolution wurde das Gut versteigert, 1937 vom Hagel zerstört. Schließlich kaufte es Paul Montagne und stellte es wieder her. Die Leitung hat heute Bernard Magrez.

Bezeichnung: Pessac-Léognan Grand Cru Classé
Anbaufläche und Ort: 30 ha in Pessac
Rebsorten: Cabernet-Sauvignon (60%), Merlot (40%)
Anzahl Flaschen pro Jahr: 80 000–90 000
Beste Jahrgänge: 1996, 1998, 1999, 2000

Château Smith Haut Lafitte

Seit 1365 betrieb die Adelsfamilie Du Bosq auf diesem Boden Weinbau. Im 18. Jahrhundert kaufte ein Ire namens Smith die Domäne und exportierte seine Weine nach England. Dann ging das Gut durch die Hände mehrerer Weinliebhaber. Seit 1990 steht es unter der Leitung von Daniel Cathiard, der dessen Ruf weiter ausbaut.

Bezeichnung: Pessac-Léognan Grand Cru Classé
Anbaufläche und Ort: 45 ha in Martillac
Rebsorten: Cabernet-Sauvignon (50%), Merlot (35%), Cabernet Franc (13%), Petit Verdot (2%)
Anzahl Flaschen pro Jahr: 90 000–100 000
Beste Jahrgänge: 1995, 1996, 1998, 2000

Château Smith Haut Lafitte

Innerhalb kurzer Zeit gründeten Daniel und Florence Cathiard auf ihrem Gut Smith Haut Lafitte ein Hotel und ein Restaurant sowie ein Zentrum der Vinotherapie, bei dem es vor allem um Schönheitspflege mithilfe von Traubenbestandteilen geht. Die Domäne, die ins 14. Jahrhundert zurückreicht, produziert einen der größten Weißweine der Appellation.

Bezeichnung: Pessac-Léognan
Anbaufläche und Ort: 11 ha in Martillac
Rebsorten: Sauvignon Blanc (90%), Sauvignon Gris (5%), Sémillon (5%)
Anzahl Flaschen pro Jahr: 25 000–28 000
Beste Jahrgänge: 1999, 2000, 2001, 2002

Im Juni beschneidet man die Triebe, bindet sie fest.

Im Juli behandelt man die Reben gegen Krankheiten.

Sauternes und Barsac

Die 2300 Hektar, die die likörartigen Weine von Sauternes und Barsac ergeben, liegen wie eine Enklave im südlichen Teil des Graves-Gebiets. Hier kommen mehrere Faktoren zusammen, die die Produktion solcher Weine begünstigen. Der Boden ist kiesig und sandig und ähnelt dem des Haut-Médoc. Durch das Relief aus alluvialen Höhenzügen kommen Tone und Mergel zum Vorschein. Das erklärt übrigens, warum ein Teil des Weinbergs von Yquem entwässert werden muss.

Ein noch wichtigerer Faktor ist das Klima oder vielmehr das sehr spezifische Lokalklima dieses Terroirs. Es wird von einem kleinen Fluss durchzogen, dem Ciron, dessen kaltes Wasser auf das wärmere Wasser der Garonne trifft. Das begünstigt die Entstehung von Morgennebeln im Herbst, die bald einem warmen sonnigen Tag weichen. Dabei tritt Edelfäule auf. Sie bewirkt die außergewöhnliche Qualität dieser hellen bis bernsteinfarbenen Weine. Die Edelfäule wird von einem Pilz ausgelöst, dem *Botrytis cinerea*, der an unreifen Trauben als Graufäule schädlich wird. *Botrytis* lässt die reifen Weintrauben schrumpfen und grau werden. Sie büßen dabei Wasser ein, sodass der Gehalt an Zucker, Glyzerin und Pektinen steigt. Dabei wird auch der Säuregehalt reduziert.

Niemand weiß, wer den Sauternes erfunden hat, auch nicht wann und wo. Aber ein Aktenvermerk aus dem Jahre 1666 lautet: »Es ist in Bommes und in Sauternes üblich, jedes Jahr erst gegen den 15. Oktober zu lesen.« Die Entscheidung, wann man mit der späten Lese beginnt, ist durchaus risikobehaftet. Je länger man wartet, umso mehr reichern sich Zucker und Aromastoffe an. Aber parallel dazu steigt das Risiko von Regenfällen oder gar Frost.

Es werden hier drei Rebsorten angebaut, vor allem Sémillon, aber auch Sauvignon und Muscadelle (Muskateller). Wie bei den großen Médoc-Weinen erfolgte die Klassifizierung des Sauternes 1855. Auf einen einzigen Cru Supérieur (Château d'Yquem) folgen elf Premiers Crus und dreizehn Seconds Crus. Es sind die einzigen Weißweine des Bordeaux, die eine solche prestigefördernde Einstufung erfahren haben. Fünf Gemeinden haben Anrecht auf die Appellation Sauternes: Sauternes, Fargues, Bommes, Preignac und Barsac. Letztere hat auch eine eigene Appellation.

Die Edelfäule wird von einem Pilz, Botrytis cinerea, *bewirkt. Er lässt die Traubenhaut durchlässig werden, sodass Wasser verdunstet.*

Cru d'Arche-Pugneau

Erst gehörte diese Domäne dem Fregattenkapitän Latapy. Dann ging sie 1923 in den Besitz der Familie Daney über. Die 13 Hektar liegen auf dem Gemeindegebiet von Preignac. Für die Pressung der Trauben verwendet man eine Kelter, die durchaus in einem Museum stehen könnte. Der Wein lagert mehrere Jahre in Barriques, bevor er verkauft wird.

Bezeichnung: Sauternes
Anbaufläche und Ort: 13 ha in Preignac
Rebsorten: Sémillon (75%), Sauvignon (20%), Muscadelle (5%)
Anzahl Flaschen pro Jahr: 4000–12 000
Beste Jahrgänge: 1975, 1990, 2001, 2002

Château Climens

Im Jahre 1547 erwarb Guiraud Roborel, Bevollmächtigter des Königs in Barsac, ein paar Parzellen in der Lage Climens. 1880 wurden sie von einer Druckerfamilie aus Bordeaux, den Gounouilhou, gekauft. Schließlich übernahm Lucien Lurton 1971 das Gut und betraute seine Tochter Bérénice mit dessen Leitung.

Bezeichnung: Barsac 1er Cru Classé
Anbaufläche und Ort: 31 ha in Barsac
Rebsorten: Sémillon (100%)
Anzahl Flaschen pro Jahr: 35 000
Beste Jahrgänge: 1997, 2001, 2003

Château Clos Haut-Peyraguey

Oben auf der Hochfläche von Bommes erhebt sich der Turm des Château. Seit dem 17. Jahrhundert existiert ein Château Peyraguey, dessen Name »Vorgebirge« bedeutet. Bei der Teilung im Jahre 1879 wurde der höher gelegene Teil in Clos Haut-Peyraguey umgetauft. 1914 kaufte ihn die Familie Pauly, die schon das Château Haut-Bommes besaß.

Bezeichnung: Sauternes 1er Cru Classé
Anbaufläche und Ort: 12 ha in Bommes
Rebsorten: Sémillon (90%), Sauvignon (10%)
Anzahl Flaschen pro Jahr: 25 000
Beste Jahrgänge: 1990, 1995, 1998, 1999

Château Coutet

Der Turm des Château verrät, dass es schon im 13. Jahrhundert gebaut wurde. Der Bau erinnert heute an ein Landhaus des 18. Jahrhunderts. Die Cuvée Madame geht auf Madame Rolland-Guy zurück, der Besitzerin zwischen 1922 und 1977: Die Angestellten schenkten ihr einen Arbeitstag und ernteten die reifsten Trauben.

Bezeichnung: Barsac 1er Cru Classé
Anbaufläche und Ort: 4 ha in Barsac
Rebsorten: Sémillon (75%), Sauvignon (23%), Muscadelle (2%)
Anzahl Flaschen pro Jahr: 600–1500
Beste Jahrgänge: 1971, 1981, 1988, 1990

Château Doisy-Daëne

Das Château trägt den Namen des Herrn Daëne, der es zur Zeit der Klassifizierung 1855 besaß. Die Bezeichnung Doisy entstand durch den Aufkauf von Parzellen, die bei der Auflösung eines benachbarten Château anfielen. Georges Dubourdieu kaufte 1924 das Gut. Von 1945 an leitete es sein Sohn Pierre, und heute ist dessen Sohn Denis am Ruder.

Bezeichnung: Sauternes 2e Cru Classé
Anbaufläche und Ort: 15 ha in Barsac
Rebsorten: Sémillon, Sauvignon
Anzahl Flaschen pro Jahr: 2400–3000 halbe Flaschen
Beste Jahrgänge: 1990, 1996, 1997

Château Doisy Dubroca

Durch die Erbfolge kam es zur Teilung des Château Doisy: Der kleinere Teil fiel an Mademoiselle Dubroca, die Henri Gounouilhou heiratete, den Besitzer von Château Climens. Die beiden Domänen blieben miteinander verbunden, bis Lucien Lurton sie 1971 kaufte. 1992 übergab er Château Doisy Dubroca seinem Sohn Louis.

Bezeichnung: Barsac 2e Cru Classé
Anbaufläche und Ort: 3 ha in Barsac
Rebsorten: Sémillon (100%)
Anzahl Flaschen pro Jahr: 6000
Beste Jahrgänge: 1996, 1997

Château de Fargues

Das Château de Fargues gehört seit über 500 Jahren den Lur-Saluces. Mit seinen 170 Hektar widmet es sich dem Anbau ganz verschiedener Pflanzen. Der Weinberg nimmt nur 15 Hektar in Anspruch. Er wurde in den 1930er-Jahren mit Weißweinreben neu angelegt. Die Mauern des Schlosses, das 1306 von Guilhem de Fargues gebaut wurde, zeugen noch vom Reichtum des alten Adelsgutes.

Bezeichnung: Sauternes
Anbaufläche und Ort: 15 ha in Fargues
Rebsorten: Sémillon (80%), Sauvignon (20%)
Anzahl Flaschen pro Jahr: 15 000
Beste Jahrgänge: 1962, 1976, 1998, 2001

Das berühmte Château Coutet im Sauternes gilt als Rivale von Château Climens.

Sémillon – von trocken bis süß

Der weiße Sémillon ist die Hauptrebe zweier großer Weinregionen, des Bordeaux und Australiens. Man kann aus der Traube die unterschiedlichsten Weine keltern, trockene wie süße, beide von hoher Qualität. Im Bordeaux ist die Sémillon-Rebe ganz allgemein mit dem Sauvignon Blanc assoziiert und ergibt die besten trockenen Weißweine von Graves und Pessac-Léognan.

Sémillon-Trauben werden aber auch am ehesten von der Edelfäule befallen. Im Sauternes, am linken Gironde-Ufer, in der Region Graves, wächst der Sémillon ebenfalls zusammen mit dem Sauvignon Blanc und gegebenenfalls mit etwas Muscadelle. Die Australier keltern aus dem Sémillon, manchmal zusammen mit Chardonnay, trockene Weine, die besonders gut altern.

Château Gilette

Das Gut mit 4,5 Hektar Land ist seit über 200 Jahren im Besitz der Familie Médéville und nimmt eine Sonderstellung ein. Gilette bringt nur alte Jahrgänge auf den Markt, die mindestens 20 Jahre gereift sind. Als »Vin de Tête« bezeichnet man die erste Pressung. Wenn sie überragend ausfällt, hat sie Anrecht auf das Etikett »Crème de Tête«.

Bezeichnung: Sauternes
Anbaufläche und Ort: 4,5 ha in Preignac
Rebsorten: Sémillon (90%), Sauvignon (8%), Muscadelle (2%)
Anzahl Flaschen pro Jahr: 6000
Beste Jahrgänge: 1937, 1953, 1967, 1976

Château Guiraud

Es ist eine der Eigenschaften dieser Domäne, dass sie ganz auf dem Boden der Gemeinde Sauternes liegt. Zusammen mit Yquem ist das der einzige Premier Cru, bei dem das der Fall ist. 1981 kaufte der kanadische Reeder Hamilton Narby das Gut. Durch die Anstrengungen von Xavier Planty, der auch ein neues Kellergebäude errichten ließ, fand das Gut zurück zu seiner alten Größe.

Bezeichnung: Sauternes 1er Cru Classé
Anbaufläche und Ort: 85 ha in Sauternes
Rebsorten: Sémillon (65%), Sauvignon (35%)
Anzahl Flaschen pro Jahr: 100 000
Beste Jahrgänge: 1988, 1990, 1997, 2001

Château Lafaurie-Peyraguey

Das Château wurde im 13. Jahrhundert auf einem Hügel von Haut-Bommes erbaut und bis ins 19. Jahrhundert immer wieder verändert. Heute erstaunt es durch sein hispano-byzantinisches Aussehen. 1794 kaufte ein Herr Lafaurie das Gut und machte dessen Weine bekannt. Diese Tradition setzte M. Cordier fort, der 1917 Besitzer wurde.

Bezeichnung: Sauternes 1er Cru Classé
Anbaufläche und Ort: 41 ha in Sauternes
Rebsorten: Sémillon (90%), Sauvignon (8%), Muscadelle (2%)
Anzahl Flaschen pro Jahr: 75 000
Beste Jahrgänge: 1967, 1983, 1995, 1998

Château De Malle

Das Château steht unter Denkmalschutz und wurde zu Beginn des 18. Jahrhunderts von Jacques de Malle, Präsident des Parlaments von Bordeaux und Vorfahr der heutigen Besitzer, gebaut. Nach dem Tod ihres Mannes, der die Domäne in den 1950er-Jahren wieder zum Leben erweckt hatte, liegt die Führung in den Händen der Contesse de Bournazel.

Bezeichnung: Sauternes 2e Cru Classé
Anbaufläche und Ort: 27 ha in Preignac
Rebsorten: Sémillon (69%), Sauvignon (28%), Muscadelle (3%)
Anzahl Flaschen pro Jahr: rund 40 000
Beste Jahrgänge: 1988, 1989, 1990, 1996

Château Raymond-Lafon

Das Gut wurde in der Mitte des 19. Jahrhunderts von Raymond Lafon gegründet, ist also zu jung, um in der Klassifizierung von 1855 aufzutauchen. Zu Beginn des 20. Jahrhunderts erbte Louis Pontallier das Gut und sorgte für dessen Fortbestand. 1972 übernahm die Familie Meslier das Château, dessen Weinberge an Yquem angrenzen.

Bezeichnung: Sauternes
Anbaufläche und Ort: 16 ha am linken Garonneufer
Rebsorten: Sémillon (80%), Sauvignon (20%)
Anzahl Flaschen pro Jahr: 20 000
Beste Jahrgänge: 1975, 1985, 1990, 1997

Château de Rayne Vigneau

Ein Geheimnis liegt über diesem Weinberg, der einen Hügelzug in der Gemeinde Bommes einnimmt. Im Boden findet man Achate, Topase, Quarze und Bergkristalle. Die Domäne verdankt ihren Namen dem »Vigneau de Bommes«, einst die Bezeichnung für das Château und die Weinberge sowie einer Madame de Rayne, die es 1834 kaufte.

Bezeichnung: Sauternes 1er Cru Classé
Anbaufläche und Ort: 78 ha in Bommes
Rebsorten: Sémillon (74%), Sauvignon (24%), Muscadelle (2%)
Anzahl Flaschen pro Jahr: 36 000–96 000
Beste Jahrgänge: 1990, 1997, 2001, 2003

Harmonien für Feinschmecker

Einen der größten Süßweine der Welt kann man nicht nur für sich allein oder als Aperitif genießen, er bietet sich auch für zahlreiche kulinarische Kombinationen an. Kenner empfehlen seit jeher Gänsestopfleber zu jungem Sauternes. Ältere Jahrgänge wirken öliger und reicher und könnten damit der Gänseleber schaden, mag sie nun als Terrine, halb gegart, geschmort oder in Aspik vorliegen.

Die berühmten Sauternes eignen sich auch als Begleitung für ein großes Abendessen, etwa zu Jakobsmuscheln, Seezungenfilets oder weißem Fleisch mit Sahnesauce, zu Poularde oder Hühnchen mit Morcheln, durchaus auch mit einer kleinen Beigabe von Curry. Beim Käse ergibt sich eine vollkommene Harmonie mit Roquefort, Fourme d'Ambert oder Stilton.

Unter den Desserts sind Kuchen oder Torten mit Orangen oder anderen Zitrusfrüchten zu nennen, gestürzte Cremes, Sabayon mit Früchten oder gebrannte Creme mit Honig.

Château Rieussec

Bis zur Revolution gehörte die Domäne den Karmelitern von Langon. Nach der Versteigerung und zahlreichen Wechselfällen der Geschichte kauften 1985 die Domaines Barons de Rothschild, die auch das Château Lafite in Pauillac besitzen, das Gut. Der Wein wird hier nach sehr strengen ökologischen Grundsätzen produziert.

Bezeichnung: Sauternes 1er Cru Classé
Anbaufläche und Ort: 9 ha in Martillac
Rebsorten: Sémillon (95%), Sauvignon (3%), Muscadelle (2%)
Anzahl Flaschen pro Jahr: rund 72 000
Beste Jahrgänge: keine Angaben

Château Sigalas Rabaud

Das Château verdankt seinen Namen der Familie Rabaud, die im 17. Jahrhundert diese Domäne gründete. 1863 kaufte sie Henri Drouilhet de Sigalas. Die Kinder seines Urenkels legten die technische und administrative Leitung in die Hände der Domaines Cordier, ihrer unmittelbaren Nachbarn und der Besitzer von Lafaurie-Peyraguey.

Bezeichnung: Sauternes 1er Cru Classé
Anbaufläche und Ort: 14 ha in den Hauts Coteaux du Sauternais
Rebsorten: Sémillon (85%), Sauvignon (15%)
Anzahl Flaschen pro Jahr: 25 000
Beste Jahrgänge: 1996, 1997, 2001, 2003

Château La Tour Blanche

Das Château verdankt seinen Namen einem Herrn de Latour Blanche, der es im 18. Jahrhundert errichten ließ. 1875 kaufte es der Investor Daniel »Osiris« Iffla. Bei seinem Tod schenkte er es dem Staat unter der Bedingung, dass dort eine Weinbauschule eingerichtet würde, die »praktisch, volksnah und gratis« unterrichtet.

Bezeichnung: Sauternes 1er Cru Classé
Anbaufläche und Ort: 38 ha in Bommes
Rebsorten: Sémillon, Sauvignon, Muscadelle
Anzahl Flaschen pro Jahr: 40 000
Beste Jahrgänge: 1989, 1990, 1997, 2000

Château d'Yquem

Im Jahr 1666 kaufte die Familie Sauvage d'Yquem dieses Château. Die letzte Nachfahrin heiratete 1785 den Comte Louis Amédée de Lur-Saluces. Seither ist der Name Lur-Saluces mit diesem weltberühmten Cru eng verbunden. 1787 bestellte Thomas Jefferson 250 Flaschen des Jahrgangs 1784. Das Schmuckstück gehört heute der Gruppe LVMH.

Bezeichnung: Sauternes 1er Cru Supérieur
Anbaufläche und Ort: 103 ha in Sauternes
Rebsorten: Sémillon (80%), Sauvignon (20%)
Anzahl Flaschen pro Jahr: keine Angaben
Beste Jahrgänge: keine Angaben

Saint-Emilion

An den Abhängen eines Hügels, der das Dordogne-Tal dominiert, liegt die kleine Stadt Saint-Emilion inmitten eines der berühmtesten Weinberge der Welt. Das Inventar seiner rund 300 Crus, die sich auf 5500 Hektar verteilen, erscheint rekordverdächtig, wenn man damit die 60 Crus des Médoc auf doppelter Oberfläche vergleicht.

Dieser große Winzerort ist von Geschichte durchtränkt: Etappe auf dem Jakobsweg, Festung während des Hundertjährigen Kriegs, Zufluchtsort girondistischer Abgeordneter während des Nationalkonvents. Von dieser Geschichte zeugen die Befestigungsanlagen und die Kollegiatskirche, die monolithische, in den Kalkstein gegrabene Felsenkirche, der Kreuzgang Cloître des Cordeliers und die tiefen Katakomben des Schlosses, die als Weinkeller dienen. Hier in Saint-Emilion dreht sich alles um den Wein, angefangen bei den Reben, die sich an die Tore der Stadt schmiegen.

Die Anfänge des Weinanbaus liegen wahrscheinlich im 13. Jahrhundert. Heute erstreckt er sich über neun Gemeinden und umfasst eine Vielzahl unterschiedlicher Böden. Die Stadt ist von einer Kalkhochfläche und einem tonig-kalkigen Hügelzug umgeben, von dem die zahlreichen Crus Classés stammen. An den Grenzen zu Pomerol folgen kiesige Böden, die zur Ebene hin abfallen und wo viele Grands Crus liegen. Gegen die Dordogne zu, wo die meisten Weine der Appellation wachsen, machen sie sandigen Alluvialböden Platz. In Saint-Emilion findet man dunkle kräftige Weine, die an Hängen gedeihen, und feinere weichere Kreszenzen, die von der Ebene stammen. Innerhalb von nur wenigen Metern können sich die Eigenschaften der Weine ändern.

Saint-Emilion wurde von der Klassifizierung 1855 nicht berücksichtigt und hat nun eine Sonderstellung. Seine erste Klassifizierung stammt aus dem Jahre 1955. Sie wird in regelmäßigen Abständen revidiert. Die Appellation Saint-Emilion Grand Cru entspricht nicht einem wohl abgegrenzten Territorium, sondern einer strikten Auswahl von Weinen. Diese müssen bei einer Degustation bestimmte Qualitätskriterien erfüllen. Unter diesen Weinen erfolgt dann eine weitere Klassifizierung in die Grands Crus und in die 13 Premiers Grands Crus, bei denen man noch eine Gruppe A mit Ausone und Cheval Blanc unterscheidet, während die Gruppe B die elf restlichen umfasst.

Im Château Ausone dienen alte unterirdische Steinbrüche als weitläufige Weinkeller.

Château Angélus

Eine Parzelle dieser Domäne liegt einen Kilometer vom Glockenturm von Saint-Emilion entfernt. Die Arbeiter konnten von dort das Angelusläuten hören, und daher stammt auch der Name der Domäne. Auf dem Etikett ist eine Glocke abgebildet.

Bezeichnung: Saint-Emilion 1er Grand Cru Classé
Anbaufläche und Ort: 23,4 ha, 1 km von Saint-Emilion entfernt
Rebsorten: Merlot (50%), Cabernet Franc (47%), Cabernet-Sauvignon (3%)
Anzahl Flaschen pro Jahr: rund 80 000
Beste Jahrgänge: 1989, 1998, 2000, 2001

Château L'Arrosée

Dieser Cru war einst im Besitz eines Ministers von Napoleon III. Bis zum Jahre 2002 gehörte er der Familie Rodhain, die ihn 1911 übernommen hatte. 1960 wurde ein Kellergebäude errichtet. Bis dahin hatte man die Trauben der Kooperative von Saint-Emilion übergeben. Die Domäne steht heute unter der Leitung der Familie Caille.

Bezeichnung: Saint-Emilion Grand Cru Classé
Anbaufläche und Ort: 9,3 ha in Saint-Emilion
Rebsorten: Merlot (60%), Cabernet Franc (20%), Cabernet-Sauvignon (20%)
Anzahl Flaschen pro Jahr: rund 35 000
Beste Jahrgänge: 1982, 1986, 1998, 2000

Château Ausone

Dieser sagenumwobene Cru trägt den Namen des römischen Schriftstellers Ausonius, der im 4. Jahrhundert in Saint-Emilion lebte. Das Gut scheint im 14. Jahrhundert aus Weinbergen entstanden zu sein, die schon die Römer nutzten. Eine edle Herkunft! Die wahre Renaissance fand dann aber durch die Anstrengungen der Familie Vauthier zu Beginn der 1970er-Jahre statt.

Bezeichnung: Saint-Emilion 1er Grand Cru Classé
Anbaufläche und Ort: 7 ha
Rebsorten: Merlot (50%), Cabernet Franc (50%)
Anzahl Flaschen pro Jahr: 24 000
Beste Jahrgänge: keine Angaben

Château Beau-Séjour Bécot

Es gibt mehrere Châteaux mit der Bezeichnung »Beau-Séjour«. Dieses trägt zusätzlich den Namen der Besitzer. Die Weinberge liegen oben auf dem westlichen Teil der Hochfläche von Saint-Emilion. Sie folgen dabei der Redensart, dass die Rebe nur gedeiht, wenn sie ihre Füße im Trockenen hat.

Bezeichnung: Saint-Emilion 1er Grand Cru Classé
Anbaufläche und Ort: 16,52 ha in Saint-Emilion (mit Zweitwein)
Rebsorten: Merlot (70%), Cabernet Franc (24%), Cabernet-Sauvignon (6%)
Anzahl Flaschen pro Jahr: 60 000
Beste Jahrgänge: 1982, 1988, 1998, 2000

Château Belair

Der Legende nach wurde der Chevalier du Guesclain 1364 in diesem Château gefangen gehalten. Das Renommee dieser Lage erklärt sich aber durch eine modernere Erkenntnis: Der Boden ist so vielfältig, dass man den Weinberg in zwölf Parzellen eingeteilt hat. Sie entsprechen ebenso vielen Terroirs und ergeben das Mosaikbild eines Weines, der gleichzeitig komplex und ausgewogen ausfällt.

Bezeichnung: Saint-Emilion 1er Grand Cru Classé
Anbaufläche und Ort: 12,5 ha in Saint-Emilion
Rebsorten: Merlot (80%), Cabernet Franc (20%)
Anzahl Flaschen pro Jahr: 50 000
Beste Jahrgänge: 1985, 1989, 1993, 1995

Château Cheval Blanc

Diese Domäne stellt eine Legende im Gebiet von Saint-Emilion dar, ist aber ziemlich jungen Ursprungs, Ende des 19. Jahrhunderts. Damals wurde Albert Fourcaud-Laussac alleiniger Besitzer. 150 Jahre lang blieb das Gut in den Händen derselben Familie. 1998 kaufte es die Firma LVMH mit Bernard Arnaud an der Spitze.

Bezeichnung: Saint-Emilion 1er Grand Cru Classé
Anbaufläche und Ort: 36 ha
Rebsorten: Cabernet Franc (66%), Merlot (33%), Malbec (1%)
Anzahl Flaschen pro Jahr: 140 000
Beste Jahrgänge: keine Angaben

Clos Fourtet

Dieser Premier Grand Cru Classé war lange Zeit im Besitz der Familie Lurton. Die Weinberge haben eine ganz besondere Lage auf dem Plateau. Sie umfassen 20 Hektar, und der Clos wurde auf unterirdischen Steinbrüchen errichtet. Im Jahre 2001 kaufte Philippe Cuvelier das Gut.

Bezeichnung: Saint-Emilion 1er Grand Cru Classé
Anbaufläche und Ort: 19,5 ha mitten in Saint-Emilion, gegenüber der Kollegiatskirche
Rebsorten: Merlot (85%), Cabernet-Sauvignon (10%), Cabernet Franc (5%),
Anzahl Flaschen pro Jahr: 60 000
Beste Jahrgänge: 1995, 1996, 1998

Die Trümpfe des Merlot

Weichheit, Frucht, eine dunkelrote Farbe, wenig Tannine und eine verhältnismäßig rasche Alterung in der Flasche: Das sind die unbestreitbaren Vorteile der roten Rebsorte Merlot. Sie zeitigt ihre besten Ergebnisse im Gebiet von Pomerol und Saint-Emilion. Anderswo im Bordeaux kommt sie zusammen mit dem Cabernet-Sauvignon vor. Den entsprechenden Weinen verleiht sie Süße und einen runden Geschmack.
Der Merlot wird in zahlreichen Ländern erfolgreich angebaut, die sich das Bordeaux als Vorbild genommen haben, etwa Kalifornien, Chile, Australien und auch Südafrika. In warmem Klima reift er gelegentlich zu schnell und neigt auf entsprechenden Böden zu übermäßig hohen Erträgen.

Unter vier Jahrhunderte alten Steinen reifen die Weine von Château Ausone langsam heran.

Die Jahrgänge

Ein Qualitätswein ist immer ein Jahrgangswein. Ausnahmen von dieser Regel bilden nur gewisse Champagner sowie Weine, zu deren Herstellung die Mischung mehrerer Jahrgänge gehört. Große Jahrgänge gehen immer aus absolut gesunden Trauben hervor, die keinerlei Anzeichen von Schimmel oder Fäulnis aufweisen. Im Jahrgang drücken sich stets die klimatischen Bedingungen des betreffenden Jahres aus. Da diese von einem Jahr zum anderen sehr stark schwanken können, kann es keine identischen Jahrgänge geben.
Die klimatischen Bedingungen entscheiden über die relative Qualität jedes Jahrgangs. Auf der Nordhalbkugel ist die Zeit zwischen dem 1. August und der Lese entscheidend: Sonne und Wärme sind unerlässlich. Bei Kälte reifen die Trauben nicht, und bei Regen nehmen sie Wasser auf. Beides ist eine Katastrophe. Regen und Wärme sind auch nicht gut, weil sie die Bildung von Schimmel und Fäulnis begünstigen. Es wird stets große und kleine Jahrgänge geben, auch wenn die Unterschiede dank der modernen Technik immer geringer werden. Völlig verpfuschte und ideale Jahre sind aber gleichermaßen selten.

Château La Couspaude

Dieser Cru von Saint-Emilion hat eine ausgezeichnete Lage auf einer Hochfläche unweit von Trottevieille. Er gehört dem Unternehmen Vignobles Aubert. Die Domäne ist im Sommer für das Publikum geöffnet und zeigt Ausstellungen von Gemälden und Skulpturen.

Bezeichnung: Saint-Emilion Grand Cru Classé
Anbaufläche und Ort: 7 ha
Rebsorten: Merlot (70%), Cabernet Franc (25%), Cabernet-Sauvignon (5%)
Anzahl Flaschen pro Jahr: 6000
Beste Jahrgänge: 1937, 1953, 1967, 1976

Château La Dominique

Das Château La Dominique liegt im Westen von Saint-Emilion und grenzt an die Appellation Pomerol. Der Name stammt aus der Karibik, wo ein Kaufmann ein Vermögen machte, bevor er dieses Gut nach seiner Rückkehr in die Heimat kaufte. 1969 ging es in den Besitz von Clément Fayat über.

Bezeichnung: Saint-Emilion Grand Cru Classé
Anbaufläche und Ort: 18,5 ha im Westen der Appellation Saint-Emilion
Rebsorten: Merlot (80%), Cabernet Franc (15%), Cabernet-Sauvignon (5%)
Anzahl Flaschen pro Jahr: 55 000
Beste Jahrgänge: 1988, 1995, 1998, 2000

Château Faugères

Im Jahre 1823 kaufte die Familie Guisez diese Domäne. 1987 erbte sie der Filmproduzent Péby Guisez. Zusammen mit seiner Frau arbeitete er an der Renaissance dieses Cru. Nach seinem plötzlichen Tod hat nun Corinne Guisez die Zügel in der Hand.

Bezeichnung: Saint-Emilion Grand Cru Classé
Anbaufläche und Ort: 30 ha in Saint-Etienne-de-Lisse
Rebsorten: Merlot (80%), Cabernet Franc (15%), Cabernet-Sauvignon (5%)
Anzahl Flaschen pro Jahr: 100 000
Beste Jahrgänge: 1995, 1998, 2000, 2001

Château Ferrand Lartigue

Die erste Ernte von Pierre Ferrand geht auf das Jahr 1994 zurück. Er weiß mit den Vorzügen des Merlot umzugehen. Diese rote Rebsorte eignet sich am besten für die frischen schweren Tonböden von Saint-Emilion und verleiht dem Wein Wärme und Charme.

Bezeichnung: Saint-Emilion Grand Cru Classé
Anbaufläche und Ort: 6 ha
Rebsorten: Merlot, Cabernet Franc
Anzahl Flaschen pro Jahr: 28 000–32 000
Beste Jahrgänge: keine Angaben

Château Figeac

Dieser Cru, der dem Abschnitt zwischen Saint-Emilion und Libourne seinen Namen verliehen hat, war im Besitz des Duc de Cazes, dann des Marquis de Carles, und seit 1892 gehört er der Familie Manoncourt. Seit 1945 hat Thierry Manoncourt die Leitung inne und wird von seinem Schwiegersohn unterstützt.

Bezeichnung: Saint-Emilion 1er Grand Cru Classé
Anbaufläche und Ort: 40 ha
Rebsorten: Merlot (30%), Cabernet Franc (35%), Cabernet-Sauvignon (35%)
Anzahl Flaschen pro Jahr: 130 000
Beste Jahrgänge: keine Angaben

Eine alte französische Bauernregel sagt, dass der Winter am Tag des heiligen Vinzenz entweder geht oder noch einmal zurückkehrt (folgende Doppelseite).

Château Fombrauge

Château Fombrauge erlebte seinen Aufstieg im 18. Jahrhundert. Die Modernisierung der Domäne nahm in den 1930er-Jahren die Familie Bygodt in Angriff. Bernard Magrez kaufte das Gut 1999 und verlieh ihm damit neuen Auftrieb.

Bezeichnung: Saint-Emilion Grand Cru Classé
Anbaufläche und Ort: 57 ha (mit Zweitwein) in Saint-Christophe-des-Bardes
Rebsorten: Merlot (71%), Cabernet Franc (18%), Cabernet-Sauvignon (11%)
Anzahl Flaschen pro Jahr: 260 000
Beste Jahrgänge: 2000, 2001

Château La Gaffelière

Das Château verdankt seinen Namen der mittelalterlichen Bezeichnung »gaffets« für an Lepra erkrankte Menschen. Die Geschichte reicht aber noch viel weiter zurück. Man hat galloromanische Mosaiken entdeckt, darunter auch die Darstellung eines Weinstocks. Die Familie Malet Roquefort besitzt das Gut seit dem 16. Jahrhundert.

Bezeichnung: Saint-Emilion 1er Grand Cru Classé
Anbaufläche und Ort: 22 ha in Saint-Emilion
Rebsorten: Merlot (70%), Cabernet Franc (25%), Cabernet-Sauvignon (5%)
Anzahl Flaschen pro Jahr: 90 000
Beste Jahrgänge: 1990, 1995, 1996, 2000

Château La Gomerie

Im Jahre 1276 erhielt der Pfarrer von Fayze das Landgut La Gomerie mit seinen Ländereien und Einkünften als Schenkung vom Vicomte de Castillon. Man erbaute hier später ein Kloster, das die Domäne zum Blühen brachte. Zur Revolutionszeit wurde sie aber zerstört. Der heutige Weinberg, der den Besitzern von Beau-Séjour Bécot gehört, stellt das alte umfriedete Besitztum des Klosters dar.

Bezeichnung: Saint-Emilion Grand Cru Classé
Anbaufläche und Ort: 2,5 ha in Saint-Emilion
Rebsorten: Merlot (100%)
Anzahl Flaschen pro Jahr: 12 000
Beste Jahrgänge: 1995, 1996, 2000

Château Grand Corbin

Die Domäne liegt einige Kilometer nordwestlich von Saint-Emilion im Grenzgebiet zur Gemeinde Pomerol. Das Gut gehört dem Familienunternehmen Alain Giraud.

Bezeichnung: Saint-Emilion Grand Cru Classé
Anbaufläche und Ort: 15,45 ha, 3 km nordwestlich von Saint-Emilion
Rebsorten: Merlot (68%), Cabernet Franc (27%), Cabernet-Sauvignon (5%)
Anzahl Flaschen pro Jahr: 90 000
Beste Jahrgänge: 1991, 1996, 1998, 2000

Château Larmande

In den Archiven von Saint-Emilion ist dieses Besitztum, das 1200 Meter von der Stadt entfernt liegt, als eines der ältesten der Region aufgeführt. Im Jahre 1990 verkaufte Jean Méneret, eine bedeutende Figur im Bordeaux, das Weingut, das er selbst auf höchstes Niveau gebracht hatte, an die Versicherungsgruppe La Mondiale.

Bezeichnung: Saint-Emilion Grand Cru Classé
Anbaufläche und Ort: 25 ha in Saint-Emilion
Rebsorten: Merlot (65%), Cabernet Franc (30%), Cabernet-Sauvignon (5%)
Anzahl Flaschen pro Jahr: 110 000
Beste Jahrgänge: 1985, 1986, 1993, 1994

Château Monbousquet

Die Domäne liegt im Süden der Appellation Saint-Emilion und war 1993 die erste Erwerbung von Gérard Perse im Libournais. Ihre Ursprünge reichen bis 1540 zurück. Zwei Besitzer waren bestimmend in der Geschichte: die Bordelaiser Familie Carles und der Comte de Vassal-Montviel.

Bezeichnung: Saint-Emilion Grand Cru Classé
Anbaufläche und Ort: 32 ha in Saint-Sulpice-de-Faleyrens
Rebsorten: Merlot (60%), Cabernet Franc (30%), Cabernet-Sauvignon (10%)
Anzahl Flaschen pro Jahr: 90 000
Beste Jahrgänge: 1995, 1998, 2001

Château La Mondotte

La Mondotte ging 1971 in den Besitz der Comtes de Neipperg über. Die Domäne ist verhältnismäßig klein und liegt im Osten der Kalkhochfläche, wo tonige Böden über dem Muttergestein liegen. Das Wasser fließt hier rasch ab, und die Reben bilden tiefe Wurzeln aus. Die natürliche Entwässerung und die Sonneneinstrahlung sorgen für ideale Bedingungen.

Bezeichnung: Saint-Emilion
Anbaufläche und Ort: 4,5 ha in Saint-Emilion
Rebsorten: Merlot (75%), Cabernet Franc (25%)
Anzahl Flaschen pro Jahr: 10 000
Beste Jahrgänge: 1996, 1998, 2000, 2003

Château Moulin Saint-Georges

Der talentierte Winzer Alain Vauthier bestimmt heute ganz allein über das Schicksal von Château Ausone. Mit gleichem Schwung leitet er auch das Château Moulin Saint-Georges, das dem Château Ausone gegenüber liegt. Aus diesem Grund spricht man gelegentlich auch von einem »Satelliten« von Ausone.

Bezeichnung: Saint-Emilion Grand Cru Classé
Anbaufläche und Ort: 8 ha
Rebsorten: Merlot (75%), Cabernet Franc (25%)
Anzahl Flaschen pro Jahr: keine Angaben
Beste Jahrgänge: keine Angaben

Château Pavie

Auf diesem altehrwürdigen Besitztum mit einzigartiger Hanglage wachsen schon seit dem 4. Jahrhundert Reben. Das Weingut gewann im 19. Jahrhundert seine Homogenität und übernahm damals die Bezeichnung »Pavie«. Später ging es von Hand zu Hand, bis 1998 Gérard Perse kam.

Bezeichnung: Saint-Emilion 1er Grand Cru Classé
Anbaufläche und Ort: 42 ha im Südwesten von Saint-Emilion
Rebsorten: Merlot (70%), Cabernet Franc (20%), Cabernet-Sauvignon (10%)
Anzahl Flaschen pro Jahr: 90 000
Beste Jahrgänge: 1998, 1999, 2000, 2001

Château Quinault

Die mit Mauern umzäunten 19 Hektar stellen den letzten Rest des römischen Weinbergs dar, um den herum die Stadt gebaut wurde. Die Domäne hat ein besonderes Mikroklima mit einigen Grad mehr im Vergleich zu den Weinbergen außerhalb der Stadt. 1997 wurde sie von Alain und François Raynaud übernommen.

Bezeichnung: Saint-Emilion Grand Cru Classé
Anbaufläche und Ort: 18,6 ha in Saint-Emilion
Rebsorten: Merlot (77%), Cabernet Franc (17%), Cabernet-Sauvignon (6%)
Anzahl Flaschen pro Jahr: 70 000
Beste Jahrgänge: 2000, 2002, 2003

Château Rol Valentin

Im Jahre 1994 kaufte der ehemalige Fußballprofi Eric Prissette ein Landhaus, umgeben von Weinbergen mitten im Gebiet von Saint-Emilion. Der Cru wurde rasch vergrößert und in »Rol Valentin« umbenannt. Das Gut liegt nahe bei Cheval Blanc und La Dominique. Elf unterschiedliche Parzellen ergeben den Wein.

Bezeichnung: Saint-Emilion Grand Cru Classé
Anbaufläche und Ort: 4,8 ha in Saint-Emilion
Rebsorten: Merlot, Cabernet-Sauvignon, Cabernet Franc
Anzahl Flaschen pro Jahr: 15 000
Beste Jahrgänge: 1998, 1999, 2000

Château Le Tertre Roteboeuf

Diese Domäne ist ganz allein das Werk eines Paares, von François und Miloute Mitjavile, die es von 1977 an schufen. Ihr Vater besaß einige sehr günstig exponierte Hektar auf der Hochfläche von Saint-Emilion, die den Hügel namens Pavie gegen Südosten verlängert. Hier wird besonders spät gelesen.

Bezeichnung: Saint-Emilion Grand Cru Classé
Anbaufläche und Ort: 6 ha in Saint-Laurent-des-Combes
Rebsorten: Merlot (80%), Cabernet (20%)
Anzahl Flaschen pro Jahr: 47 000
Beste Jahrgänge: 1982, 1987, 1998, 2000

Château Troplong Mondot

Die Domäne und die Ländereien in der Gemeinde Mondot gehörten im 18. Jahrhundert dem Abbé de Sèze. Nach mehreren Besitzerwechseln kaufte 1850 der Senatspräsident Raymond Troplong das Gut und baute das heutige Château. 1936 ging es in die Hände von A. Valette über. Seine Urgroßnichte leitet es heute.

Bezeichnung: Saint-Emilion Grand Cru Classé
Anbaufläche und Ort: 30 ha in Mondot
Rebsorten: Merlot (80%), Cabernet Franc (10%), Cabernet-Sauvignon (10%)
Anzahl Flaschen pro Jahr: 100 000
Beste Jahrgänge: 1990, 1995, 1999, 2000

Château de Valandraud

Die Vorfahren der Andrauds tauchen im 15. Jahrhundert im Kirchenregister von Saint-Emilion auf. Die Domäne verdankt ihren Ruf einem weinbegeisterten Paar, Jean-Luc Thuvenin und Mureille Andraud. Sie benannten ihren Cru im Andenken an diese große Familie von Saint-Emilion.

Bezeichnung: Saint-Emilion Grand Cru Classé
Anbaufläche und Ort: 3 ha in Saint-Emilion, Saint-Etienne-de-Lisse und Saint-Sulpice-de-Faleyrens
Rebsorten: Merlot (75%), Cabernet Franc (20%), Cabernet-Sauvignon (2,5%), Malbec (2,5%)
Anzahl Flaschen pro Jahr: 15 000
Beste Jahrgänge: 1995, 1998, 2000, 2001

Saint-Emilion liegt oben auf einem Kalkhügel, hat eine Stadtmauer sowie zahlreiche archäologische und kunsthistorische Denkmäler.

Pomerol

Am Ausgang von Libourne, der zweiten Metropole im Bordeaux, einem Zentrum des Weinhandels und einer Unterpräfektur der Gironde, stellt Pomerol mit 800 Hektar eine der kleineren Appellationen dieses Gebiets dar. Bescheiden ist aber nur die räumliche Ausdehnung, denn es handelt sich um ein außergewöhnliches Terroir, wo auch der Château Petrus wächst, einer der allergrößten Bordeaux-Weine und ein wahrer Mythos. Im Gegensatz zur Tradition der Châteaux im Médoc ist der Baustil im Pomerol eher bürgerlich oder bäuerlich geblieben. Dieser architektonischen Bescheidenheit entspricht auch die Zurückhaltung im Hinblick auf eine Klassifizierung der Lagen: Im Gegensatz zu den übrigen prestigeträchtigen Appellationen gibt es keine Einstufung der Pomerol-Weine. Bei einer inoffiziellen Aufstellung bildet Petrus eine Klasse für sich, gefolgt von 20 bedeutenden Châteaux.

Das Gebiet um Pomerol wurde schon in gallorömischer Zeit als Weinberg genutzt. Für eine Neuanpflanzung sorgten die Templer, die hier im 12. Jahrhundert eine Komturei gründeten. Im Verlauf der Jahrhunderte stand Pomerol immer mehr oder weniger im Schatten des berühmteren Nachbarortes. Das Prestige stieg wieder im 19. Jahrhundert. Wie alle großen Terroirs ist auch das von Pomerol langsam durch die Tätigkeit eines Flusses entstanden: Die Isle trug nach und nach den kalkigen Untergrund ab und lagerte Decken aus Geröll, Kies und Sand ab. Trotz des vielfältigen Untergrunds zeigen alle Pomerol-Weine eine gewisse Ähnlichkeit. Was den Untergrund anbelangt, unterscheidet man vier große Zonen: die Sande im Süden gegen Libourne zu; Kiesschichten über Sand oder Ton in der Nähe von Saint-Emilion; Kies im Zentrum der Appellation (Petrus); gegen Norden zu feinere Kiesschichten, gemischt mit Sand.

Im Rebsortiment dominiert der Merlot, dessen Anteil wie beim Petrus 70 Prozent übersteigen kann. Der Weinberg von Lalande-de-Pomerol wurde wie der von Pomerol im Mittelalter bepflanzt, und die schöne Kirche von Lalande aus dem 12. Jahrhundert verdanken wir dem Johanniterorden. Die ungefähr 1100 Hektar Sand- oder Kiesboden ergeben Rotweine, von denen die besten durchaus mit den Weinen von Pomerol oder Saint-Emilion mithalten können.

Der bescheidene Hof von Petrus ist mit dem Glanz der großen Châteaux im Médoc nicht zu vergleichen.

Château Beauregard

Der Weinberg dieser Domäne liegt in einem Stück am Eingang nach Pomerol. Das typische Landhaus aus dem 18. Jahrhundert blickt auf eine umfriedete Steinterrasse. Dieser Aussichtspunkt ist so hübsch, dass die Familie Guggenheim in den 1930er-Jahren eine Kopie davon auf ihrer Residenz auf Long Island errichten ließ.

Bezeichnung: Pomerol
Anbaufläche und Ort: 17,5 ha in Pomerol
Rebsorten: Merlot (70%), Cabernet Franc (30%)
Anzahl Flaschen pro Jahr: 50 000–70 000
Beste Jahrgänge: 1996, 1998, 2000, 2001

Château Le Bon Pasteur

Dieser Cru von Pomerol gehört zu den Weinbergen im Libournais, die unter der Leitung der Bordelaiser Önologen Michel und Dany Rolland stehen. Das Besitztum verteilt sich über mehrere Parzellen der Lage Maillet im östlichen Teil der Appellation, an der Grenze zu Saint-Emilion. Hier wechseln sich tonige, sandige und kiesige Böden ab.

Bezeichnung: Pomerol
Anbaufläche und Ort: 7 ha in der Lage Maillet
Rebsorten: Merlot (80%), Cabernet Franc (20%)
Anzahl Flaschen pro Jahr: keine Angaben
Beste Jahrgänge: keine Angaben

Château Clinet

Die Domäne liegt oben auf der Hochfläche von Pomerol, auf der berühmten Terrasse der günzeiszeitlichen Schotter. Sie gehörte erst der Familie Arnaud, dann den Audys. Jean-Michel Arcaute führte danach bedeutende Renovierungsmaßnahmen durch. Schließlich kaufte 1998 Jean-Louis Laborde das Gut.

Bezeichnung: Pomerol
Anbaufläche und Ort: 8,64 ha in Pomerol
Rebsorten: Merlot (80%), Cabernet Franc (15%), Cabernet-Sauvignon (5%)
Anzahl Flaschen pro Jahr: rund 30 000
Beste Jahrgänge: 1989, 1994, 1998, 2000

Château La Conseillante

Die Domäne verdankt ihren Namen Catherine Conseillan, die sie in der Mitte des 18. Jahrhunderts auf dem Plateau von Pomerol schuf und ausbaute. Seit 1871 ist die Familie Nicolas im Besitz des Gutes. Einem amerikanischen Kritiker zufolge verhält sich La Conseillante zu Petrus wie Ingrid Bergman zu Grace Kelly.

Bezeichnung: Pomerol
Anbaufläche und Ort: 12 ha auf der Hochfläche von Pomerol
Rebsorten: Merlot (80%), Cabernet Franc (20%)
Anzahl Flaschen pro Jahr: 65 000
Beste Jahrgänge: 1982, 1989, 1998, 2000

Château L'Évangile

Der Nachbar von Petrus und Cheval Blanc existierte schon im 18. Jahrhundert. Das Gut liegt nach der Meinung vieler auf dem besten Terroir von Pomerol. Heute gehört es den Domaines Rothschild, nachdem es unter der strengen Leitung der Familie Chaperon aufgeblüht war.

Bezeichnung: Pomerol
Anbaufläche und Ort: 14 ha am Rand von Pomerol und Saint-Emilion
Rebsorten: Merlot (80%), Cabernet Franc (20%)
Anzahl Flaschen pro Jahr: 40 000
Beste Jahrgänge: 1982, 1990, 1999, 2000

Château La Fleur de Gay

Zu Beginn der 1980er-Jahre fasste die Familie Raynaud, die zwei Nachbargüter von Petrus, nämlich La Fleur und Le Gay besaß, die Entscheidung, beide zu einer einzigen Produktion zusammenzulegen. So entstand die Domäne La Fleur de Gay. Als Besonderheit sind die kies- und kalkreichen Weinberge ausschließlich mit Merlot bestockt.

Bezeichnung: Pomerol
Anbaufläche und Ort: 3 ha in Pomerol
Rebsorten: Merlot (100%)
Anzahl Flaschen pro Jahr: 5000–8000
Beste Jahrgänge: 1998, 2000

Château Gazin

Mit 24 zusammenhängenden Hektar ist Château Gazin die bedeutendste Domäne unter den besten Crus von Pomerol. Um die strenge Selektion der Reben und Trauben kümmert sich Nicolas de Baillencourt, dessen Urgroßvater das Château zu Beginn des 20. Jahrhunderts erworben hatte.

Bezeichnung: Pomerol
Anbaufläche und Ort: 24 ha in Pomerol
Rebsorten: Merlot (90%), Cabernet-Sauvignon (7%), Cabernet Franc (3%)
Anzahl Flaschen pro Jahr: 80 000
Beste Jahrgänge: 1989, 1995, 1999, 2000

Château Latour à Pomerol

Die Domäne gehört Lily Lacoste-Loubat, und die Firma Jean-Pierre Moueix kümmert sich um die Produktion. Der kleine Weinberg ist in zwei Parzellen aufgeteilt: die eine in einer sehr sonnigen Lage im Westen der Hochfläche, die andere, »Les Grandes Vignes« genannt, auf Kiesboden neben der Kirche des Dorfes.

Bezeichnung: Pomerol
Anbaufläche und Ort: 8 ha in Pomerol
Rebsorten: Merlot (90%), Cabernet Franc (10%)
Anzahl Flaschen pro Jahr: 35 000
Beste Jahrgänge: 1982, 1993, 1998, 2000

Prestige

Zwischen Néac und Catusseau, am rechten Ufer der Dordogne, weit weg vom aristokratischen Gehabe der großen Châteaux im Médoc, liegt eine der kleinsten Appellationen des Bordeaux, aber auch eine der renommiertesten: Pomerol mit seinem Kultwein Petrus.

Vor 1950 war er bestenfalls Spezialisten bekannt. Auf kiesigem, im Vergleich zur Umgebung etwas erhöhtem Boden erhebt sich ein bescheidenes Gebäude. Der Keller trägt als Schmuck die symbolischen Schlüssel des heiligen Petrus, dessen Statue in einer Nische steht. Madame Loubat, Gattin eines Hoteliers in Libourne, erbte diesen Weinberg und begriff sehr schnell, dass ihr damit ein wahrer Schatz zugefallen war. Später entwarf der Direktor der Ecole des Beaux-Arts de Bordeaux das berühmte Flaschenetikett. Drei Begriffe reichten aus: Petrus, Pomerol und Grand Vin.

Eine der spektakulärsten Werbemaßnahmen, die Petrus bekannt machten, bestand darin, ihn bei der Hochzeit von Königin Elisabeth zu präsentieren. Jean-Pierre Moueix, der sich von Madame Loubat sofort überzeugen ließ, wurde zum Alleinvertreter und nahm auch starken Einfluss auf die Führung des Weingutes. Heute kümmert sich sein Sohn Christian um die Qualität und das Marketing des Weins.

Château Nenin

Seit fast 150 Jahren befand sich das Château, das zu den ältesten im Pomerol zählt, in den Händen der Familie Despujol. 1997 kauften es Jean Hubert Delon und seine Schwester Geneviève d'Alton, die bereits das Château Léoville Las Cases besitzen, und ließen ehrgeizige Arbeiten zur Qualitätsverbesserung durchführen.

Bezeichnung: Pomerol
Anbaufläche und Ort: 26 ha
Rebsorten: Merlot (75%), Cabernet Franc (25%)
Anzahl Flaschen pro Jahr: 108 000
Beste Jahrgänge: keine Angaben

Château Petit Village

Dieser Cru gehört der Gruppe AXA Millésimes, die berühmte Weingüter auf der ganzen Welt besitzt. Der Weinberg dieses Gutes ist sehr homogen, weil er in den 1960er-Jahren in der Folge eines Hagelschlags neu bepflanzt werden musste. Er erstreckt sich in der Lage Catusseau im besten Teil von Pomerol über elf Hektar, die an einem Stück liegen.

Bezeichnung: Pomerol
Anbaufläche und Ort: 11 ha in Pomerol
Rebsorten: Merlot (65%), Cabernet-Sauvignon (18%), Cabernet Franc (17%)
Anzahl Flaschen pro Jahr: 45 000
Beste Jahrgänge: 1996, 1998, 2000, 2001

Petrus

Dieser heute legendäre Wein verdankt seinen ersten Aufstieg einer Frau, Madame Loubat. Den Mythos schuf allerdings Jean-Pierre Moueix, der erst die Weine exklusiv vertreten durfte und dann auch die Führung des Gutes beeinflusste. Das Château, das unter dem Schutz des heiligen Petrus steht, erzeugt auf seinem einzigartigen Terroir einen der berühmtesten Kultweine.

Bezeichnung: Pomerol
Anbaufläche und Ort: 11,5 ha in Pomerol
Rebsorten: Merlot (95%), Cabernet Franc (5%)
Anzahl Flaschen pro Jahr: 30 000
Beste Jahrgänge: 1989, 1990, 1998, 2000

Le Pin

Die berühmte Lage, die nur zwei Hektar umfasst, befindet sich auf der Hochfläche von Pomerol und gehörte von 1924 bis 1979 der Familie Laubie. Dann kaufte sie Jacques Thienpont, mit dem die Bewegung der so genannten »Garagenweine« begann: kleine, sehr individuelle Produktionen, deren Seltenheit den oft sehr hohen Preis erklärt.

Bezeichnung: Pomerol
Anbaufläche und Ort: 2 ha in Pomerol
Rebsorten: Merlot (92%), Cabernet Franc (8%)
Anzahl Flaschen pro Jahr: 8000
Beste Jahrgänge: keine Angaben

Château Trotanoy

Um die Bereitung dieses und anderer Weine kümmert sich Jean-Claude Berrouet im Auftrag von Christian Moueix. Er übernahm die Firmen seines berühmten Vaters. Die Domäne liegt nahe bei Petrus im tonigsten Bereich des Plateaus von Pomerol. Die Bodenbearbeitung ist hier schwierig, aber der Untergrund eignet sich hervorragend für Merlot.

Bezeichnung: Pomerol
Anbaufläche und Ort: 7,2 ha in Pomerol
Rebsorten: Merlot (90%), Cabernet Franc (10%)
Anzahl Flaschen pro Jahr: keine Angaben
Beste Jahrgänge: 2000, 2001

Vieux Château Certan

Bevor diese älteste Lage der Appellation zu einem Weinberg wurde, erntete man hier Getreide. Bereits im 16. Jahrhundert pflanzte eine schottische Familie, die de Mays, Reben an. Heute steht das Gut unter der Leitung einer belgischen Familie, den Thienponts.

Bezeichnung: Pomerol
Anbaufläche und Ort: 14 ha in Pomerol
Rebsorten: Merlot (60%), Cabernet Franc (30%), Cabernet-Sauvignon (10%)
Anzahl Flaschen pro Jahr: 45 000
Beste Jahrgänge: 1998, 2000

Fronsac, Canon-Fronsac und Côtes-de-Bourg

Das Gebiet von Fronsac grenzt im Süden an die Dordogne und wird vom mäandrierenden Fluss Isle durchquert. In dieser besonderen Region unterscheidet man zwei Appellationen: Fronsac und Canon-Fronsac. Die Landschaft wird von so genannten »Tertres«, Anhöhen, dominiert, von denen die höchste einen wundervollen Blick auf den Fluss und die Weinberge bietet. Zur Zeit Karls des Großen errichtete man auf dem Tertre von Fronsac eine Festung. Die kleine mittelalterliche Stadt, die bald für ihre Weine berühmt wurde, spielte in der Geschichte eine strategische Rolle, besonders während der Fronde de Bordeaux.

In diesem sehr alten Weinbaugebiet wachsen heute sehr individuelle Weine. Alle Gemeinden haben das Anrecht auf die Bezeichnung »Fronsac«. Die Weine von Fronsac und Saint-Michel-de-Fronsac dürfen »Canon-Fronsac« heißen. Sie werden auf tonigen Böden an den Kalkabhängen produziert und gelten als die besten des Gebiets.

Die Fröste im Februar 1956, die fast ein Drittel der Weinberge im Bordeaux vernichteten, wirkten sich hier nicht so schädlich aus, denn die Rebstöcke waren dank ihrer Lage auf einer Anhöhe vor der Kälte geschützt. Die Winzer der Region beschlossen daraufhin, aus diesem Vorteil Nutzen zu ziehen, ihre Technik der Weinbereitung zu verbessern und für ihre Weine Werbung zu machen.

An den Grenzen zur Charente verlängern zwei kleine Orte das Bordeaux entlang der Gironde: Blaye und die befestigte Stadt Bourg, einstige Residenz der Erzbischöfe von Bordeaux am Zusammenfluss von Dordogne und Garonne. Die Gruppe der Weine von Blaye wird auf unterschiedlichen Böden produziert. Die von Bourg zeigen eine größere Homogenität und gelten allgemein als besser. Die kontrollierte Ursprungsbezeichnung Côtes-de-Bourg umfasst etwas weniger als 4000 Hektar – ein Weinberg aus Kurven und Hügeln. Im Rebsortiment dominiert der Merlot.

Der Ursprung der Festung von Blaye, die über das Ästuar der Gironde wacht, geht auf das Jahr 25 v. Chr. zurück.

Roc de Cambes

Vor ungefähr zehn Jahren schuf François Mitjaville diesen Wein, der unter den Gewächsen der Umgebung von Bourg eine Spitzenstellung einnimmt. Man kann diesen Wein nicht auf dem Gut selbst kaufen, sondern muss sich an Weinhändler in Bordeaux oder anderen Städten wenden.

Bezeichnung: Côtes-de-Bourg
Anbaufläche und Ort: 10,3 ha in Bourg-sur-Gironde
Rebsorten: Merlot (65%), Cabernet-Sauvignon (20%), Cabernet Franc (10%), Malbec (5%)
Anzahl Flaschen pro Jahr: 46 000
Beste Jahrgänge: 1998, 1991, 1996, 2000

Château La Vieille Cure

Die Lage ist schon auf der berühmten Karte der Guyenne von Belleyme von 1780 verzeichnet. Sie befindet sich auf der Hochfläche, auf überwiegend nach Südosten gerichteten Hängen. 1986 wurde das Gut mit seinen alten Rebstöcken von einer Gruppe amerikanischer Freunde gekauft, die es später auch renovierte.

Bezeichnung: Fronsac
Anbaufläche und Ort: 17 ha in Sallans
Rebsorten: Merlot (75%), Cabernet Franc (22%), Cabernet-Sauvignon (3%)
Anzahl Flaschen pro Jahr: 60 000
Beste Jahrgänge: 1990, 1994, 1998, 2001

Ein Terroir unter der Lupe

Das Terroir der Appellation Côtes-de-Bourg besteht aus einem wahren Mosaik verschiedener Böden und geologischer Unterlagen. Um die Bedingungen kennen zu lernen und um die Qualität der Weine verbessern zu können, gab das Syndicat Viticole dem Laboratorium für Bodenkunde der »Ecole Nationale des Ingénieurs des Travaux Agricoles« in Bordeaux den Auftrag, das Terrain genau zu untersuchen. Dazu wurden 25 zwei Meter breite und zwei Meter tiefe Gräben ausgehoben – weitere 15 werden noch dazukommen –, und mit dem Erdbohrer nahm man 200 Proben.
Den Spezialisten zufolge besteht der Weinberg von Bourg mit seinen knapp 4000 Hektar und 15 Gemeinden aus rund 20 unterschiedlichen Terroirs. Die bisher veröffentlichten Ergebnisse lassen die Unterscheidung dreier großer Gruppen von Böden zu. Die erste besteht aus Terra Rossa mit Sand und noch gröberen Bestandteilen, sodass der Boden wasserdurchlässig und warm, also ideal für den Cabernet ist. Die zweite Gruppe umfasst helle Tone und ursprünglich marine Kalke, eine sehr gute Verbindung für Merlot und Malbec. Die dritte Gruppe setzt sich aus Kalk, Ton und Schluff zusammen, was hervorragend für den Merlot ist.

Burgund

Im Bordeaux, in der Champagne und im Burgund wachsen die renommiertesten Weine Frankreichs. Als Botschafter des Landes kennt man sie auf der ganzen Welt. Aus dem Burgund – französisch Bourgogne – stammen einige der berühmtesten Rot- und Weißweine der Welt. Sie werden allerdings meist in sehr geringen Mengen hergestellt.

Mehr noch vielleicht als in anderen Weinregionen ist das tägliche Leben im Burgund eng mit dem Wein verbunden. Vom Gebiet um Auxerre bis zu den Hügeln des Beaujolais, also in einer Region, die Paris mit Lyon verbindet, passt sich eine ganze Zivilisation dem Rhythmus der Arbeiten im Weinberg und im Keller an.

Die Rebe soll in Gallien schon im 6. Jahrhundert v. Chr. eingeführt worden sein. Die Geschichte des burgundischen Weinanbaus bleibt aber untrennbar verbunden mit der der Mönche. Sie traten hier nach dem Jahre 1000 als große Erneuerer auf, ob es sich nun um die Abteien von Cluny, Cîteaux oder Pontigny handelte. Dann kamen die Herzöge von Burgund, die sich selbst »Herren der besten Weine der christlichen Welt« nannten und die die Vorrangstellung ihrer Produkte verteidigten. Im Verlauf einer faszinierenden Entwicklung bildeten sich im Burgund immer weiter verfeinerte Lagen oder »Climats« heraus.

Bei allen Wechselfällen der Geschichte stellte der Weinanbau stets das Rückgrat dieser Region dar. Auf einer Strecke von rund 160 Kilometern heißt sie »Côte d'Or« – wegen der goldenen Farbe, die die Rebstöcke im Herbst annehmen.

Die Lage Romanée-Conti produziert einen mythischen Wein, der auf der ganzen Welt zum Kultobjekt geworden ist.

Chablis

Zwischen Auxerre und Tonnerre umfasst die Appellation Contrôlée Chablis rund 8600 Hektar, verteilt auf insgesamt 20 Gemeinden. Die Reben wachsen auf steilen Abhängen zu beiden Seiten des Serin, eines kleinen Nebenflusses der Yonne. In dieser geografischen Breite ist eine Exposition nach Südosten günstig, damit die Trauben gut reifen. Der Boden besteht aus jurassischen Mergeln und eignet sich besonders gut für den Anbau von Weißweinreben.

Das hatten schon die Zisterziensermönche der benachbarten Abtei von Pontigny im 12. Jahrhundert bemerkt und daraufhin Chardonnay angepflanzt.

Obwohl der Chablis auf der ganzen Welt bekannt ist und auch nachgeahmt wurde, stand er lange Zeit kurz vor dem Aus. Spätfröste – die letzten 1957 und 1961 – und die harte Arbeit an den Steilhängen führten dazu, dass der Weinbau in dieser Region nach und nach aufgegeben wurde. Das Weinanbaugebiet Chablis war schließlich nur noch ein Schatten seiner selbst. Aber dann kamen neu entwickelte Frostschutz- und Mechanisierungsverfahren auf und ermöglichten eine Renaissance dieses großen trockenen Weißweins.

Beim Chablis unterscheidet man vier Hierarchiestufen. Der Petit-Chablis litt lange Zeit unter seinem abwertenden Namen (petit = klein). Er wird auf einem eigenen, weniger günstigen Terroir produziert und weist eine stärker ausgeprägte Säure auf.

Der einfache Chablis wächst auf 2500 Hektar. Er stellt den größten Teil der Produktion dar und verdankt seine Frische und Leichtigkeit dem einzigartigen Boden.

Der Chablis Premier Cru stammt von ungefähr 30 Lagen, die aufgrund der Qualität der dort wachsenden Weine ausgezeichnet wurden. Es sind rund 700 Hektar mit festgelegten Maximalerträgen. Diese Weine haben einen komplexeren und länger anhaltenden Duft. Die bemerkenswertesten Lagen heißen Montée de Tonnerre, Fourchaume, Mont de Milieu, Vaillons, Mélinots und Léchet.

Ganz oben in der Hierarchie thront der Chablis Grand Cru. Er wächst auf den am günstigsten exponierten Hängen des rechten Ufers. Die 90 Hektar werden in sieben Lagen unterteilt: Blanchot, Bougros, Les Clos, Grenouille, Preuses, Valmur und Vaudésir. Dieser Wein weist alle Eigenschaften eines Chablis in verstärktem Maße auf.

Die Domaine Laroche lagert ihren Wein in echten alten Kellergewölben.

Billaud-Simon

Die Geschichte der Domäne begann 1815. Damals pflanzte Charles-Louis-Noël Billaud die ersten Reben in Chablis am Mont de Milieu, den man damals »Mont Mieux«, das heißt den »Besten Berg«, nannte. Die heutige Bezeichnung der Domäne geht auf die Heirat zwischen Jean Billaud und Renée Simon zurück. Das Gut ist auch heute noch Familienunternehmen.

Bezeichnung: Chablis Grand Cru
Anbaufläche und Ort: 0,18 ha in Chablis
Rebsorte: Chardonnay (100%)
Anzahl Flaschen pro Jahr: rund 1300
Beste Jahrgänge: 1990, 1996, 1998, 2000

René et Vincent Dauvissat

Seit drei Generationen hält diese noch handwerklich geprägte Domäne die große Tradition des Chablis aufrecht. Die Premiers Crus liegen an den beiden Ufern des Flüsschens Serein, die Grands Crus an den Steilhängen des rechten Ufers.

Bezeichnung: Chablis Grand Cru
Anbaufläche und Ort: 1,35 ha in Chablis
Rebsorten: Chardonnay (100%)
Anzahl Flaschen pro Jahr: 10 000
Beste Jahrgänge: 1990, 1997, 2000, 2002

Domaine Jean-Paul Droin

Die Familie Droin ist eine der ältesten in Chablis und betreibt seit fast fünf Jahrhunderten Weinbau. Am 6. Mai 1866 übergab Napoleon III. bei seiner Durchreise durch Auxerre Jean-Baptiste Droin einen silbernen Tastevin mit dem eingravierten Wappen des Kaiserreichs und dankte ihm für seine Weinlieferungen. Das Objekt wird von Generation zu Generation weitervererbt.

Bezeichnung: Chablis Grand Cru
Anbaufläche und Ort: 0,48 ha in Chablis
Rebsorten: Chardonnay (100%)
Anzahl Flaschen pro Jahr: rund 3000
Beste Jahrgänge: 1990, 1992, 1994

Weitere große Weine …

Billaud-Simon

Chablis Grand Cru Les Clos
Bezeichnung: Chablis Grand Cru
Anbaufläche und Ort: 0,44 ha in Chablis
Rebsorten: Chardonnay (100%)
Anzahl Flaschen pro Jahr: 3095
Beste Jahrgänge: 1990, 1996, 1998, 2000

René et Vincent Dauvissat

Les Vaillons
Bezeichnung: Chablis Grand Cru
Anbaufläche und Ort: 1,35 ha in Chablis
Rebsorten: Chardonnay (100%)
Anzahl Flaschen pro Jahr: 10 000
Beste Jahrgänge: 1994, 1996, 1997, 2000

Jean-Paul Droin

Valmur
Bezeichnung: Chablis Grand Cru
Anbaufläche und Ort: 1,02 ha in Chablis
Rebsorten: Chardonnay (100%)
Anzahl Flaschen pro Jahr: rund 5000
Beste Jahrgänge: 1990, 1991, 1992

Domaine Laroche

Les Blanchots
Bezeichnung: Chablis Grand Cru
Anbaufläche und Ort: 4,56 ha in Chablis
Rebsorten: Chardonnay (100%)
Anzahl Flaschen pro Jahr: keine Angaben
Beste Jahrgänge: 1998, 2000, 2001

Domaine Louis Michel & Fils

Vaudésir
Bezeichnung: Chablis Grand Cru
Anbaufläche und Ort: 1,2 ha am rechten Ufer des Serein
Rebsorten: Chardonnay (100%)
Anzahl Flaschen pro Jahr: 6000
Beste Jahrgänge: 1985, 1990, 1996

Domaine Laroche

Die Familie Laroche produziert seit 1850 Wein in Chablis. Michel trat 1967 in das Familienunternehmen ein und stellt die fünfte Generation dar. Er vergrößerte den Landbesitz durch den Kauf sehr guter Parzellen. Der Firmensitz befindet sich im historischen Zentrum der Stadt, in der »Obédiencerie«, deren Fundamente auf das 9. Jahrhundert zurückgehen.

Bezeichnung: Chablis Grand Cru
Anbaufläche und Ort: 4,56 ha in Chablis
Rebsorten: Chardonnay (100%)
Anzahl Flaschen pro Jahr: keine Angaben
Beste Jahrgänge: 1998, 2000, 2001

Domaine Louis Michel & Fils

Seit fünf Generationen pflanzt die Familie Michel auf dem nördlichsten Weinberg des Burgund und auf einem einzigartigen Boden aus Mergel, Kalk und versteinerten Austern Reben an. Alle Weine lagern in Fässern aus rostfreiem Stahl, um den authentischen Geschmack des echten Chablis zu respektieren.

Bezeichnung: Chablis Grand Cru
Anbaufläche und Ort: 1,2 ha am rechten Ufer des Serein
Rebsorten: Chardonnay (100%)
Anzahl Flaschen pro Jahr: 6000
Beste Jahrgänge: 1985, 1990, 1996

Die Grands Crus von Chablis wachsen in den unteren Lagen der nach Südwesten orientierten Hänge gegenüber der Stadt.

Côte de Nuits

Die Côte d'Or im Herzen des Burgund, die man oft einfach nur »La Côte« nennt, teilt man in mehrere Regionen unterschiedlicher Bedeutung. Die Côte de Nuits umfasst nur zwölf Gemeinden, unter ihnen Nuits-Saint-Georges. Sie beginnt bei Marsannay und reicht 22 km weit. Es handelt sich dabei um den kompaktesten Teil der Côte, abrupt und geradlinig, nach Osten exponiert und von einem bewaldeten Kamm vor feuchten Winden geschützt. Er wird von Schluchten, den Combes, durchschnitten und weist Wälder und Felsen auf. Hier liegt auch der am stärksten konzentrierte Teil mit nicht weniger als 23 Grands Crus von Weltruf, darunter Chambertin, Clos-de-Vougeot, Romanée-Conti und Chambolle-Musigny.

Die Côte de Nuits ist fast ausschließlich mit Pinot Noir bepflanzt und produziert von der Menge her gesehen sehr wenig Wein. Die Premiers Crus und die Grands Crus wachsen in Höhen zwischen 240 und 320 Metern. In dieser Lage findet man am häufigsten Aufschlüsse von Kalkmergeln. Hier wachsen die am besten strukturierten Rotweine des gesamten Burgund. Sie eignen sich insgesamt für eine lange Lagerung.

Jedes Dorf oder jede Gemeinde besitzt eine eigene kontrollierte Ursprungsbezeichnung mit langer Geschichte. Wie oft im Burgund, waren es die Mönche, die als Erste im Clos de Bèze einen unvergleichlichen Wein gewannen. Ihnen machte es ein Winzer namens Bertin nach, der eine benachbarte Parzelle besaß. Daher soll der Legende nach die Bezeichnung Chambertin herrühren. Die Zisterzienser gründeten im 12. Jahrhundert Clos-Vougeot und bauten dort ein Schloss. Der 50 Hektar große Weinberg, der ganz von Mauern umschlossen ist (»Clos«), befindet sich heute in der Hand von rund 100 Besitzern.

Im Château von Clos-Vougeot trifft sich die Confrérie des Chevaliers du Tastevin.

Die Grenzen des winzigen Weinbergs von Romanée-Conti (1,8 Hektar) haben sich seit vier Jahrhunderten nicht verändert. Man braucht zur Ernte nur einen Nachmittag. Doch seit drei Jahrhunderten steht dieser Wein ganz oben an der Spitze der burgundischen Hierarchie: Der mythische Wein ist Gegenstand eines wahren Kults.

Die Chevaliers du Tastevin

Im Jahre 1934 entschied eine kleine Gruppe von Männern aus dem Burgund, gegen die Absatzflaute beim Wein anzugehen und eine Gesellschaft zu gründen, die die französischen und insbesondere die burgundischen Weine bekannt machen sollte. So entstand die heute berühmte Confrérie des Chevaliers du Tastevin, die das Schloss Clos-Vougeot seit 1944 besitzt. Im großen Keller aus dem 12. Jahrhundert finden die Kapitelsitzungen des Ordens statt. Hunderte von Gästen nehmen an diesem feierlichen Essen teil. Dabei werden neue Chevaliers aufgenommen. Das geschieht nach einem mittelalterlich anmutenden Ritual, bei dem man sich von Molières »Der eingebildete Kranke« inspirieren ließ. Am dritten Samstag, Sonntag und Montag im November finden die »Trois Glorieuses«, die »Drei glorreichen Tage«, statt. Am Sonntag werden die Weine der Hospices de Beaune versteigert, und der Montag ist der »Paulée« von Meursault gewidmet, die mit der Verleihung eines literarischen Preises zu Ende geht.

Domaine de l'Arlot

Gegen Ende des 18. Jahrhunderts baute Jean-Claude Vienot eine Mauer um seine Domäne und um seine Reben, zu deren Füßen ein kleiner Fluss vorbeizieht, der Arlot. So entstand der Clos de l'Arlot, der 1891 an Jules Belin verkauft wurde. Bis 1987 blieb das Gut in den Händen der Familie. Dann kaufte die Gruppe AXA Millésimes den Besitz und nannte ihn wieder »Domaine de l'Arlot«.

Bezeichnung: Nuits-Saint-Georges 1er Cru
Anbaufläche und Ort: 2 ha in Premeaux-Prissey
Rebsorten: Pinot Noir (100%)
Anzahl Flaschen pro Jahr: 5000
Beste Jahrgänge: 1990, 1993, 1996, 1999

Domaine Robert Arnoux

Seit fünf Generationen stellt das Familienunternehmen Weine auf 15 Hektar der besten Lagen der Côte de Nuits her. Die Weinbereitung geschieht auf traditionelle Weise bei sorgfältig überwachten Temperaturen. Die Weine lagern 18 Monate lang in Eichenfässern, von denen 30 bis 100 Prozent neu sind – je nach Appellation.

Bezeichnung: Romanée-Saint-Vivant Grand Cru
Anbaufläche und Ort: 0,35 ha in Vosne-Romanée
Rebsorten: Pinot Noir (100%)
Anzahl Flaschen pro Jahr: ca. 1200
Beste Jahrgänge: keine Angaben

Domaine d'Auvenay

Das Gebiet von Auvenay wurde der Familie La Ferté vom Herrn von Saint-Romain, Raynaud, 1120 als Schenkung überlassen. So weit reicht die belegte Geschichte zurück. Schon im Mittelalter wuchs hier Wein, denn der Zehnte wurde in Wein entrichtet. Seit 1988 erfolgt der Anbau der Reben nach biodynamischen Prinzipien.

Bezeichnung: Bonnes-Mares Grand Cru
Anbaufläche und Ort: 0,26 ha in Chambolle-Musigny
Rebsorten: Pinot Noir (100%)
Anzahl Flaschen pro Jahr: 1000
Beste Jahrgänge: 1993, 1996, 1999, 2002

Domaine Bertagna

Im Jahre 1983 kaufte die Familie Günther Reh, die auf der ganzen Welt Weingüter besitzt, diese alte burgundische Domäne. Seit 1988 steht sie unter der Leitung von Eva Reh und ihrem Mann Mark Siddle. Ein Teil des Gutes wurde zu einem Hotel umgebaut, das es Besuchern erlaubt, hier einige Tage zu verbringen.

Bezeichnung: Clos-Saint-Denis Grand Cru
Anbaufläche und Ort: 0,53 ha in Vougeot
Rebsorten: Pinot Noir (100%)
Anzahl Flaschen pro Jahr: 2500
Beste Jahrgänge: 1996, 1999, 2000, 2002

Domaine Bouchard Père & Fils

Im Jahre 1731 gründete Michel Bouchard, damals Tuchhändler in der Dauphiné, die Maison Bouchard in Volnay. Sein Sohn Joseph handelte nicht nur mit Stoffen, sondern auch mit Wein und gründete einen Weinbaubetrieb, dessen Aufstieg gegen 1809 begann. Joseph Henriot aus der Champagne kaufte das Unternehmen 1994 und fuhr mit der Politik kluger Aufkäufe fort.

Bezeichnung: La Romanée Grand Cru
Anbaufläche und Ort: 0,85 ha in Vosne-Romanée
Rebsorten: Pinot Noir (100%)
Anzahl Flaschen pro Jahr: 3500
Beste Jahrgänge: 1996, 1997, 2000

Domaine Jacques Cacheux et Fils

Die Domäne in Vosne-Romanée umfasst fünf Hektar und fünf Appellationen und besteht seit vier Generationen. Vor einigen Jahren ist sie zu einem integrierten Pflanzenschutz übergegangen und verwendet nun weniger Herbizide und insgesamt weniger giftige Stoffe.

Bezeichnung: Echézeaux Grand Cru
Anbaufläche und Ort: 1,07 ha in den Lagen Les Cruots, Les Orveaux, Les Champs Traversins, Les Poulaillères
Rebsorten: Pinot Noir (100%)
Anzahl Flaschen pro Jahr: ca. 3900
Beste Jahrgänge: 1992, 1994, 1996, 1999

Domaine Philippe Charlopin Parizot

Philippe Charlopin hat sein Handwerk bei Henri Jayer gelernt und gehört zur jungen Generation der Winzer in Gevrey-Chambertin. Die Trauben werden vor der Kelterung mit größter Sorgfalt ausgelesen, und die Mazeration dauert besonders lang, was die kräftige Farbe der Weine erklärt.

Bezeichnung: Echézeaux Grand Cru
Anbaufläche und Ort: keine Angaben
Rebsorten: Pinot Noir (100%)
Anzahl Flaschen pro Jahr: 900
Beste Jahrgänge: 1996, 1999, 2002, 2003

Domaine Robert Chevillon

Seit 15 Jahren produziert Robert Chevillon zusammen mit seinen beiden Söhnen eine beeindruckende Palette von Nuits-Saint-Georges. Zu ihnen gehört auch der »Cru Vaucrains«. Die braunrötlichen, leicht kalkhaltigen Böden liegen im südlichen Bereich des Anbaugebiets in einer Höhe von 260 bis 280 Metern.

Bezeichnung: Nuits-Saint-Georges 1er Cru
Anbaufläche und Ort: 1,06 ha in Nuits-Saint-Georges
Rebsorten: Pinot Noir (100%)
Anzahl Flaschen pro Jahr: keine Angaben
Beste Jahrgänge: 1999

Domaine Bruno Clair

Im Jahre 1917 begegnete Joseph Clair in einem militärischen Quartier in Marsannay seiner künftigen Frau. Aus dieser Verbindung ging eine Winzerfamilie hervor, der auch Bruno angehört. Er besitzt heute ungefähr 20 Hektar mit rund 15 verschiedenen Appellationen in sieben Gemeinden.

Bezeichnung: Chambertin Clos de Bèze Grand Cru
Anbaufläche und Ort: 0,98 ha in Gevrey-Chambertin
Rebsorten: Pinot Noir (100%)
Anzahl Flaschen pro Jahr: ca. 2500
Beste Jahrgänge: 1996, 1999, 2002

Seit Jahrzehnten angesammelte Schätze warten auf den idealen Zeitpunkt der Verkostung.

Weitere große Weine …

Domaine de l'Arlot

Clos des Forêts Saint-Georges
Bezeichnung: Nuits-Saint-Georges
Anbaufläche und Ort: 7,11 ha in Premeaux-Prissey
Rebsorten: Pinot Noir (100%)
Anzahl Flaschen pro Jahr: 17 000
Beste Jahrgänge: 1990, 1993, 1996, 1999

Domaine Robert Arnoux

Echézeaux
Bezeichnung: Echézeaux Grand Cru
Anbaufläche und Ort: 0,9 ha in Vosne-Romanée
Rebsorten: Pinot Noir (100%)
Anzahl Flaschen pro Jahr: 3000
Beste Jahrgänge: keine Angaben

Domaine Bertagna

Vougeot 1er Cru »Clos de la Perrière« Monopole
Bezeichnung: Vougeot 1er Cru
Anbaufläche und Ort: 2,25 ha in Vougeot
Rebsorten: Pinot Noir (100%)
Anzahl Flaschen pro Jahr: 8000
Beste Jahrgänge: 1993, 1996, 1999, 2000

Domaine Bouchard Père & Fils

Chambertin
Bezeichnung: Chambertin Grand Cru
Anbaufläche und Ort: 0,15 ha in Gevrey-Chambertin
Rebsorten: Pinot Noir (100%)
Anzahl Flaschen pro Jahr: 700
Beste Jahrgänge: 1998, 1999

Domaine Jacques Cacheux & Fils

Vosne 1er Cru Les Suchots
Bezeichnung: Vosne-Romanée 1er Cru
Anbaufläche und Ort: 0,42 ha zwischen Saint-Vivant, Richebourg und Echézeaux
Rebsorten: Pinot Noir (100%)
Anzahl Flaschen pro Jahr: 2700
Beste Jahrgänge: 1991, 1994, 1996, 1999

Domaine Philippe Charlopin Parizot

Clos Saint-Denis
Bezeichnung: Clos-Saint-Denis Grand Cru
Anbaufläche und Ort: 7,11 ha in Premeaux-Prissey
Rebsorten: Pinot Noir (100%)
Anzahl Flaschen pro Jahr: 900
Beste Jahrgänge: 1996, 1999

Domaine du Clos de Tart

Drei Besitzer folgten einander auf diesem 7,5 Hektar großen Grand Cru seit dem Mittelalter. Die ersten waren 1141 Bernhardinermönche der Abtei Notre-Dame de Tart. Dann kam die Familie Marey-Monge und in den 1930er-Jahren die Mommessins. Die Leitung liegt in den Händen von Sylvain Pitiot, dem Verfasser eines Atlas der großen Weinberge im Burgund.

Bezeichnung: Clos-de-Tart Grand Cru
Anbaufläche und Ort: 7,5 ha in Morey-Saint-Denis
Rebsorten: Pinot Noir (100%)
Anzahl Flaschen pro Jahr: 25 000
Beste Jahrgänge: keine Angaben

Domaine Jean-Jacques Confuron

Im Jahre 1998 übernahmen Alain und Sophie Meunier die Domäne Jean-Jacques Confuron, die Sophies Familie schon seit mehreren Generationen besitzt. Es gehört zur Politik des Hauses, die Reben so stark zu beschneiden, dass die Erträge niemals über 30 Hektoliter pro Hektar liegen.

Bezeichnung: Nuits-Saint-Georges 1er Cru
Anbaufläche und Ort: 0,48 ha in Nuits-Saint-Georges
Rebsorten: Pinot Noir (100%)
Anzahl Flaschen pro Jahr: rund 2500
Beste Jahrgänge: 1990, 1993, 1999, 2001

Domaine Confuron-Cotetidot

Die Familie Confuron hat im Laufe der Jahrhunderte die Terroirs und Anpflanzungen immer weiter selektioniert. Französische Ampelographen beschrieben sogar einen Pinot Confuron. Die Domäne Confuron-Cotetidot ging 1964 aus der Heirat von Jack Confuron mit Bernadette Cotetidot hervor. Beide kümmern sich um den Familienbesitz.

Bezeichnung: Vosne-Romanée
Anbaufläche und Ort: 1 ha in den Lagen Portefeuille du Clos und Jacquines
Rebsorten: Pinot Noir (100%)
Anzahl Flaschen pro Jahr: ca. 3000
Beste Jahrgänge: 1996, 1999, 2002

Joseph Drouhin

Im Jahre 1880 übernahm Joseph Drouhin ein Geschäft, das 1756 gegründet worden war, und gab ihm seinen eigenen Namen. Sein Sohn entschloss sich, eine Domäne aufzubauen und sich nur auf Burgunder zu spezialisieren. Sie steht heute noch unter der Leitung der Familie, obwohl die japanische Gruppe Snow Brand Milk eine Mehrheitsbeteiligung erworben hat.

Bezeichnung: Grands-Echézeaux Grand Cru
Anbaufläche und Ort: 0,48 ha
Rebsorten: Pinot Noir (100%)
Anzahl Flaschen pro Jahr: 150 Kisten
Beste Jahrgänge: keine Angaben

Domaine Claude Dugat

Die Domäne ist eine der renommiertesten im Burgund. Sie produziert Weine aus vollreifen Trauben mit Minimalerträgen und mit einer Vinifizierung, die möglichst wenig eingreift. Leider ist die Domäne sehr klein und ihre Produktion sehr gering: nur 50 Kisten Griotte-Chambertin, wenn der Jahrgang gut war und eine solche Menge überhaupt zuließ.

Bezeichnung: Griotte-Chambertin Grand Cru
Anbaufläche und Ort: 0,16 ha in Gevrey-Chambertin
Rebsorten: Pinot Noir (100%)
Anzahl Flaschen pro Jahr: 450
Beste Jahrgänge: 1990, 1993, 1996, 1999

Bernard Dugat-Py

Diese kleine Domäne steht unter der Leitung von Bernard Dugat, der sich mit seiner Frau Jocelyne und seinem Sohn Loïc die Arbeiten teilt, die im Weinberg und im Keller anfallen. Die Dugats verkauften ihren Wein zunächst an Großhändler und begannen erst 1989 mit der Eigenabfüllung. Die Weine reifen in Kellern aus dem Jahre 1075, die sich unter dem Haus der Familie befinden.

Bezeichnung: Mazis-Chambertin Grand Cru
Anbaufläche und Ort: 0,22 ha in Gevrey-Chambertin
Rebsorten: Pinot Noir (100%)
Anzahl Flaschen pro Jahr: ca. 900
Beste Jahrgänge: 1996, 1999

Domaine Dujac

Im Jahre 1967 gründete Jacques Seysses mit nur fünf Hektar ein Unternehmen. Heute besitzt er ungefähr zwölf Hektar, verteilt auf fünf Grands Crus. Über das Unternehmen wacht seit 1986 Christophe Morin, der zuvor in Kalifornien und im Bordeaux gearbeitet hatte. Es ist die Philosophie des Hauses, zunächst dem Geschmack und erst dann der wissenschaftlichen Analyse zu vertrauen.

Bezeichnung: Clos-de-la-Roche Grand Cru
Anbaufläche und Ort: 2 ha in Morey-Saint-Denis
Rebsorten: Pinot Noir (100%)
Anzahl Flaschen pro Jahr: 7000 – 9000
Beste Jahrgänge: 1991, 1993, 1995, 1999

Domaine Faiveley

Im Jahre 1825 gründete Pierre Faivelay in Nuits-Saint-Georges sein Unternehmen. Er gab den größten Teil seines Vermögens für den Ankauf von Parzellen in besten Lagen aus. Die Domäne ist heute eine der größten Weinbergbesitze im Burgund. Sie steht unter der Leitung von François Faiveley, der die sechste Generation repräsentiert.

Bezeichnung: Chambertin Clos-de-Bèze Grand Cru
Anbaufläche und Ort: 1,3 ha in Gevrey-Chambertin
Rebsorten: Pinot Noir (100%)
Anzahl Flaschen pro Jahr: 5000
Beste Jahrgänge: 1978, 1990, 1996, 1999

Weitere große Weine …

Domaine Jean-Jacques Confuron

Vosne-Romanée 1er Cru »Les Beaux-Monts«
Bezeichnung: Vosne-Romanée 1er Cru
Anbaufläche und Ort: 0,3 ha in Vosne-Romanée
Rebsorten: Pinot Noir (100%)
Anzahl Flaschen pro Jahr: ca. 1600
Beste Jahrgänge: 1991, 1993, 1997, 1999

Domaine Confuron-Cotetidot

Echézeaux
Bezeichnung: Echézeaux Grand Cru
Anbaufläche und Ort: Les Treux
Rebsorten: Pinot Noir (100%)
Anzahl Flaschen pro Jahr: 1500
Beste Jahrgänge: 1985, 1996, 1999, 2002

Bernard Dugat-Py

Charmes-Chambertin Grand Cru
Bezeichnung: Charmes-Chambertin Grand Cru
Anbaufläche und Ort: 0,48 ha in Gevrey-Chambertin
Rebsorten: Pinot Noir (100%)
Anzahl Flaschen pro Jahr: 2200
Beste Jahrgänge: 1990, 1996, 1999

Domaine Dujac

Bonnes Mares
Bezeichnung: Bonnes-Mares Grand Cru
Anbaufläche und Ort: 0,43 ha in Chambolle-Musigny
Rebsorten: Pinot Noir (100%)
Anzahl Flaschen pro Jahr: 1800–2300
Beste Jahrgänge: 1991, 1993, 1995, 1999

Während der gesamten Vegetationszeit braucht die Rebe die stetige Pflege durch den Menschen (folgende Doppelseite).

Domaine Henri Gouges

Henri Gouges gründete ganz zu Beginn des 20. Jahrhunderts sein Unternehmen in Nuits-Saint-Georges. Seine beiden Söhne Michel und Marcel übernahmen das Gut. Seit einigen Jahren führen die beiden Enkel Pierre und Christian die Tradition weiter. Pierre kümmert sich um die Reben, und Christian verbindet moderne Kellertechnik mit traditioneller Weinbereitung.

Bezeichnung: Nuits-Saint-Georges 1er Cru
Anbaufläche und Ort: 1 ha in Nuits-Saint-Georges
Rebsorten: Pinot Noir (100%)
Anzahl Flaschen pro Jahr: ca. 5000
Beste Jahrgänge: 1996, 1999, 2001, 2002

Domaine Anne Gros

Die Parzelle in Richebourg ist der kleinste Besitz der Domäne, die früher unter der Bezeichnung Domaine Anne et François Gros bekannt war. In Vosne-Romanée ist die größte Dichte an Grands Crus zu finden. Von Norden nach Süden unterscheidet man Romanée-Saint-Vivant, Richebourg, Romanée-Conti, La Romanée und La Tâche.

Bezeichnung: Richebourg Grand Cru
Anbaufläche und Ort: 0,6 ha in der Lage Les Verroilles
Rebsorten: Pinot Noir (100%)
Anzahl Flaschen pro Jahr: 3000
Beste Jahrgänge: 1993, 1995, 1999

Louis Jadot

Das Unternehmen, das Louis Jadot 1859 gründete, liegt mitten im Zentrum von Beaune, in einem herrschaftlichen Privathaus aus dem 19. Jahrhundert mit wundervollen Kellern, die mit dem Jakobinerkloster verbunden sind. Drei Generationen der Jadots leiteten das Unternehmen. Dann führte es 30 Jahre lang A. Gagey. Heute liegt die Firma in den Händen seines Sohnes.

Bezeichnung: Bonnes-Mares Grand Cru
Anbaufläche und Ort: 0,3 ha in Chambolle-Musigny
Rebsorten: Pinot Noir (100%)
Anzahl Flaschen pro Jahr: 2400–3500
Beste Jahrgänge: 1990, 1995, 1997, 1999

Domaine des Lambrays

Seit 1365 wird der Weinberg unter den Besitztümern der Abtei Cîteaux genannt. Während der Revolution wurde er geteilt, im Laufe des 19. Jahrhunderts von L. Joly und schließlich von A. Rodier wiederhergestellt. Zu neuer Bekanntheit gelangte er 1979 dank R. de Chambure und den Brüdern Saier. Sie verkauften das Gut 1996 an die Familie Freund, die ursprünglich aus Koblenz stammt.

Bezeichnung: Clos-des-Lambrays Grand Cru
Anbaufläche und Ort: 8,7 ha in Morey-Sant-Denis
Rebsorten: Pinot Noir (100%)
Anzahl Flaschen pro Jahr: ca. 35 000
Beste Jahrgänge: 1993, 1996, 1998, 1999

Dominique Laurent

Wenn sich Perfektionismus mit Talent und Achtung vor der Natur paart, stellt sich das entsprechende Ergebnis ein. So erfährt man, dass Dominique Laurent am Rand des Waldes von Cîteaux eine Küferei aufgemacht hat, um die Qualität seiner Fässer besser zu gewährleisten. Mittlerweile sind sie im ganzen Burgund berühmt.

Bezeichnung: Musigny Grand Cru
Anbaufläche und Ort: 9 ha in Chambolle-Musigny
Rebsorten: Pinot Noir (100%)
Anzahl Flaschen pro Jahr: 1200
Beste Jahrgänge: 1996, 1997, 2000, 2001

Domaine Philippe et Vincent Lecheneaut

Das Familienunternehmen, das heute unter der Leitung der Brüder Philippe und Vincent Lecheneaut steht, besitzt insgesamt acht Hektar. Es liegt im Herzen der Côte de Nuits auf tonigen und kalkigen Böden. Die Lese erfolgt von Hand. Nach der Selektion werden die Trauben entrappt. Die Weine reifen 18 Monate lang in Fässern und werden ungeklärt und ungefiltert in Flaschen gefüllt.

Bezeichnung: Nuits-Saint-Georges 1er Cru
Anbaufläche und Ort: 0,4 ha in Nuits-Saint-Georges
Rebsorten: Pinot Noir (100%)
Anzahl Flaschen pro Jahr: 1800
Beste Jahrgänge: 1990, 1999

Domaine Hubert Lignier

Hubert Lignier war lange Zeit für eine der beiden Kooperativen von Morey-Saint-Denis verantwortlich, wo er sich um die Weinbereitung kümmerte. Dann widmete er sich seinem eigenen Wein in der acht Hektar umfassenden Domäne. Zu ihr gehört vor allem der berühmte Clos de la Roche. Die Rebe wächst hier schon seit 1700 Jahren auf einem gut entwässerten tonig-kalkigen Boden.

Bezeichnung: Clos-de-la-Roche Grand Cru
Anbaufläche und Ort: 1 ha in Morey-Saint-Denis
Rebsorten: Pinot Noir (100%)
Anzahl Flaschen pro Jahr: ca. 4000
Beste Jahrgänge: 1978, 1993, 1996, 1999

Domaine Méo-Camuzet

Die Domäne entstand zu Beginn des 20. Jahrhunderts. Etienne Camuzet, Winzer in Vosne-Romanée, begann damals, seinen Besitz zu vergrößern. Seine Tochter führte sein Werk weiter und vererbte schließlich alles Jean Méo. Seit 1985 werden die Weine unter dem Namen dieser Domäne verkauft. Heute leitet Méos Sohn die Geschicke des Familienunternehmens.

Bezeichnung: Richebourg Grand Cru
Anbaufläche und Ort: 0,35 ha in Vosne-Romanée
Rebsorten: Pinot Noir (100%)
Anzahl Flaschen pro Jahr: 1200
Beste Jahrgänge: 1990, 1996, 1999

Domaine Mongeard-Mugneret

Zu Beginn des 17. Jahrhunderts tauchte der Name Mongeard in den Registern des Dorfes Vosne-Romanée auf. Im Verlauf der Generationen kümmerte sich die Familie stets um die Reben und den Wein. Heute möchte Vincent Mongeard, der Sohn von Jean, das Besitztum vergrößern, um mehr Weine aus der Côte de Beaune und der Côte de Nuits anbieten zu können.

Bezeichnung: Grands-Echézeaux Grand Cru
Anbaufläche und Ort: 0,9 ha in Flagey-Echézeaux
Rebsorten: Pinot Noir (100%)
Anzahl Flaschen pro Jahr: 4500–5000
Beste Jahrgänge: 1990, 1996, 1998, 1999

Das Dorf Mandelot

Pinot Noir: der Meister aus dem Burgund

Wie der Cabernet-Sauvignon für das Renommee der Bordeaux-Weine verantwortlich ist, so herrscht der Pinot Noir über die Weinberge des Burgund. Er ist viel weniger leicht zu kultivieren als der Cabernet, wirkt zerbrechlicher und kann sich nicht so gut anpassen. Er wächst vor allem in der Côte d'Or, hat sich aber auch in der Champagne gut etabliert, wo er zusammen mit dem Chardonnay gekeltert wird, um den Weinen Körper zu verleihen. Der Pinot Noir liebt eher frische Lagen, leidet aber unter Frösten. Bei zu viel Wärme ergibt er Weine ohne Aroma und Charakter. Dafür reift er verhältnismäßig früh. Wo der Pinot Noir Fuß fassen konnte in der Neuen Welt, zeitigt er überraschende Ergebnisse, die allerdings anders ausfallen als die Rotweine des Burgund. Eine Verwechslungsgefahr besteht mit dem Pinot Blanc und dem Pinot Gris. Der Pinot Blanc ist der Weißburgunder, der Pinot Gris wird auch »Grauburgunder« oder »Ruländer« genannt. Er ergibt im Elsass, in Deutschland, Österreich, der Schweiz und Norditalien ausgezeichnete fruchtige Weißweine.

Domaine Denis Mortet

Als sich Charles Mortet aufs Altenteil zurückzog, übernahmen sein Sohn Denis und dessen Frau Laurence das Familienunternehmen und vergrößerten es von 4,5 auf elf Hektar. Seit 2000 arbeitet auch ihr Sohn Arnaud mit. Es ist das Ziel der Familie, die typischen Eigenheiten und die Vielfalt ihrer Terroirs möglichst rein zum Ausdruck zu bringen.

Bezeichnung: Chambertin Grand Cru
Anbaufläche und Ort: 0,15 ha in Gevrey-Chambertin
Rebsorten: Pinot Noir (100%)
Anzahl Flaschen pro Jahr: 750
Beste Jahrgänge: 1996, 1997, 1998, 1999

Domaine Jacques-Frédéric Mugnier

Das Familienunternehmen wurde 1863 im Château Chambolle-Musigny gegründet. Jocelyne und Frédéric Mugnier besitzen vier Hektar mit alten Reben. Sie kümmern sich um die Pflanzen, die Weinbereitung und den Ausbau der Weine.

Bezeichnung: Musigny Grand Cru
Anbaufläche und Ort: 1,13 ha in Chambolle-Musigny
Rebsorten: Pinot Noir (100%)
Anzahl Flaschen pro Jahr: 4000
Beste Jahrgänge: keine Angaben

Domaine des Perdrix

Im Jahre 1995 übernahmen Bertrand und Christian Devillard die Leitung und die Weinbereitung in der Domaine des Perdrix, die im Herzen der Côte de Nuits liegt. Sie besitzen vor allem 1,2 Hektar in der Lage Echézeaux Grand Cru. Der Hauptteil ihres Besitzes befindet sich in der Lage Echézeaux du Dessus, die als die beste dieser prestigeträchtigen Ursprungsbezeichnung gilt.

Bezeichnung: Echézeaux Grand Cru
Anbaufläche und Ort: 1,2 ha in Echézeaux
Rebsorten: Pinot Noir (100%)
Anzahl Flaschen pro Jahr: 5000
Beste Jahrgänge: 1996, 1997, 1999

Domaine Henri Perrot-Minot

Die Domäne gehört einer Familie, die seit vier Generationen Weinbau betreibt. Sie liegt im Zentrum der Côte de Nuits und besteht aus zehn Hektar, die sich auf die besten Lagen verteilen. Eine davon ist Charmes-Chambertin, deren Name auf die einst hier wachsenden Hainbuchen (französisch »charme«) zurückgeht.

Bezeichnung: Charmes-Chambertin Grand Cru
Anbaufläche und Ort: 0,82 ha in Gevrey-Chambertin
Rebsorten: Pinot Noir (100%)
Anzahl Flaschen pro Jahr: 3500
Beste Jahrgänge: 1996, 1999, 2000, 2002

Domaine Ponsot

Als William Ponsot 1870 aus dem Krieg zurückkehrte, ließ er sich in Morey-Saint-Denis nieder. Dort kaufte er vor allem eine Parzelle des Clos de la Roche. Sein Neffe Hippolyte übernahm die Domäne 1920, vergrößerte den Besitz am Clos de la Roche und begann mit der Flaschenabfüllung in der Domäne. Das Gut ist bis heute in Familienbesitz.

Bezeichnung: Clos-de-la-Roche Grand Cru
Anbaufläche und Ort: 3,2 ha
Rebsorten: Pinot Noir (100%)
Anzahl Flaschen pro Jahr: 10 000
Beste Jahrgänge: 1959, 1980, 1990, 1999

Weitere große Weine …

Domaine Henri Gouges

Nuits-Saint-Georges »Les Saint-Georges«
Bezeichnung: Nuits-Saint-Georges
Anbaufläche und Ort: 1,08 ha in Nuits-Saint-Georges
Rebsorten: Pinot Noir (100%)
Anzahl Flaschen pro Jahr: ca. 5000
Beste Jahrgänge: 1990, 1996, 1999, 2001

Louis Jadot

Gevrey-Chambertin Clos Saint Jacques
Bezeichnung: Gevrey-Chambertin Grand Cru
Anbaufläche und Ort: 1 ha in Gevrey-Chambertin
Rebsorten: Pinot Noir (100%)
Anzahl Flaschen pro Jahr: 5000
Beste Jahrgänge: 1990, 1995, 1997, 1999

Domaine Philippe et Vincent Lecheneaut

Morey-Saint-Denis Clos de la Roche
Bezeichnung: Morey-Saint-Denis Grand Cru
Anbaufläche und Ort: 0,83 ha in Morey-Saint-Denis
Rebsorten: Pinot Noir (100%)
Anzahl Flaschen pro Jahr: 450
Beste Jahrgänge: 1990, 1996, 1999

Domaine Hubert Lignier

Charmes-Chambertin
Bezeichnung: Charmes-Chambertin Grand Cru
Anbaufläche und Ort: 0,48 ha in Gevrey-Chambertin
Rebsorten: Pinot Noir (100%)
Anzahl Flaschen pro Jahr: 300–450
Beste Jahrgänge: 1988, 1993, 1996, 1999

Weitere große Weine …

Domaine Mongeard-Mugneret

Richebourg
Bezeichnung: Richebourg Grand Cru
Anbaufläche und Ort: 0,31 ha in Vosne-Romanée
Rebsorten: Pinot Noir (100%)
Anzahl Flaschen pro Jahr: ca. 1200
Beste Jahrgänge: 1990, 1995, 1998, 1999

Domaine Denis Mortet

Gevrey-Chambertin 1er Cru »Les Champeaux«
Bezeichnung: Gevrey-Chambertin
Anbaufläche und Ort: 0,41 ha in Gevrey-Chambertin
Rebsorten: Pinot Noir (100%)
Anzahl Flaschen pro Jahr: 2000–3000
Beste Jahrgänge: 1993, 1996, 1998, 2000

Domaine Jacques-Frédéric Mugnier

Chambolle-Musigny »Les Amoureuses«
Bezeichnung: Chambolle-Musigny
Anbaufläche und Ort: 0,55 ha in Chambolle-Musigny
Rebsorten: Pinot Noir (100%)
Anzahl Flaschen pro Jahr: 2000
Beste Jahrgänge: keine Angaben

Domaine des Perdrix

Nuits-Saint-Georges 1er Cru Aux Perdrix
Bezeichnung: Nuits-Saint-Georges 1er Cru
Anbaufläche und Ort: 3,5 ha in Nuits-Saint-Georges
Rebsorten: Pinot Noir (100%)
Anzahl Flaschen pro Jahr: 18 000
Beste Jahrgänge: 1996

Domaine Jacques Prieur

Im Jahre 1988 übernahm Antonin Rodet eine Beteiligung an der Domäne, die Jacques Prieur gegründet hat. Er war bis zu seinem Tod 1965 ein bedeutendes Mitglied der Confrérie des Chevaliers du Tastevin. Sein Sohn leitet die Domäne und wird dabei von der Önologin Nadine Gublin unterstützt.

Bezeichnung: Musigny Grand Cru
Anbaufläche und Ort: 0,76 ha in Chambolle-Musigny
Rebsorten: Pinot Noir (100%)
Anzahl Flaschen pro Jahr: 2500
Beste Jahrgänge: 1990, 1997, 1999 (außergewöhnlich)

Jean Raphet et Fils

Jean Raphet ist fast 70 Jahre alt und hat sich seine Leidenschaft für den Weinbau unverändert erhalten. Unterstützt von seinem Sohn Gérard herrscht er über rund zehn Hektar, die in Morey und Gevrey liegen. In beiden Gemeinden besaßen Orden einst Grund und Boden, der sie mit jährlichen Einkünften versorgte.

Bezeichnung: Charmes-Chambertin Grand Cru
Anbaufläche und Ort: 1 ha in Morey-Saint-Denis
Rebsorten: Pinot Noir (100%)
Anzahl Flaschen pro Jahr: 6000
Beste Jahrgänge: 1999

Domaine Daniel Rion & Fils

Daniel Rion gründete das Familienunternehmen 1955 mit nur zwei Hektar Grund in der Gemeinde Vosne-Romanée. Bis 1978 verkaufte er den Wein an Großhändler. Ende der 1970er-Jahre kamen die Söhne dazu und erweiterten das Gut um neue Parzellen. Damals entwickelte sich auch der Direktverkauf in Flaschen.

Bezeichnung: Vosne-Romanée 1er Cru
Anbaufläche und Ort: 1,07 ha in Vosne-Romanée
Rebsorten: Pinot Noir (100%)
Anzahl Flaschen pro Jahr: 5000–6000
Beste Jahrgänge: 1995, 1996, 1998, 1999

Antonin Rodet Propriétaire et négociant

Die berühmte Firma Antonin Rodet wird noch immer von der Familie geleitet, die sie 1875 gegründet hat. Zunächst wurde das Weingut von Veuve Laurent Perrier aufgekauft, dann von der Finanzgruppe Worms. Zu den Tochterdomänen zählen vor allem Château des Perdrix und die Domaine Jacques Prieur.

Bezeichnung: Charmes-Chambertin Grand Cru
Anbaufläche und Ort: Gevrey-Chambertin
Rebsorten: Pinot Noir (100%)
Anzahl Flaschen pro Jahr: keine Angaben
Beste Jahrgänge: 1999, 2002

Weitere große Weine …

Jacques Prieur

Echézeaux
Bezeichnung: Echézeaux Grand Cru
Anbaufläche und Ort: 0,36 ha in Flagey-Echézeaux
Rebsorten: Pinot Noir (100%)
Anzahl Flaschen pro Jahr: 1300
Beste Jahrgänge: 1996, 1997, 1999, 2000

Jean Raphet & Fils

Chambertin Clos de Bèze
Bezeichnung: Chambertin Clos-de-Bèze Grand Cru
Anbaufläche und Ort: 0,2 ha in Morey-Saint-Denis
Rebsorten: Pinot Noir (100%)
Anzahl Flaschen pro Jahr: 1100
Beste Jahrgänge: 1999

Daniel Rion

Nuits-Saint-Georges 1er Cru Les Vignes Rondes
Bezeichnung: Nuits-Saint-Georges 1er Cru
Anbaufläche und Ort: 0,47 ha in Nuits-Saint-Georges
Rebsorten: Pinot Noir (100%)
Anzahl Flaschen pro Jahr: 2500–2800
Beste Jahrgänge: 1995, 1996, 1998, 1999

La Romanée-Conti

La Tâche
Bezeichnung: La Tâche Grand Cru
Anbaufläche und Ort: 6,06 ha in Vosne-Romanée
Rebsorten: Pinot Noir (100%)
Anzahl Flaschen pro Jahr: ca. 20 000
Beste Jahrgänge: 1990, 1996, 1999

La Romanée-Conti

Die Parzelle Romanée-Conti wurde im 15. Jahrhundert von den Mönchen des Klosters von Saint-Vivant geschaffen. Seit 1580 veränderte sich die Größe nicht um einen Zentimeter. Aubert de Villaine ist heute einer der Besitzer, gemeinsam mit der Familie Leroy. Die Domäne, die einst vom Prinzen Conti geführt wurde, produziert jedes Jahr nur 6000 Flaschen dieses legendären Weines.

Bezeichnung: Romanée-Conti Grand Cru
Anbaufläche und Ort: 1,8 ha in Vosne-Romanée
Rebsorten: Pinot Noir (100%)
Anzahl Flaschen pro Jahr: 6000
Beste Jahrgänge: 1990, 1996, 1999

Domaine G. Roumier

Im Jahre 1924 übernahm Georges Roumier die Leitung der Domäne seiner Frau. Er verkaufte den wesentlichen Teil seiner Produktion an örtliche Großhändler. 1945 begann er mit der Flaschenabfüllung auf dem eigenen Gut. 1961 übernahm sein Sohn die Leitung und kaufte weitere Weinberge dazu. 1982 trat dessen Sohn in die Firmenleitung ein.

Bezeichnung: Musigny Grand Cru
Anbaufläche und Ort: 0,09 ha südöstlich von Chambolle-Musigny
Rebsorten: Pinot Noir (100%)
Anzahl Flaschen pro Jahr: 450
Beste Jahrgänge: 1996, 1999, 2001, 2002

Armand Rousseau

Armand Rousseau gründete die Domäne zu Beginn des 20. Jahrhunderts und baute sie nach und nach aus. Seit 1959 hat sein Sohn die Leitung inne. Er vergrößerte den Besitz um weitere Parzellen in den besten Lagen. Vor allem kümmerte er sich um den Export ins Ausland. Heute unterstützen ihn sein Sohn Eric beim Anbau und der Weinbereitung und seine Tochter Corinne im Marketing.

Bezeichnung: Chambertin Clos-de-Bèze Grand Cru
Anbaufläche und Ort: 1,4 ha
Rebsorten: Pinot Noir (100%)
Anzahl Flaschen pro Jahr: ca. 5300
Beste Jahrgänge: 1993, 1995, 1996, 1999

Trapet Père & Fils

Arthur Trapet kaufte 1919 die erste Parzelle in der Lage Chambertin. Der Großvater der heutigen Besitzer rettete damals den Weinberg vor der Reblaus, indem er die alten Stöcke herausriss und sie durch amerikanische Veredelungs-Unterlagen ersetzte. Der Ort Gevrey darf übrigens seit 1847 den prestigeträchtigen Zusatz »Chambertin« tragen.

Bezeichnung: Chambertin Grand Cru
Anbaufläche und Ort: 1,9 ha in Gevrey-Chambertin
Rebsorten: Pinot Noir (100%)
Anzahl Flaschen pro Jahr: 5000
Beste Jahrgänge: 1904, 1933, 1949, 2002

Domaine Comte Georges de Vogüé

Man muss bis ins Jahr 1528 zurückgehen, um auf die ersten Spuren dieser berühmten Domäne zu stoßen. Damals war sie im Besitz eines gewissen Millières. 50 Jahre später ging sie in die Hände der Familie Bouhier über. 1766 heiratete Catherine Bouhier den Grafen de Vogüé, dessen Nachfahren heute noch Besitzer der Domäne sind, derzeit die Baronne Bertrand de Ladoucette.

Bezeichnung: Musigny Grand Cru
Anbaufläche und Ort: 7,2 ha
Rebsorten: Pinot Noir (100%)
Anzahl Flaschen pro Jahr: rund 11 000
Beste Jahrgänge: keine Angaben

Weitere große Weine …

Domaine G. Roumier

Chambolle-Musigny 1er Cru Les Amoureuses
Bezeichnung: Chambolle-Musigny 1er Cru
Anbaufläche und Ort: 0,39 ha oberhalb von Musigny
Rebsorten: Pinot Noir (100%)
Anzahl Flaschen pro Jahr: ca. 1600
Beste Jahrgänge: 1990, 1995, 1996, 1999

Armand Rousseau

Clos Saint Jacques
Bezeichnung: Gevrey-Chambertin
Anbaufläche und Ort: 2,22 ha in Gevrey-Chambertin
Rebsorten: Pinot Noir (100%)
Anzahl Flaschen pro Jahr: 8000
Beste Jahrgänge: 1993, 1995,1996, 1999

Domaine Comte Georges de Vogüé

Bonnes Mares
Bezeichnung: Bonnes-Mares Grand Cru
Anbaufläche und Ort: 2,7 ha
Rebsorten: Pinot Noir (100%)
Anzahl Flaschen pro Jahr: ca. 5000
Beste Jahrgänge: keine Angaben

Côte de Beaune

Die Côte de Beaune erstreckt sich zwischen Ladoix und Santenay über 25 km und ist damit nur ein paar Kilometer länger als die Côte de Nuits. Wir stoßen hier auf so berühmte Namen wie Pommard, Volnay, Meursault oder Montrachet. Die Côte de Beaune ist gemäßigter, etwas mehr nach Westen gewandt und somit eher feuchten Winden ausgesetzt, was zu einer früheren Reifung der Reben führt.

An der Côte de Beaune wachsen große Rotweine neben den berühmtesten Weißweinen. An der Côte de Nuits hingegen treffen wir ohne Zweifel auf die besten Rotweine. Aber ebenso unbestritten ist, dass die Côte de Beaune bei den Weißen, insbesondere bei der illustren Lage Montrachet, an erster Stelle steht. Der Meursault, ein weiterer berühmter Weißwein aus dem Burgund, soll seinen Namen einem Geländeeinschnitt verdanken, der »Saut de Rat« heißt, auf Lateinisch »muris saltus«.

Im Norden von Beaune sind die Böden ziemlich tiefgründig und dunkel und ruhen auf Decken des oberen Bathonien. Im Süden stehen eher kiesige Böden auf kalkigem Untergrund. Das rechtfertigt die Unterteilung in ein Rotweingebiet im Norden und ein Weißweingebiet im Süden. Zwischen den beiden liegt der Weinberg von Volnay auf steinigem tonig-kalkigem Untergrund, auf dem sehr elegante Rotweine wachsen.

An der Côte de Beaune findet der Weinbau auf größeren Höhen statt als an der Côte de Nuits; er kann bis in 400 Meter Höhe und sogar noch darüber reichen. Das Gebiet wird von breiten Tälern durchschnitten, etwa dem von Pernand-Vergelesses, das, im Norden von Beaune gelegen, mit der berühmten Montagne de Corton die Grenze zwischen den beiden burgundischen Côtes markiert.

Wie in der Côte de Nuits wird auch hier der Weinberg jedes Dorfes in verschiedene »Climats« aufgeteilt. Die besten Climats dürfen zusammen mit dem Gemeindenamen in der Appellation genannt werden. In der Hauptstadt Beaune findet jedes Jahr die Weinauktion der Hospices de Beaune statt, die zahlreiche Besucher anlockt.

Der Weinberg von Aloxe-Corton liegt am Fuß der Montagne de Corton.

Domaine Amiot Guy et Fils

Im Jahre 1920 verliebte sich Arsène Amiot in das Hügelgebiet von Chassagne-Montrachet und kaufte dort zwei Hektar. Er vertraute sie einem Winzer an, dem »Père Robe«. In den 1930er-Jahren begann er mit dem Direktverkauf seiner Weine in Paris. Später übernahm sein Sohn die Domäne und vergrößerte sie. Heute wird sie von dessen Sohn Guy geleitet.

Bezeichnung: Montrachet Grand Cru
Anbaufläche und Ort: 0,04 ha in Chassagne-Montrachet
Rebsorten: Chardonnay (100%)
Anzahl Flaschen pro Jahr: 500–600
Beste Jahrgänge: 1996, 1997

Domaine Marquis d'Angerville

Im Jahre 1804 brachte der Baron de Mesnil um den Clos des Ducs in »Vollenay« mehrere Parzellen des alten Weinbergs der Herzöge von Burgund in seinen Besitz. Nach der Reblauskrise widmete der Urenkel des Barons, der Marquis d'Angerville, selbst Gründungsmitglied des INAO, sein Leben der Aufgabe, die Domäne wieder mit Pinot Noir zu bestocken.

Bezeichnung: Volnay 1er Cru
Anbaufläche und Ort: Volnay
Rebsorten: Pinot Noir (100%)
Anzahl Flaschen pro Jahr: 9000
Beste Jahrgänge: 1989, 1993, 1995, 1996

Comte Armand

Gegen Ende des 18. Jahrhunderts begründete Nicolas Marey den Clos des Epeneaux. Im Jahre 1828 heiratete seine Tochter Clotilde Jean-François Armand. Der Sohn Ernest sorgte für die weitere Kontinuität. Das Weingut wird heute von einem Kanadier geleitet, Pascal Marchand.

Bezeichnung: Pommard 1er Cru
Anbaufläche und Ort: 5,2 ha (Monopol) nördlich von Pommard
Rebsorten: Pinot Noir (100%)
Anzahl Flaschen pro Jahr: 20 000
Beste Jahrgänge: 1990, 1993, 1996, 1999

Weitere große Weine ...

Domaine Amiot Guy et Fils

Puligny-Montrachet »Les Demoiselles«
Bezeichnung: Puligny-Montrachet 1er Cru
Anbaufläche und Ort: 0,3 ha in Puligny-Montrachet
Rebsorten: Chardonnay (100%)
Anzahl Flaschen pro Jahr: 1000–1200
Beste Jahrgänge: 1996, 1997

Domaine Marquis d'Angerville

Volnay Taillepieds 1er Cru
Bezeichnung: Volnay 1er Cru
Anbaufläche und Ort: 1,07 ha in Volnay
Rebsorten: Pinot Noir (100%)
Anzahl Flaschen pro Jahr: 6000
Beste Jahrgänge: 1990, 1993, 1995, 1996

Domaine d'Auvenay

Puligny-Montrachet Les Folatières
Bezeichnung: Puligny-Montrachet 1er Cru
Anbaufläche und Ort: 0,27 ha in Puligny-Montrachet
Rebsorten: Chardonnay (100%)
Anzahl Flaschen pro Jahr: ca. 1000
Beste Jahrgänge: 1989, 1996, 1998, 2000

Domaine Bouchard Père & Fils

Corton-Charlemagne Grand Cru
Bezeichnung: Corton-Charlemagne Grand Cru
Anbaufläche und Ort: 3,25 ha in Aloxe-Corton
Rebsorten: Chardonnay (100%)
Anzahl Flaschen pro Jahr: 17 300
Beste Jahrgänge: 1996, 1998, 2000

Domaine Chandon de Briailles

Ile des Vergelesses 1er Cru
Bezeichnung: Pernand-Vergelesses 1er Cru
Anbaufläche und Ort: 1 ha
Rebsorten: Chardonnay (100%)
Anzahl Flaschen pro Jahr: 6000
Beste Jahrgänge: 1990, 1995, 1999

Domaine d'Auvenay

Die Verfahren der »Biodynamik« gehen davon aus, dass der Untergrund, der Boden und die Pflanzen gleichermaßen Lebewesen sind – das schließt den Gebrauch von Herbiziden, Fungiziden, Insektiziden und anderen synthetischen Pestiziden aus. Man arbeitet im Weinberg mit Pferden. Alle biodynamischen Anwendungen gegen Schädlinge kommen ohne Maschinen aus.

Bezeichnung: Chevalier-Montrachet Grand Cru
Anbaufläche und Ort: 0,16 ha in Puligny-Montrachet
Rebsorten: Chardonnay (100%)
Anzahl Flaschen pro Jahr: ca. 650
Beste Jahrgänge: 1996, 1998, 2000, 2002

Bonneau du Martray

Das von M. Bonneau-Véry gegründete Unternehmen wechselte zwar die Linie, blieb aber im Besitz der Familie: 1969 übertrug es René Bonneau du Martray, der ohne direkten Erben geblieben war, auf seine Nichte, die Comtesse Le Bault de La Morinière. Deren Sohn Jean-Charles übernahm nach ihr die Leitung.

Bezeichnung: Cortin-Charlemagne Grand Cru
Anbaufläche und Ort: 9,5 ha in Pernand-Vergelesses und Aloxe-Corton
Rebsorten: Chardonnay (100%)
Anzahl Flaschen pro Jahr: 50 000
Beste Jahrgänge: keine Angaben

Die Auktion der Hospices de Beaune

Die einstige Residenzstadt der Herzöge von Burgund ist auf der ganzen Welt berühmt für die jährliche Weinversteigerung, die von den »Hospices« durchgeführt wird. Dieses Hospiz hatte früher seinen Sitz im Hôtel Dieu, das der Kanzler Nicolas Rolin 1443 in Beaune in burgundisch-flämischem Stil errichten ließ. Es fällt durch sein steiles buntes Schieferdach auf und ist bis auf den heutigen Tag fast unverändert. Es dient allerdings nicht mehr als Krankenhaus, sondern als Museum. Die Hospices de Beaune sind aber weiterhin Träger eines modernen Krankenhauses, insbesondere für ältere Patienten.

Im Laufe der Jahrhunderte erhielt das Hospiz zahlreiche Schenkungen: bis heute 67 Hektar Weinberg in renommierten Appellationen wie Aloxe-Corton, Pommard, Beaune, Monthélie, Auxey-Duresses oder Meursault. Am dritten Sonntag im November werden die noch jungen Weine zugunsten wohltätiger Zwecke versteigert. Mit dem Erlös betreibt man das Krankenhaus und erhält das Hôtel Dieu.

Domaine Bouchard Père & Fils

Das Haus Bouchard war immer darauf bedacht, benachbarte Parzellen aufzukaufen und daraus größere Clos zu bilden. Zwischen 1850 und 1858 kaufte es die ersten Weinberge in der großen Lage Chevalier-Montrachet. Das Weingut ist heute der bedeutendste Grundbesitzer in diesem Climat.

Bezeichnung: Chevalier-Montrachet Grand Cru
Anbaufläche und Ort: 0,19 ha. »La Cabotte« ist eine kleine Parzelle
Rebsorten: Chardonnay (100%)
Anzahl Flaschen pro Jahr: 1000
Beste Jahrgänge: 1992, 1997, 2000

Domaine Chandon de Briailles

Die Domäne besitzt die besten Parzellen von Pernand-Vergelesses und Savigny. Besonders berühmt ist sie aber für ihre wundervollen Crus in Corton, deren Namen wie eine Symphonie klingen: Les Maréchaudes, Les Bressandes, Le Clos du Roi oder Charlemagne. Als Firmensitz dient ein Landhaus, das seit 1834 in Familienbesitz ist.

Bezeichnung: Corton Grand Cru
Ort: Savigny-lès-Beaune
Rebsorten: Chardonnay (100%)
Anzahl Flaschen pro Jahr: 6000
Beste Jahrgänge: 1990, 1995, 1999

Domaine Jean Chartron

Im Dorf Puligny-Montrachet dreht sich alles um den Wein und die Weinberge. Sie liegen am unteren Teil des Abhangs, am Fuß einer 353 Meter hohen Erhebung, geschützt vor den Winden aus dem Norden. Der Winzer Jean-René Chartron lässt seine Weine von der Société de Négociants Chartron et Trébuchet vertreiben.

Bezeichnung: Chevalier-Montrachet Grand Cru
Anbaufläche und Ort: 0,55 ha in Puligny-Montrachet, oben auf dem Hügel
Rebsorten: Chardonnay (100%)
Anzahl Flaschen pro Jahr: 2600
Beste Jahrgänge: 1990, 1999

Jean-François Coche-Dury

Nach dem Zweiten Weltkrieg stürzte sich Monsieur Coche in das Abenteuer Weinbau und kaufte einige Parzellen in einer Appellation, die damals kaum bekannt war: Meursault. 1964 gelang es einem seiner drei Söhne, dem er einen Teil der Domäne überlassen hatte, sein Erbe zum Blühen zu bringen. 1972 trat dessen Sohn Jean-François in die Fußstapfen des Vaters.

Bezeichnung: Meursault 1er Cru
Anbaufläche und Ort: Meursault auf den Anhöhen
Rebsorten: Chardonnay (100%)
Anzahl Flaschen pro Jahr: ca. 2000
Beste Jahrgänge: 1979, 1986, 1996, 2001

Marc Colin et Fils

Marc Colin vertritt die vierte Generation von Winzern seiner Familie. Zusammen mit seiner Frau Michèle besitzt er 8,2 Hektar, davon 0,17 Hektar des renommierten Montrachet Grand Cru. Von diesem Wein sagte Alexandre Dumas, man müsse ihn »kniend und mit entblößtem Haupt« trinken.

Bezeichnung: Montrachet Grand Cru
Anbaufläche und Ort: 0,17 ha in der Lage »Les Dents de Chiens« von Chassagne
Rebsorten: Chardonnay (100%)
Anzahl Flaschen pro Jahr: 500–600
Beste Jahrgänge: 1979, 1985, 1999, 2002

Michel Colin-Deléger et Fils

Die Domäne wurde in den 1940er-Jahren gegründet, der Firmensitz befindet sich in Chassagne-Montrachet. Die Premier Crus von Montrachet liegen am Abhang zwischen denen von Meursault im Norden und den Grands Crus von Montrachet im Süden, in die sich wiederum Puligny-Montrachet und Chassagne-Montrachet teilen.

Bezeichnung: Puligny-Montrachet 1er Cru
Anbaufläche und Ort: 0,15 ha in Chassagne-Montrachet
Rebsorten: Chardonnay (100%)
Anzahl Flaschen pro Jahr: 900–1000
Beste Jahrgänge: 1992, 1995, 1996, 2001

Joseph Drouhin

Der Boden dieses Cru ist rotbraun und von eckigen Bruchstücken eines weißen glatten Kalksteins übersät. Die Hangneigung ist gering, mit ausgezeichneter Exposition nach Süden. Zu Beginn des 18. Jahrhunderts gehörten die Weinberge von Montrachet den Seigneurs de Chassagne. Einer ihrer Nachkommen trägt den Namen Marquis de Laguiche.

Bezeichnung: Montrachet Grand Cru
Anbaufläche und Ort: 2,06 ha
Rebsorten: Chardonnay (100%)
Anzahl Flaschen pro Jahr: keine Angaben
Beste Jahrgänge: 1978, 1985, 1989, 1990

Maurice Écard et Fils

Das Familienunternehmen liegt ganz im Gemeindegebiet von Savigny-lès-Beaune. Es besitzt acht Parzellen in Premiers Crus. Das Weinanbaugebiet von Savigny ist zweigeteilt: Der eine Teil liegt östlich vom Dorf und ist nach Süden exponiert. Der Teil weiter im Süden blickt eher nach Osten. Im Westen des Dorfes steigt das Tal des Rhoin zu einem Kessel mit bewaldeten Hügeln an.

Bezeichnung: Savigny-lès-Beaune 1er Cru
Anbaufläche und Ort: 3 ha in Savigny-lès-Beaune
Rebsorten: Pinot Noir (100%)
Anzahl Flaschen pro Jahr: 12 000–16 000
Beste Jahrgänge: 1978, 1990, 1995, 1999

Domaine Vincent Girardin

Der Ort Santenay ist in Frankreich nicht nur für seinen Wein, sondern auch für sein stark salzhaltiges lithiumoxidreiches Mineralwasser bekannt. Vincent Girardin produziert hier eine ganze Palette von Weinen, die beweisen, dass die Côte de Beaune ebenso gute Rotweine wie Weißweine hervorbringt.

Bezeichnung: Chassagne-Montrachet 1er Cru
Anbaufläche und Ort: 1,1 ha in Chassagne-Montrachet
Rebsorten: Chardonnay (100%)
Anzahl Flaschen pro Jahr: 6000
Beste Jahrgänge: 1999, 2000

Weitere große Weine …

Domaine Jean Chartron

Puligny-Montrachet 1er Cru »Clos du Cailleret«
Bezeichnung: Puligny-Montrachet 1er Cru
Anbaufläche und Ort: 2,05 ha in Puligny-Montrachet
Rebsorten: Chardonnay (100%)
Anzahl Flaschen pro Jahr: 10 000
Beste Jahrgänge: 1990, 1999

Jean-François Coche-Dury

Corton-Charlemagne
Bezeichnung: Corton-Charlemagne Grand Cru
Anbaufläche und Ort: Aloxe-Corton
Rebsorten: Chardonnay (100%)
Anzahl Flaschen pro Jahr: 1800
Beste Jahrgänge: 1986, 1995, 1996, 2001

Marc Colin et Fils

Chassagne-Montrachet 1er Cru Les Caillerets
Bezeichnung: Chassagne-Montrachet 1er Cru
Anbaufläche und Ort: 0,9 ha in der Lage »Les Dents de Chiens« von Chassagne
Rebsorten: Chardonnay (100%)
Anzahl Flaschen pro Jahr: 4000–5500
Beste Jahrgänge: 1979, 1992, 1998, 1999

Michel Colin Déléger et Fils

Chevalier-Montrachet Grand Cru
Bezeichnung: Chevalier-Montrachet Grand Cru
Anbaufläche und Ort: 0,16 ha
Rebsorten: Chardonnay (100%)
Anzahl Flaschen pro Jahr: ca. 950
Beste Jahrgänge: 1992, 1996, 1999, 2001

Domaine Vincent Girardin

Die Domäne bezeichnet sich als »Propriétaire-Récoltant«, d. h., dass sie Trauben von eigenem Grund weiterverarbeitet. Sie besitzt in sieben Gemeinden der Côte de Beaune Weinberge. Der Firmensitz liegt aber in Santenay. Seit elf Generationen vererbt sich in der Familie Girardin das Winzerhandwerk vom Vater auf den Sohn.

Bezeichnung: Corton Renardes Grand Cru
Anbaufläche und Ort: 0,7 ha
Rebsorten: Pinot noir (100%)
Anzahl Flaschen pro Jahr: 2500
Beste Jahrgänge: 1999, 2000

Louis Jadot

Das Unternehmen besitzt über 140 Hektar, ausschließlich im Burgund. Unter den vielen renommierten Weinen ist auch ein Montrachet Grand Cru zu finden, den man sehr gut lagern kann. Die alkoholische Gärung erfolgt in Eichenfässern. Dann reift der Wein weitere 18 bis 20 Monate in Fässern und wird anschließend in Flaschen abgefüllt.

Bezeichnung: Montrachet Grand Cru
Anbaufläche und Ort: zwischen den Gemeinden Puligny-Montrachet und Chassagne-Montrachet
Rebsorten: Chardonnay (100%)
Anzahl Flaschen pro Jahr: sehr unterschiedlich
Beste Jahrgänge: keine Angaben

Das schräg einfallende Licht hebt das dunkle Grün der Rebzeilen und das Rotbraun des Bodens hervor (folgende Doppelseite).

Weitere große Weine …

Joseph Drouhin

Bâtard-Montrachet
Bezeichnung: Bâtard-Montrachet Grand Cru
Anbaufläche und Ort: 0,09 ha
Rebsorten: Chardonnay (100%)
Anzahl Flaschen pro Jahr: keine Angaben
Beste Jahrgänge: 1985, 1989, 1990, 1992

Louis Jadot

Chevalier-Montrachet Les Demoiselles
Bezeichnung: Chevalier-Montrachet Grand Cru
Anbaufläche und Ort: 0,5 ha in Puligny-Montrachet
Rebsorten: Chardonnay (100%)
Anzahl Flaschen pro Jahr: wechselnd
Beste Jahrgänge: keine Angaben

Domaine Rémi Jobard

Meursault 1er Cru Les Genevrières
Bezeichnung: Meursault 1er Cru
Anbaufläche und Ort: Mitten in der Lage Les Genevrières
Rebsorten: Chardonnay (100%)
Anzahl Flaschen pro Jahr: 3000
Beste Jahrgänge: 1992, 1995, 1999

Domaine Michel Lafarge

Volnay Clos du Château des Ducs 1er Cru
Bezeichnung: Volnay 1er Cru
Anbaufläche und Ort: 0,57 ha in Volnay
Rebsorten: Pinot Noir (100%)
Anzahl Flaschen pro Jahr: ca. 2800
Beste Jahrgänge: 1996, 1999, 2000

Domaine des Comtes Lafon

Volnay Champans 1er Cru
Bezeichnung: Volnay 1er Cru
Anbaufläche und Ort: 0,5 ha in Volnay
Rebsorten: Pinot Noir (100%)
Anzahl Flaschen pro Jahr: ca. 2000
Beste Jahrgänge: 1990, 1993, 1997, 1999

Patrick Javillier

Die Weinberge, die Patrick Javillier derzeit seine Trauben liefern, stammen zu 30 Prozent von seinen Eltern, deren Nachfolge er 1976 antrat, zu 25 Prozent von den Schwiegereltern, die aus Savigny-lès-Beaune stammen, zu 30 Prozent aus eigenen Ankäufen und zu 15 Prozent aus Pachtverträgen.

Bezeichnung: Meursault
Anbaufläche und Ort: 0,36 ha in Meursault
Rebsorten: Chardonnay (100%)
Anzahl Flaschen pro Jahr: 2500
Beste Jahrgänge: 1992, 1994, 1996, 2000

Domaine Rémi Jobard

Im Ort Meursault gibt es mehrere Weinbaubetriebe, die Jobard heißen. Das Gut, das früher Pierre Jobard leitete, trägt den Namen François Jobard. Man muss aber auch seinen Neffen Rémi Jobard erwähnen, dessen Weinbereitungsverfahren sich deutlich von der Tradition absetzen.

Bezeichnung: Meursault
Anbaufläche und Ort: 0,16 ha in Meursault, in der Lage Les Charmes-Dessus
Rebsorten: Chardonnay (100%)
Anzahl Flaschen pro Jahr: ca. 1000
Beste Jahrgänge: 1992, 1995, 1999

Domaine Michel Lafarge

Von der Esplanade unterhalb der kleinen Kirche von Volnay, die man an ihrem gedrungenen Glockenturm erkennt, hat man einen wundervollen Blick über die Weinberge. Schon Ludwig XI. schätzte diese Weine sehr. Einer der heutigen Spezialisten ist Michel Lafarge, besonders mit seiner Parzelle im Clos de Chênes, die knapp ein Hektar groß ist.

Bezeichnung: Volnay 1er Cru
Anbaufläche und Ort: 0,57 ha in Volnay
Rebsorten: Pinot Noir (100%)
Anzahl Flaschen pro Jahr: ca. 2800
Beste Jahrgänge: 1996, 1999, 2000

Domaine des Comtes Lafon

Im Jahre 1894 gründete Jules Lafon diese Domäne. Er heiratete nämlich ein Mädchen aus Meursault. Als er 1940 starb, war aus seinem Gut eine große Domäne geworden, die seine beiden Söhne erbten. Aber erst sein Enkel René gab ihr den alten Glanz zurück. Das Gut steht heute unter der Leitung von Dominique Lafon.

Bezeichnung: Meursault-Perrières 1er Cru
Anbaufläche und Ort: 0,75 ha in Meursault, Parzelle Perrières Dessous
Rebsorten: Chardonnay (100%)
Anzahl Flaschen pro Jahr: ca. 3900
Beste Jahrgänge: 1990, 1996, 1999, 2000

Domaine des Comtes Lafon

Das Städtchen Meursault, das vom gotischen Turmhelm seiner Kirche überragt wird, verdankt seinen Namen einem Einschnitt, der die Côte Meursault von der Côte de Beaune trennt. Man nennt ihn »Saut de Rat«, eine Übersetzung des lateinischen »muris saltus«. Die entsprechenden Weißweine sind gleichzeitig trocken und doch von einer gewissen Süße – und damit einzigartig.

Bezeichnung: Volnay-Santenots
Anbaufläche und Ort: 3,8 ha in Meursault
Rebsorten: Pinot Noir (100%)
Anzahl Flaschen pro Jahr: ca. 14 000
Beste Jahrgänge: 1990, 1997, 1999, 2002

Maison Louis Latour

Bereits im Jahre 1731 besaß die Familie Latour Weinberge in der Umgebung von Beaune. 1867 kam zur Bezeichnung »Propriétaire« (»Besitzer«) noch »Négociant« (»Händler«) dazu. Louis Latour führte damals neue Verfahren zur Reifung burgundischer Weißweine ein. Er füllte sie zum Beispiel sehr viel früher in Flaschen ab.

Bezeichnung: Montrachet Grand Cru
Anbaufläche und Ort: 0,8 ha in Puligny-Montrachet
Rebsorten: Chardonnay (100%)
Anzahl Flaschen pro Jahr: 3600
Beste Jahrgänge: 1990, 1992, 1997, 1999

Domaine Leflaive

Bereits 1580 gab es in Cissey einen Marc Leflaive. Die heutige Linie der Leflaive begann jedoch erst 1717 in Puligny mit Claude. Joseph Leflaive schuf die Domäne zwischen 1920 und 1953. Seine vier Kinder hielten sie zusammen, indem sie 1973 ein Familienunternehmen gründeten. Es wird heute von Anne-Claude geleitet, der Tochter von Vincent Leflaive.

Bezeichnung: Chevalier-Montrachet Grand Cru
Anbaufläche und Ort: 1 ha in Puligny-Montrachet
Rebsorten: Chardonnay (100%)
Anzahl Flaschen pro Jahr: 9000
Beste Jahrgänge: 1992, 1996, 1999, 2002

Domaine de Montille

Als Hubert de Montille in den 1950er-Jahren das Familienunternehmen übernahm, war es drei Hektar groß, und die Weine gingen ohne eigenes Etikett in den Weinhandel. 40 Jahre lang arbeitet er daran, seinen eigenen Stil durchzusetzen. Dabei half ihm später auch sein Sohn Etienne, der 1990 das Ruder übernahm.

Bezeichnung: Pommard 1er Cru
Anbaufläche und Ort: 1 ha in Pommard
Rebsorten: Pinot Noir (100%)
Anzahl Flaschen pro Jahr: 5000
Beste Jahrgänge: 1985, 1996, 1999, 2002

Domaine Marc Morey & Fils

Drei Männer haben die Domäne, die heute neun Hektar umfasst, aufgebaut: Fernand Morey, Marc Morey und Bernard Mollard, der Schwiegersohn von Marc, der zusammen mit seiner Frau das Unternehmen heute leitet. Das Haus liegt im Zentrum des Dorfes und ist eine alte Kutschenstation aus dem 19. Jahrhundert. Die Familie wohnt dort seit mehr als einem Jahrhundert.

Bezeichnung: Puligny-Montrachet 1er Cru
Anbaufläche und Ort: 0,2 ha in Puligny-Montrachet
Rebsorten: Chardonnay (100%)
Anzahl Flaschen pro Jahr: ca. 1300
Beste Jahrgänge: 1990, 1992, 1996, 2002

Pierre Morey

Die Firma Morey-Blanc wurde 1992 gegründet, um Trauben aufzukaufen, Wein herzustellen, ihn auszubauen und zu verkaufen. Zur Aufgabe dieses Betriebes gehört es auch, die Weine der Domäne Pierre Morey auf den Markt zu bringen. Die Winzerfamilie lebt seit 1793 in Meursault und war zuvor in Chassagne-Montrachet ansässig. Man erzeugt die Weine nach biodynamischen Prinzipien.

Bezeichnung: Bâtard-Montrachet Grand Cru
Anbaufläche und Ort: 0,48 ha in Puligny-Montrachet
Rebsorten: Chardonnay (100%)
Anzahl Flaschen pro Jahr: 1000–1200
Beste Jahrgänge: 1992, 1995, 1996, 1999

Weitere große Weine …

Maison Louis Latour

Chevalier-Montrachet »Les Demoiselles« Grand Cru
Bezeichnung: Chevalier-Montrachet Grand Cru
Anbaufläche und Ort: 0,5 ha in Puligny-Montrachet
Rebsorten: Chardonnay (100%)
Anzahl Flaschen pro Jahr: 2400
Beste Jahrgänge: 1985, 1992, 1997, 1999

Domaine Leflaive

Bâtard-Montrachet Grand Cru
Bezeichnung: Bâtard-Montrachet Grand Cru
Anbaufläche und Ort: 1,91 ha in Puligny-Montrachet
Rebsorten: Chardonnay (100%)
Anzahl Flaschen pro Jahr: 10 000
Beste Jahrgänge: 1992, 1995, 1996, 1999

Domaine Marc Morey & Fils

Bâtard-Montrachet Grand Cru
Bezeichnung: Bâtard-Montrachet
Anbaufläche und Ort: 0,13 ha in Chassagne-Montrachet
Rebsorten: Chardonnay (100%)
Anzahl Flaschen pro Jahr: ca. 700
Beste Jahrgänge: 1990, 1992, 1996

Pierre Morey

Meursault Perrières 1er Cru
Bezeichnung: Meursault 1er Cru
Anbaufläche und Ort: 0,5 ha zwischen Meursault und Puligny-Montrachet, in der Lage Les Perrières Dessous
Rebsorten: Chardonnay (100%)
Anzahl Flaschen pro Jahr: 2500–3000
Beste Jahrgänge: 1992, 1995, 1996, 1999

Weitere große Weine …

Albert Morot

Beaune 1er Cru Les Teurons
Bezeichnung: Beaune 1er Cru
Anbaufläche und Ort: 0,98 ha in Beaune
Rebsorten: Pinot Noir (100%)
Anzahl Flaschen pro Jahr: 4500
Beste Jahrgänge: 1992, 1993, 1996, 1999

Château de Puligny-Montrachet

Chevalier-Montrachet Grand Cru
Bezeichnung: Chevalier-Montrachet Grand Cru
Anbaufläche und Ort: 0,25 ha in Puligny-Montrachet
Rebsorten: Chardonnay (100%)
Anzahl Flaschen pro Jahr: 1100
Beste Jahrgänge: 1999, 2000, 2001

Guy Roulot

Meursault Charmes 1er Cru
Bezeichnung: Meursault 1er Cru
Anbaufläche und Ort: 0,26 ha in Meursault
Rebsorten: Chardonnay (100%)
Anzahl Flaschen pro Jahr: 1500
Beste Jahrgänge: 1992, 1996, 1999, 2000

Domaine Tollot-Beaut

Aloxe-Corton Les Fournières 1er Cru
Bezeichnung: Aloxe-Corton 1er Cru
Anbaufläche und Ort: 0,88 ha in Aloxe-Corton
Rebsorten: Pinot Noir (100%)
Anzahl Flaschen pro Jahr: 5000
Beste Jahrgänge: 1996, 1999

Albert Morot

Der Weinhändler Albert Morot gründete das Unternehmen 1820 im Herzen von Beaune. Seine Tochter kaufte um 1885 mehrere Weinberge und ließ das Château de la Creusotte mit seinen Kelleranlagen bauen. So bekam die Firma den Titel »Propriétaire-Récoltant«. Eine Nachfahrin, Françoise Choppin, übernahm den Betrieb 1984. Seit 2000 steht er unter der Leitung eines ihrer Neffen.

Bezeichnung: Beaune 1er Cru
Anbaufläche und Ort: 1,27 ha in Beaune
Rebsorten: Pinot Noir (100%)
Anzahl Flaschen pro Jahr: 5500
Beste Jahrgänge: 1992, 1993, 1996, 1999

Domaine Jacques Prieur

Martin Prieur ist der Enkel von Jacques Prieur, dem Gründer der Domäne. Mit Unterstützung von Nadine Gublin, Önologin des Hauses Antonin Rodet, gab er dem Unternehmen seinen früheren Glanz zurück. Er ist der festen Überzeugung, dass die Qualität der Burgunder im gleichen Maß zugenommen hat wie die Kompetenz seiner Kunden.

Bezeichnung: Chevalier-Montrachet Grand Cru
Anbaufläche und Ort: 0,14 ha in Puligny-Montrachet
Rebsorten: Chardonnay (100%)
Anzahl Flaschen pro Jahr: 600
Beste Jahrgänge: 1992, 1995 (außergewöhnlich)

Château de Puligny-Montrachet

Die Domäne, die dem Crédit Foncier gehörte, wurde 2001 von Etienne de Montille übernommen, der die gleichnamige Domäne in Volnay besitzt. Das Château aus der Zeit Ludwig XIV. restaurierte man zur Zeit des Empire. Die letzte Renovierung fand 1989 statt. In den 1950er-Jahren wohnte hier der Dichter und Winzer Roland Thévenin, der im Schloss die Berühmtheiten seiner Zeit empfing.

Bezeichnung: Bâtard-Montrachet Grand Cru
Anbaufläche und Ort: 0,04 ha in Chassagne
Rebsorten: Chardonnay (100%)
Anzahl Flaschen pro Jahr: 200
Beste Jahrgänge: 1995, 1999, 2000, 2001

Antonin Rodet

Wenn die Rebsorte Chardonnay eine Hauptstadt haben müsste, wäre dies ohne Zweifel Meursault, denn dort sind 14 Lagen als Premiers Crus eingestuft. Unter den renommierten Climats stehen Les Charmes, Les Genevrières, Les Bouchères und Goutte d'Or ganz vorn – aber alle hinter Les Perrières, das als das beste gilt.

Bezeichnung: Meursault 1er Cru
Anbaufläche und Ort: Meursault
Rebsorten: Chardonnay (100%)
Anzahl Flaschen pro Jahr: keine Angaben
Beste Jahrgänge: keine Angaben

La Romanée-Conti

Im Jahre 1963 hatte Henri Leroy, einer der Direktoren des Aufsichtsrats der Domäne, die Gelegenheit, vom Comte de Moucheron ein Stück Land in der Lage Montrachet zu kaufen. Es erschien ihm von Interesse, dass die Domaine de La Romanée-Conti auch über einen Weinberg verfügen sollte, der zur größten Weißweinappellation des Burgund zählt.

Bezeichnung: Montrachet Grand Cru
Anbaufläche und Ort: 0,67 ha in Chassagne-Montrachet
Rebsorten: Chardonnay (100%)
Anzahl Flaschen pro Jahr: 3000
Beste Jahrgänge: 1990, 1991, 1996, 1998

Guy Roulot

Das Melderegister der Gemeinde Meursault führt für das Jahr 1827 die Heirat zwischen dem Winzer Hugues Roulot und Marguerite Noudon auf. Das ist die älteste Spur der Familie. Guillaume, Paul, Paul-Guillaume und schließlich Guy, der Gründer der Domäne Ende der 1950er-Jahre, verfolgten alle dasselbe Ziel. An der Spitze des Unternehmens stehen heute die Kinder.

Bezeichnung: Meursault 1er Cru
Anbaufläche und Ort: 0,27 ha in Meursault
Rebsorten: Chardonnay (100%)
Anzahl Flaschen pro Jahr: 1500
Beste Jahrgänge: 1989, 1992, 1996, 1999

Domaine Tollot-Beaut

Die Domäne baut ihre unterschiedlichen Weine in Fässern aus französischer Eiche aus, die unter anderem aus den Wäldern von Bertranges und des Départements Allier stammen. Die Weine verbringen aber nicht die gesamte Zeit in neuen Fässern. Die großen Crus von Corton kommen zum Beispiel rund zwei Drittel der Zeit in neue Fässer.

Bezeichnung: Corton-Charlemagne Grand Cru
Anbaufläche und Ort: 0,24 ha in Aloxe-Corton
Rebsorten: Chardonnay (100%)
Anzahl Flaschen pro Jahr: 1300
Beste Jahrgänge: 1990, 1992, 1996, 1999

Domaine Tollot-Beaut

Das Familienunternehmen entstand Ende des 19. Jahrhunderts und besaß Weinberge in Chorey. Dann expandierte es bis nach Beaune und Aloxe-Corton. Heute kümmern sich drei Cousins um die 24 Hektar aus verschiedenen Appellationen, darunter auch Corton-Bressandes, das in den 1930er-Jahren aufgekauft wurde. Die Weine der Domäne werden vor allem in angelsächsischen Ländern vertrieben.

Bezeichnung: Corton-Bressandes Grand Cru
Anbaufläche und Ort: 0,91 ha in Aloxe-Corton
Rebsorten: Pinot Noir (100%)
Anzahl Flaschen pro Jahr: 4800
Beste Jahrgänge: 1985, 1990, 1996, 1999

*Die Montagne de Corton (links) ist ideal für Chardonnay,
während sich die mergeligen Böden von Aloxe-Corton vor allem für Pinot Noir eignen.*

Côte Chalonnaise und Mâcon

Die Hügelkette des Chalonnais, deren Namen auf die Kleinstadt Chalon-sur-Saône wenige Kilometer westlich der Weinberge zurückgeht, scheint die Côte de Beaune nach Süden zu verlängern. Die Weine zeigen denn auch durchaus Gemeinsamkeiten mit ihren illustren Nachbarn, können mit ihnen aber nicht gleichziehen. Der geologische Aufbau des Chalonnaise ist sehr viel weniger homogen als der der Côte d'Or. Das Muttergestein besteht aus Kalken und Mergeln unterschiedlicher Herkunft. Die besten Lagen sind im Allgemeinen nach Osten orientiert.

Alle Weine der Côte Chalonnaise haben Anspruch auf die Appellation Contrôlée Bourgogne, besonders die Passetoutgrains (rot) und die Aligotés (weiß). Der berühmteste unter ihnen ist der von Bouzeron: Der kleine Weinberg liegt in einem sonnigen Tal auf Kalkboden, südwestlich von Chagny.

Der größte Teil der Reputation der Côte Chalonnaise geht aber auf vier Crus zurück: Rully, Mercurey, Givry und Montagny. In den drei erstgenannten Gemeinden produziert man Rotweine auf der Grundlage von Pinot Noir und Weißweine aus Chardonnay. Montagny liegt am weitesten südlich, schon nahe beim Mâcon und produziert nur Weißweine, die der Legende nach die Mönche von Cluny sehr mochten.

Das Mâcon oder Mâconnais reicht von Tournus bis zur Grenze des Beaujolais. Das grüne hügelige Land nutzt man in den feuchteren Senken zur Aufzucht der Charolais-Rinder und in den höheren Lagen, auf den Hügeln über der Saône und an den gut exponierten Hängen, zum Weinbau. An den sonnigsten Kalkhängen erntet man die bekanntesten Weißweine, etwa in Pouilly, Solutré, Vinzelles oder Vergisson. Sie werden alle aus der Chardonnay-Rebe gekeltert.

Der Kalkfelsen von Solutré mit seinem markanten Profil dominiert das Weinanbaugebiet Pouilly-Fuissé. Er verlieh einem Abschnitt aus der Altsteinzeit seinen Namen, den »Solutréen«. Die Rotweine und die Rosés, die man für die Appellation Bourgogne aus Pinot Noir und für die Appellation Mâcon aus Gamay Noir à Jus Blanc keltert, stammen von niedrigeren, weniger gut exponierten Lagen.

Weitere große Weine …

Daniel Barraud

Pouilly-Fuissé »La Verchère Vieilles Vignes«
Bezeichnung: Pouilly-Fuissé
Anbaufläche und Ort: 1 ha in Pouilly-Fuissé
Rebsorten: Chardonnay (100%)
Anzahl Flaschen pro Jahr: 5000
Beste Jahrgänge: 1997, 1999, 2000

Domaine Cordier Père & Fils

Pouilly-Fuissé Les Vignes Blanches
Bezeichnung: Pouilly-Fuissé
Anbaufläche und Ort: 1 ha in Fuissé
Rebsorten: Chardonnay (100%)
Anzahl Flaschen pro Jahr: 5000
Beste Jahrgänge: 1996, 1999, 2000

Vincent Dureuil-Janthial

Rully »La Martelle«
Bezeichnung: Rully
Anbaufläche und Ort: 1,07 ha in Rully, in der Lage »La Martelle«
Rebsorten: Chardonnay (100%)
Anzahl Flaschen pro Jahr: 5000
Beste Jahrgänge: 1999, 2000

Domaine Joblot

Givry »Clos du Cellier aux Moines« 1er Cru
Bezeichnung: Givry 1er Cru
Anbaufläche und Ort: 2,5 ha in Givry
Rebsorten: Pinot Noir (100%)
Anzahl Flaschen pro Jahr: ca. 13 000
Beste Jahrgänge: 1991, 1995, 1999, 2001

Domaine Valette

Clos Reyssié Réserve Particulière
Bezeichnung: Pouilly-Fuissé
Anbaufläche und Ort: 0,36 ha in Chaintré
Rebsorten: Chardonnay (100%)
Anzahl Flaschen pro Jahr: ca. 3000
Beste Jahrgänge: keine Angaben

Daniel Barraud

Jede Cuvée, die Daniel und Martine Barraud produzieren, verfolgt das Ziel, die betreffende Lage und das Terroir bestmöglich zum Ausdruck zu bringen. Sie wohnen in Vergisson, wo das Weingebiet stark aufgesplittert ist und von zwei berühmten »Felsen« eingerahmt wird. Die »Parcelle des Crays« neben der »Roche de Vergisson« enthält fast 60 Jahre alte Rebstöcke.

Bezeichnung: Pouilly-Fuissé
Anbaufläche und Ort: 0,65 ha in Vergisson
Rebsorten: Chardonnay (100%)
Anzahl Flaschen pro Jahr: 3000
Beste Jahrgänge: 1997, 1999, 2000, 2002

Domaine de la Bongran – Jean Thévenet

Der Weinberg liegt zu Füßen der Hügel von Quintaine und ist seit dem 15. Jahrhundert in Familienbesitz. Er wurde in dieser Familie von Winzern und Steinmetzen von Generation zu Generation weitervererbt. Die Bezeichnung der Lage, »Bongran«, ist eine Verballhornung von »Bon Grain«. Also ein Kompliment (»gute Struktur«) für einen guten Wein.

Bezeichnung: Mâcon-Villages
Anbaufläche und Ort: 12 ha in Quintaine
Rebsorten: Chardonnay (100%)
Anzahl Flaschen pro Jahr: 55 000–60 000
Beste Jahrgänge: 1989, 1994, 1999, 2000

Domaine Cordier Père & Fils

Man verdankt es einem kleinen Winzer aus Chasselas, einem Dorf, nach dem auch eine Rebsorte benannt ist, dass der Mâcon seit Jahrhunderten in Paris bekannt ist. Er präsentierte seinen Wein Ludwig XIV., und der schätzte ihn sehr. Das gleiche Lob gebührt auch dem Pouilly-Fuissé, den die Domaine Cordier auf ihrem besten Terroir produziert.

Bezeichnung: Pouilly-Fuissé
Anbaufläche und Ort: 1 ha in Fuissé
Rebsorten: Chardonnay (100%)
Anzahl Flaschen pro Jahr: 5000
Beste Jahrgänge: 1996, 1999, 2000, 2002

Vincent Dureuil-Janthial

Vincent Dureuil-Janthial ist Sohn und Enkel eines Winzers und gründete 1994 seine eigene Domäne. Dabei halfen ihm seine Eltern. Sie schenkten ihm zwei Hektar, darunter eine Parzelle im Premier Cru Le Meix Cadot, die sie selbst von ihren Eltern übernommen hatten. Der Vater Raymond ist noch heute aktiver Weinbauer.

Bezeichnung: Rully 1er Cru
Anbaufläche und Ort: 0,44 ha in Rully
Rebsorten: Chardonnay (100%)
Anzahl Flaschen pro Jahr: 2500
Beste Jahrgänge: 1995, 1997, 1999, 2000

Domaine Joblot

Sechs Kilometer südlich von Mercurey liegt der typisch burgundische Marktflecken Givry. Er ist reich an historischen Denkmälern und vor allem für seinen Rotwein bekannt. Man produziert dort pro Jahr rund 10 000 Hektoliter. Die Weißwein-Produktion macht davon nur rund ein Fünftel aus, interessiert aber besonders die Liebhaber von Spezialitäten.

Bezeichnung: Givry 1er Cru
Anbaufläche und Ort: 1 ha in Givry
Rebsorten: Chardonnay (100%)
Anzahl Flaschen pro Jahr: 5500
Beste Jahrgänge: 1990, 1995, 1999, 2002

Domaine Joblot

Das Städtchen Givry ist gallorömischen Ursprungs. Der Ort ist für seine Weine berühmt, die man schon seit Jahrhunderten schätzt. Dem Vernehmen nach trank Heinrich IV. sie jeden Tag und ließ sie zu seinem Schloss Saint-Germain schaffen. Der Givry ist eine exklusive Spezialität des Familienunternehmens Joblot, das heute von Jean-Marc und Vincent geleitet wird.

Bezeichnung: Givry 1er Cru
Anbaufläche und Ort: 2,5 ha in Givry
Rebsorten: Pinot Noir (100%)
Anzahl Flaschen pro Jahr: 13 000
Beste Jahrgänge: 1990, 1995, 1999, 2001

Domaine Valette

Der Clos de Monsieur Noly »Vielles Vignes« gehört zu den außergewöhnlichen Terroirs, die der Domaine Vallette in Chaintré gehören. Das Gut achtet vor allem auf eine Ertragsbegrenzung zur Qualitätssteigerung und auf eine (risikoreiche) Lese zum Zeitpunkt der größten Reife.

Bezeichnung: Pouilly-Fuissé
Anbaufläche und Ort: 2 ha in Chaintré
Rebsorten: Chardonnay (100%)
Anzahl Flaschen pro Jahr: ca. 4000
Beste Jahrgänge: 1996, 1998

Der Felsen von Solutré erhebt sich inmitten der Weinberge von Pouilly-Fuissé.

Champagne

Auf der ganzen Welt gilt Champagner als Synonym für Festlichkeit. Er gehört heute einer universellen Kultur an und ist in China ebenso bekannt wie in Argentinien. Er gilt als Inbegriff der französischen Eleganz und Verführungskunst. Nahezu alle Weinnationen der Welt produzieren heute auch Schaumwein, aber der Champagner wird immer unerreicht bleiben.

Weniger als 200 Kilometer nordöstlich von Paris liegt die Champagne mit den beiden Hauptstädten Reims und Epernay. Die nördlichste Weinbauregion Frankreichs.
Jeder Wein entwickelt bei der Gärung Kohlendioxid, das in Form von Bläschen entweicht. In England entwickelte sich daher die Gewohnheit, diese noch instabilen jungen Weine in Flaschen abzufüllen und diese zu verschließen. So blieb das Kohlendioxid mindestens teilweise gefangen – der perlende Wein war geboren. Es war also nicht Dom Pérignon, der Kellermeister der Abtei von Hautvillers, der im 17. Jahrhundert die Champagnerbereitung erfand. Er verbesserte das Verfahren, das heute von einer zweiten Gärung Gebrauch macht, vervollkommnete die Assemblagen und erwies sich als außergewöhnlicher Kaufmann.
Bereits im Jahre 1729 wurde das erste Champagnerhaus gegründet, Ruinart, das heute noch existiert. Im Verlauf des 19. Jahrhunderts entstanden viele weitere. Die Qualität des Champagners hat ihre Wurzeln in den drei großen Terroirs Montagne de Reims, Vallée de la Marne und Côte des Blancs sowie im Savoir-faire, das sich in den großen Häusern in weit über einhundertjähriger Erfahrung angesammelt hat.

Die sorgfältige Lese von Hand ist einer der vielen qualitätssichernden Schritte bei der Champagnerbereitung.

VEUVE CLICQUOT

Billecart-Salmon

Die 1818 geschlossene Ehe zwischen Nicolas François Billecart und Elisabeth Salmon steht am Beginn des Unternehmens. Es blieb stets in den Händen der Familie und hat seinen Sitz im Herzen der Region um Epernay, wo es 90 Prozent seiner Trauben von den größten Terroirs kauft. Einige Produzenten beliefern das Haus seit 1930.

Bezeichnung: Champagne
Anbaufläche und Ort: Montagne de Reims (Pinot Noir). Côte des Blancs (Chardonnay)
Rebsorten: Pinot Noir (60%), Chardonnay (40%)
Anzahl Flaschen pro Jahr: ca. 10 000
Beste Jahrgänge: 1990

Bollinger

Ohne dass jemand eine Erklärung dafür weiß, blieben einige Rebstöcke des Hauses Bollinger reblausfrei und werden heute noch nach dem traditionellen Verfahren »en foule«, also nicht in Reih und Glied stehend, bearbeitet. Sie ergeben die äußerst seltenen Jahrgangschampagner dieses Namens.

Bezeichnung: Champagne
Anbaufläche und Ort: Aÿ, Bouzy, Louvois, Verzenay (Pinot Noir). Le Mesnil-sur-Oger, Oger, Cuis (Chardonnay)
Rebsorten: Pinot Noir (69%), Chardonnay (31%)
Anzahl Flaschen pro Jahr: ca. 30 000
Beste Jahrgänge: 1952, 1966, 1997, 1990

Delamotte

Das Champagnerhaus Delamotte wurde 1760 im Herzen der Côte des Blancs, in Mesnil-sur-Oger, gegründet. Seit 1989 gehört es zur Gruppe Laurent-Perrier. Im Wappen steht die Devise: »Vive me ama« (»Lebe und liebe mich«). In den Archiven des Hauses findet man Belege aus dem 19. Jahrhundert für umfangreiche Bestellungen aus ganz Europa.

Bezeichnung: Champagne
Anbaufläche und Ort: Le Mesnil-sur-Oger, Avize, Oger
Rebsorten: Chardonnay (100%)
Anzahl Flaschen pro Jahr: keine Angaben
Beste Jahrgänge: 1997

Deutz

Es waren zwei Deutsche aus Aachen, William Deutz und Pierre-Hubert Geldermann, die dieses berühmte Champagnerhaus 1838 in Aÿ gründeten. Nur einer verlieh ihm seinen Namen. Die französisch-deutsche Familie leitete die Firma bis 1996. Dann übernahm sie der Gigant Roederer.

Bezeichnung: Champagne
Anbaufläche und Ort: Le Mesnil-sur-Oger (60%), Avize (35%), Villers-Marmery (5%)
Rebsorten: Chardonnay (100%)
Anzahl Flaschen pro Jahr: 14 000
Beste Jahrgänge: keine Angaben

Drappier

Die Familie Drappier ist seit 1808 in Urville ansässig und besitzt Kellereien, die die Mönche der nahe gelegenen Abtei in Clairvaux im 12. Jahrhundert bauten. Die Cuvée »Grande Sendrée« ist nach einer Parzelle benannt, die nach dem großen Brand von Urville vollständig von Asche bedeckt war. Es schlich sich in den Katasterauszug ein Fehler ein, denn es hätte »Cendrée« heißen müssen.

Bezeichnung: Champagne
Anbaufläche und Ort: 4–5 ha, Côte des Bar
Rebsorten: Pinot Noir (55%), Chardonnay (45%)
Anzahl Flaschen pro Jahr: 40 000
Beste Jahrgänge: 1986, 1990, 1996, 1998

Duval-Leroy

Die Jahrgangscuvée »Femme de Champagne« wird nur in außergewöhnlichen Jahren hergestellt. Die symbolhafte Bezeichnung geht auf Carol Duval-Leroy zurück. Er prägte dieses 1859 in Vertus gegründete Familienunternehmen.

Bezeichnung: Champagne
Anbaufläche und Ort: 8 ha in Chouilly, Avize, Oger, Aÿ
Rebsorten: Chardonnay (76%), Pinot Noir (24%)
Anzahl Flaschen pro Jahr: 40 000–80 000
Beste Jahrgänge: 1990, 1995. (Dieser Champagner wird nur in hervorragenden Jahren hergestellt.)

Nicolas Feuillatte

In den 1970er-Jahren übernahm Nicolas Feuillatte, aus den USA zurückgekehrt, die Leitung des Familienunternehmens. Es hat seinen Sitz in Chouilly, am Fuß der Côte des Blancs, und hat tausende von Winzern unter Vertrag. Es verarbeitet die Ernte von 2100 Hektar aus der ganzen Champagne.

Bezeichnung: Champagne
Anbaufläche und Ort: 2100 ha. Anbaufläche nicht abzuschätzen
Rebsorten: Pinot Noir (40%), Chardonnay (20%), Pinot Meunier (20%)
Anzahl Flaschen pro Jahr: 3 000 000
Beste Jahrgänge: keine Angaben

Goutorbe Père et Fils

Emile Goutorbe gründete das Familienunternehmen mit Sitz in Aÿ, einem alten befestigten Dorf im Zentrum der Champagne. Er war in erster Linie Rebenzüchter und dann erst Winzer. Nach und nach investierte er aber in Parzellen. Sein Sohn Henri schuf die Marke nach dem Zweiten Weltkrieg. René, der dritte dieses Namens, vergrößerte und modernisierte das Unternehmen.

Bezeichnung: Champagne
Ort: Aÿ
Rebsorten: Pinot Noir (75%), Chardonnay (25%)
Anzahl Flaschen pro Jahr: keine Angaben
Beste Jahrgänge: keine Angaben

Alfred Gratien

Das Unternehmen stellt seit 1864 Champagner her. Es entsprang der Leidenschaft eines Mannes, der zwei Firmen gründete, in Saumur und in Epernay. Der Respekt vor der Tradition äußert sich in der Selektion der Trauben, der traditionellen Weinbereitung und der Begrenzung der Produktion.

Bezeichnung: Champagne
Anbaufläche und Ort: Nicht abzuschätzen. Mardeuil, Le Mesnil-sur-Oger, Grauves, Monthelon
Rebsorten: Chardonnay (66%), Pinot Noir (24%), Pinot Meunier (10%)
Anzahl Flaschen pro Jahr: 2300 verkauft
Beste Jahrgänge: 1999

Kilometerlange Kreideschächte dienen der Firma Ruinart und anderen Unternehmen als Keller.

Henriot

Die »Enchanteleurs« waren früher jene Arbeiter, die Holzfässer auf Holzbohlen stellten, um sie vom Boden abzuheben, und die deren Inneres kontrollierten. Diese Berufsbezeichnung findet sich heute auf der Prestigecuvée des Champagnerhauses, das die Witwe Apolline Henriot 1808 gründete.

Bezeichnung: Champagne
Anbaufläche und Ort: 2 ha. Côte des Blancs (Chardonnay), Montagne de Reims (Pinot Noir)
Rebsorten: Chardonnay (56%), Pinot Noir (44%)
Anzahl Flaschen pro Jahr: 20 000
Beste Jahrgänge: 1985, 1988, 1990, 1995

Weitere große Weine …

Bollinger

Vieilles Vignes Françaises
Anbaufläche und Ort: 0,6 ha in Aÿ und Bouzy
Rebsorten: Pinot Noir (100%)
Anzahl Flaschen pro Jahr: 2500, ausschließlich Jahrgangschampagner
Beste Jahrgänge: 1985, 1989, 1992, 1996

Deutz

Blanc de Blancs
Anbaufläche und Ort: Le Mesnil-sur-Oger (60%), Avize (35%), Villers-Marmery (5%)
Rebsorten: Chardonnay (100%)
Anzahl Flaschen pro Jahr: 40 000
Beste Jahrgänge: keine Angaben

Goutorbe Père et Fils

Champagne Millésime 1997
Anbaufläche und Ort: 20 ha in Aÿ
Rebsorten: Pinot Noir (75%), Chardonnay (25%)
Anzahl Flaschen pro Jahr: 4000 verkauft
Beste Jahrgänge: 1986, 1997

Alfred Gratien

Brut Millésimé 1996
Anbaufläche und Ort: 1,5 ha in Mardeuil, Le Mesnil-sur-Oger, Grauves, Monthelon
Rebsorten: Chardonnay (65%), Pinot Noir (18%), Pinot Meunier (17%),
Anzahl Flaschen pro Jahr: 4790 verkauft
Beste Jahrgänge: keine Angaben

Jacquesson & Fils

Das 1798 von Memmie Jacquesson gegründete Haus erwarb sich schnell einen soliden Ruf. Napoleon I. liebte diesen Champagner und wählte ihn für seine Hochzeit mit Marie-Louise von Österreich. 1810 verlieh er dem Haus eine Goldmedaille für »die Schönheit und den Reichtum seiner Keller«.

Bezeichnung: Champagne
Anbaufläche und Ort: 26 ha in Hautvillers, Dizy, Mereuil-sur-Aÿ, Aÿ, Oiry, Avize
Rebsorten: Pinot Noir (50%), Chardonnay (50%)
Anzahl Flaschen pro Jahr: 18 643 und 1019 Magnum
Beste Jahrgänge: 1988, 1989, 1990, 1993

Krug

Dieses legendäre Champagnerhaus wurde 1843 von Joseph Krug gegründet. Der Clos du Mesnil ist der Rest eines ehemaligen Benediktinerklosters und die älteste Lagenbezeichnung in der Champagne. Heute ist die Prestigecuvée von Krug danach benannt.

Bezeichnung: Champagne
Anbaufläche und Ort: 25 verschiedene Crus. 40% der Trauben stammen von Krug, 60% von anderen Winzern
Rebsorten: Pinot Noir, Chardonnay, Pinot Meunier
Anzahl Flaschen pro Jahr: keine Angaben
Beste Jahrgänge: kein Jahrgangschampagner

Laurent-Perrier

Das 1812 gegründete Haus verdankt sein Renommee Bernard von Nonancourt, der es ab 1949 leitete. Er schuf anlässlich der Heirat seiner älteren Tochter Alexandra 1987 einen rosafarbenen Jahrgangschampagner.

Bezeichnung: Champagne
Anbaufläche und Ort: Ambonnay, Bouzy, Louvois, Tours-sur-Marne, Verzenay, Mailly, Avize, Cramant, Chgouilly,Le Mesnil-sur-Oger
Rebsorten: Pinot Noir (80%), Chardonnay (20%)
Anzahl Flaschen pro Jahr: keine Angaben
Beste Jahrgänge: keine Angaben

Moët et Chandon

Der Weinhändler Claude Moët aus Epernay gründete 1743 dieses Haus, das heute über ausgedehnte Qualitätsweinberge verfügt. Moëts Enkel sorgte für einen ersten Aufstieg des Unternehmens. Dann machte er seinem Sohn und Schwiegersohn, Pierre-Gabriel Chandon, Platz. Dieser rekonstruierte die ehemalige Domäne der Abtei von Hautvillers, in der Dom Pérignon tätig war.

Bezeichnung: Champagne
Anbaufläche und Ort: 800 ha, die 25% des Bedarfs decken
Rebsorten: Chardonnay, Pinot Noir, Pinot Meunier
Anzahl Flaschen pro Jahr: keine Angaben

Mumm & Cie

Vier deutsche Weinhändler gründeten 1827 das Champagnerhaus Mumm. Seit 2000 gehört es zur Gruppe Allied Domecq. Der Mumm de Cramant, der nur aus Chardonnay gekeltert wird, ist am Etikett mit der abgeschrägten oberen Ecke erkennbar. Er war einst für Freunde des Hauses reserviert. Wenn man die Flasche eigenhändig als Geschenk übergab, knickte man seine Visitenkarte so ein.

Bezeichnung: Champagne
Anbaufläche und Ort: 31 ha
Rebsorten: Chardonnay (100%)
Anzahl Flaschen pro Jahr: 50 000

Weitere große Weine …

Henriot

Brut Millésimé 1995
Anbaufläche und Ort: 8 ha. Côte des Blancs, Grande Vallée de la Marne, Montagne de Reims
Rebsorten: Pinot Noir (53%), Chardonnay (47%)
Anzahl Flaschen pro Jahr: 80 000
Beste Jahrgänge: 1976, 1985, 1988, 1990

Jacquesson & Fils

Cuvée n° 728 (Brut non millésimé)
Anbaufläche und Ort: Grande Vallée de la Marne, Côte des Blancs, Montagne de Reims, Boursault, Moussy, Venteuil
Rebsorten: Pinot Meunier (37%), Chardonnay (36%), Pinot Noir (27%)
Anzahl Flaschen pro Jahr: 236 439, 11 944 Magnum, 300 Jéroboams
Beste Jahrgänge: keine Angaben

Krug

Krug Grande Cuvée
Anbaufläche und Ort: 25 verschiedene Crus für die drei Rebsorten. 40% davon stammen aus Eigenbesitz, 60% von Vertragswinzern. Der Anteil der Rebsorten schwankt jedes Jahr.
Rebsorten: Pinot Noir, Pinot Meunier, Chardonnay
Anzahl Flaschen pro Jahr: keine Angaben
Beste Jahrgänge: Die Trauben stammen von 20 bis 30 verschiedenen Crus und von sechs bis zehn verschiedenen Jahrgängen (keine Jahrgangsangaben)

Moët et Chandon

Brut Impérial
Anbaufläche und Ort: 800 ha, die 25% des Bedarfs der Domäne decken. Côte des Blancs, Grande Vallée de la Marne, Montagne de Reims
Rebsorten: Pinot Noir, Chardonnay, Pinot Meunier
Anzahl Flaschen pro Jahr: keine Angaben
Beste Jahrgänge: keine Jahrgangschampagner

In den Weinkellern der Champagne stellt man die Flaschen in schräge Rüttelpulte, damit sich die Hefe am Hals ansammelt (folgende Doppelseite).

Perrier-Joüet

Im Jahre 1811 heiratete Pierre Perrier Adèle Joüet und gründete in Epernay ein Champagnerhaus. Sein Sohn Charles wurde Lieferant des englischen Königshofes. Dessen Neffe bat 1902 Emile Gallé, eine Flasche zu dekorieren. Sein Design wurde zur Legende.

Bezeichnung: Champagne
Anbaufläche und Ort: Cramant, Avize (Chardonnay). Mailly, Verzenay, Verzy, Bouzy (Pinot Noir). Dizy (Pinot Meunier)
Rebsorten: Chardonnay (65%), Pinot Noir (29%), Pinot Meunier (15%)
Anzahl Flaschen pro Jahr: keine Angaben
Beste Jahrgänge: 1964, 1990, 1995, 1996

Philipponnat

Die Familie Philipponnat ist seit dem 17. Jahrhundert in der Champagne ansässig, gründete das eigene Unternehmen aber erst 1910. Es wird immer noch von einem Familienmitglied geleitet. Einer der beiden Firmengründer kaufte 1935 den berühmten Clos des Goisses. Es handelt sich dabei um eine außergewöhnliche Südlage, wie es keine zweite mehr in der Champagne gibt.

Bezeichnung: Champagne
Anbaufläche und Ort: 5,5 ha in Mareuil-sur-Aÿ
Rebsorten: Pinot Noir (3,5 ha), Chardonnay (2 ha)
Anzahl Flaschen pro Jahr: 15 000–20 000
Beste Jahrgänge: 1952, 1964, 1982, 1990

Pol Roger

Das 1849 gegründete Champagnerhaus verdankt seine Bekanntheit der Freundschaft, die sich nach der Befreiung Frankreichs bei einem Mittagessen zwischen Odette Pol-Roger und Winston Churchill entwickelte. Churchill schätzte den Jahrgang 1928, der bei jener Gelegenheit angeboten wurde. Die erste Cuvée, die nach dem britischen Staatsmann benannt wurde, kam 1975 auf den Markt.

Bezeichnung: Champagne
Anbaufläche und Ort: Grands Crus, Champagne
Rebsorten: Pinot Noir, Chardonnay
Anzahl Flaschen pro Jahr: keine Angaben
Beste Jahrgänge: 1988, 1990, 1993, 1995

Pommery

Im Jahre 1836 gründete Narcisse Greno diese Firma. Sie trägt jedoch den Namen der Frau seines Teilhabers. Nachdem sie Witwe geworden war, widmete sie sich ganz dem Unternehmen. Louise Pommery brachte die Champagner der Richtung »Brut« auf den Markt, ließ 1878 die heutigen Gebäude errichten und die Kreideschächte der Stadt, die Crayères, mit 18 km langen Tunnels verbinden.

Bezeichnung: Champagne
Anbaufläche und Ort: 675 ha in Avize, Cramant und Aÿ
Rebsorten: Chardonnay, Pinot Noir, Pinot Meunier
Anzahl Flaschen pro Jahr: keine Angaben
Beste Jahrgänge: 1989, 1990, 1995

Louis Roederer

Ursprünglich nannte sich dieses Champagnerhaus Dubois Père et Fils. Die Familien Roederer und Louis kauften es 1832 auf und gaben ihm ihren Namen. 1876 gab Zar Alexander II. eine Cuvée in Auftrag, die in Kristallflaschen geliefert werden sollte. So entstand der berühmte Cristal von Louis Roederer.

Bezeichnung: Champagne
Anbaufläche und Ort: 200 ha. Côte des Blancs, Grande Vallée de la Marne, Montagne de Reims
Rebsorten: Pinot Noir (55%), Chardonnay (45%)
Anzahl Flaschen pro Jahr: keine Angaben
Beste Jahrgänge: Nur der Jahrgang 1995 wird derzeit von den Weinhändlern verkauft

Ruinart

Im Jahre 1729 gründete der Neffe des Mönchs Dom Thierry Ruinart, ein Freund von Dom Pérignon, das Champagnerhaus. Es ist das älteste überhaupt. Bis 1963 blieb es in Familienhand und gehört heute zur Gruppe LVMH. Seine Keller liegen auf drei verschiedenen Niveaus der gallorömischen Kreideschächte.

Bezeichnung: Champagne
Anbaufläche und Ort: Côte des Blancs (65%), Montagne de Reims (35%)
Rebsorten: Chardonnay (100%)
Anzahl Flaschen pro Jahr: keine Angaben
Beste Jahrgänge: wird nur in großen Jahren produziert

Salon

Diese Firma wurde von Aimé Salon gegründet. Der Sohn eines Stellmachers aus der Champagne machte als Geschäftsmann ein großes Vermögen, war ein raffinierter Ästhet und liebte kulinarische Freuden. Das Haus, das heute Laurent Perrier gehört, produziert nur in sehr guten Jahren eine einzige Cuvée aus reinem Chardonnay.

Bezeichnung: Champagne
Anbaufläche und Ort: 6 ha in Le Mesnil-sur-Oger
Rebsorten: Chardonnay (100%)
Anzahl Flaschen pro Jahr: keine Angaben
Beste Jahrgänge: In 100 Jahren wurden nur 37 Jahrgangschampagner hergestellt.

Jacques Selosse

Dieses noch ziemlich junge Haus entstand sozusagen am Vorabend des Zweiten Weltkriegs. Der Gründer war Jacques Selosse aus Avize, dem Hauptgebiet des Chardonnay. Die Domäne mit 6,3 Hektar wird heute von seinem Sohn Anselme geleitet, einem Perfektionisten, der danach strebt, die Eigenheiten seines Terroirs bestmöglich zum Ausdruck zu bringen.

Bezeichnung: Champagne
Anbaufläche und Ort: 2,3 ha in Avize
Rebsorten: Chardonnay (100%)
Anzahl Flaschen pro Jahr: 2500
Beste Jahrgänge: keine Angaben

Taittinger

Zu Beginn des 18. Jahrhunderts gründete ein gewisser Jacques Fourneaux eine Firma, die zwei Jahrhunderte später zum Champagnerhaus Taittinger wurde. Sie hat ihre Keller in den unterirdischen Gewölben der Abtei Saint-Nicaise in Reims. Die Firma blieb in der Hand der Familie.

Bezeichnung: Champagne
Anbaufläche und Ort: Oberfläche nicht abzuschätzen. Côte des Blancs (elf Gemeinden)
Rebsorten: Chardonnay (100%)
Anzahl Flaschen pro Jahr: keine Angaben
Beste Jahrgänge: wird nur in großen Jahren hergestellt

De Venoge

Das Champagnerhaus wurde im Jahre 1837 von Henri-Marc de Venoge gegründet. Er nannte sich nach einem Fluss im Schweizer Jura, wo seine Familie herstammte. Unter seinen Vorfahren gab es Geistliche, Apotheker und Viehzüchter, aber keinen Winzer. Der Blanc de Blancs wird heute noch nach Verfahren hergestellt, wie sie in der Mitte des 19. Jahrhunderts üblich waren.

Bezeichnung: Champagne
Anbaufläche und Ort: Cramant, Oger
Rebsorten: Chardonnay (100%)
Anzahl Flaschen pro Jahr: 30 000
Beste Jahrgänge: 1976, 1983, 1990, 1995

Veuve Clicquot-Ponsardin

Philippe Clicquot gründete 1772 die Firma. Es waren sein Sohn und dessen Witwe, eine geborene Ponsardin, die das Haus zum Blühen brachten. Die Grande Dame des Champagners entwickelte 1812 das Rüttelpult. Ab 1814 eroberte sie den russischen Markt; vor Aufhebung der Blockade von Sankt Petersburg.

Bezeichnung: Champagne
Anbaufläche und Ort: insgesamt 328 ha. Aÿ, Verzenay, Verzy, Ambonnay, Bouzy (Pinot Noir). Avize, Le Mesnil-sur-Oger, Oger (Chardonnay)
Rebsorten: Pinot Noir (62%), Chardonnay (38%)
Anzahl Flaschen pro Jahr: keine Angaben
Beste Jahrgänge: 1966, 1979, 1988, 1995

Weitere große Weine …

Pommery

Brut Rosé
Anbaufläche und Ort: Die Trauben für die gesamte Produktion stammen von 675 ha.
Rebsorten: Pinot Noir, Pinot Meunier, Chardonnay
Anzahl Flaschen pro Jahr: keine Angaben
Beste Jahrgänge: keine Jahrgangschampagner (Brut ohne Jahrgangsangabe)

Louis Roederer

Brut Millésimé
Anbaufläche und Ort: 200 ha. Côte des Blancs, Grande Vallée de la Marne, Montagne de Reims
Rebsorten: Pinot Noir (66%), Chardonnay (34%)
Anzahl Flaschen pro Jahr: gesamter Weinberg 2 700 000
Beste Jahrgänge: Nur der Jahrgang 1995 ist verfügbar

Jacques Selosse

Version Originale (extra-brut non millésimé et non dosé)
Bezeichnung: Blanc de Blancs
Anbaufläche und Ort: Avize, Cramant, Oger
Rebsorten: Pinot Noir (66%), Chardonnay (34%)
Anzahl Flaschen pro Jahr: 4800
Beste Jahrgänge: Assemblage aus drei Jahrgängen. Keine Jahrgangsangaben

Veuve Clicquot-Ponsardin

Vintage Réserve
Anbaufläche und Ort: Côte des Blancs, Grande Vallée de la Marne, Montagne de Reims
Rebsorten: Pinot Noir (58%), Chardonnay (33%), Pinot Meunier (9%)
Anzahl Flaschen pro Jahr: keine Angaben
Beste Jahrgänge: 1921, 1943, 1955, 1964, 1975, 1989, 1990, 1995

Jura, Savoyen und Bugey

Das Weinbaugebiet der Franche-Comté bildet das Gegenstück zur burgundischen Côte auf der anderen Seite der Saône. Es genießt längst nicht dasselbe Renommee, verfügt aber über eine mindestens so starke Persönlichkeit. Ähnliches kann man vom Weinbaugebiet Savoyen behaupten, das reich an Traditionen und sehr unterschiedlichen Terroirs ist.

Reben wachsen schon seit sehr langer Zeit im Jura. Die Hauptstadt des Weins ist Arbois, dort pflegt man die Erinnerung an Louis Pasteur (1822–1895). Im Labor, wo er während seiner Aufenthalte im Haus seiner Familie arbeitete, bewahrt man die Geräte auf, mit denen er die alkoholische Gärung erforschte.

Der Jura produziert eine breite Palette sehr unterschiedlicher Weine, und vor allem zwei Spezialitäten: den mächtigen Vin Jaune, den einzigen Weißwein, den man bei Zimmertemperatur trinkt, und den Vin de Paille, einen Strohwein. Dazu lässt man die Trauben vor der Kelterung eintrocknen, früher auf einer Strohunterlage, heute hängt man sie auf.

Die Weinberge Savoyens sind geografisch stark aufgesplittert und mit ganz eigenen Rebsorten voller Charme und Charakter bestockt. Der Legende zufolge ist die Rebsorte Altesse, die auch »Roussette« genannt wird, zypriotischen Ursprungs. Sie soll eingeführt worden sein, als Herzog Louis 1492 Anne de Lusignan heiratete, die Tochter des Königs von Zypern. Es sind ohne Zweifel die Weißweine, die den Ruf des savoyardischen Anbaugebiets begründeten, aber auch die Rotweine verdienen unsere Aufmerksamkeit.

Die alte savoyardische Kelter mit ihrem mächtigen Gewinde datiert vom Anfang des 17. Jahrhunderts.

1604

Château d'Arlay

Das sanfte Hügelgebiet von Arlay an den Ufern der Bresse, nicht weit von den Ausläufern des Juras, erhebt Anspruch darauf, das älteste »Château-Vignoble« Frankreichs zu besitzen. Dessen Vin de Paille ist ein authentisches Produkt: Man braucht über 100 kg Trauben für zwölf Liter dieses Weins.

Bezeichnung: Côtes-du-Jura
Anbaufläche und Ort: 1 ha in Arlay
Rebsorten: Savagnin (30%), Chardonnay (30%), Poulsard (30%), Trousseau (10%)
Anzahl Flaschen pro Jahr: 500–2500 halbe Flaschen
Beste Jahrgänge: 1989, 1991, 1997

Caveau du Pont Bancet EARL Duport Dumas

Das Weinbaugebiet Bugey ist klein und liegt verstreut über den Juraketten zwischen Lyon und Genf. Man unterteilt es in drei Regionen: Cerdan, Belley und Montagnieu. In den beiden letztgenannten ist das Unternehmen Caveau du Pont Bancet zu Hause. Jean-Philippe Dumas leitet eine acht Hektar umfassende Domäne, die beim Anbau und bei der Weinbereitung möglichst naturnah arbeitet.

Bezeichnung: Bugey
Anbaufläche und Ort: 6,6 ha in Groslée
Rebsorten: Mondeuse (100%)
Anzahl Flaschen pro Jahr: 6000
Beste Jahrgänge: 1999, 2000

Jacques et Barbara Durand-Perron

Seit ewigen Zeiten wachsen Reben auf den Hügeln von Voiteur nördlich von Lons-le-Saulnier. Die Domäne Durand-Perron besitzt hier mit die ältesten Weinberge von Château-Chalon. Dieser ganz besondere Wein wird immer in Spezialflaschen mit 620 Milliliter Fassungsvermögen abgefüllt, die so genannten »Clavelins«.

Bezeichnung: Château-Chalon
Anbaufläche und Ort: 2 ha in Menétru-le-Vignoble und Château-Chalon
Rebsorten: Savagnin (100%)
Anzahl Flaschen pro Jahr: 8000
Beste Jahrgänge: 1976, 1989, 1990, 1997

Château l'Étoile Vandelle et Fils

Das Dorf »L'Etoile« (»Stern«) verdankt seinen Namen 200 Millionen Jahre alten Fossilien von Seelilien, die sich dort im Boden finden. Auguste Vandelle kaufte 1883 das Schloss gleichen Namens. Die Domäne, die heute unter der Leitung seiner direkten Nachkommen steht, produziert einen der renommiertesten Weine des ganzen Jura.

Bezeichnung: L'Etoile
Anbaufläche und Ort: 15 ha in L'Etoile
Rebsorten: Chardonnay, Savagnin
Anzahl Flaschen pro Jahr: 6000
Beste Jahrgänge: 1990, 1992, 1996, 1999

Domaine Jean Macle

Jean Macle war Bürgermeister von Château-Chalon und Präsident der Vereinigung der Produzenten des gleichnamigen Weins. Er trug maßgeblich zu dessen Erneuerung bei. Die hohen Winzerhäuser verleihen diesem Dorf viel Charme. Hier wurde übrigens im 7. Jahrhundert ein Benediktinerinnenkloster gegründet. Es waren die Schwestern, die die Reben einführten.

Bezeichnung: Château-Chalon
Anbaufläche und Ort: 4 ha in Château-Chalon
Rebsorten: Savagnin (100%)
Anzahl Flaschen pro Jahr: 8000–10 000
Beste Jahrgänge: 1947, 1959, 1989, 1990

Weitere große Weine …

Château d'Arlay

Grand Vin Jaune de Garde
Bezeichnung: Côtes-du-Jura
Anbaufläche und Ort: 2 ha in Arlay
Rebsorten: Savagnin (100%)
Anzahl Flaschen pro Jahr: ca. 5000
Beste Jahrgänge: 1969, 1979, 1990, 1994

Jacques et Barbara Durand-Perron

Vin de Paille
Bezeichnung: Côtes-du-Jura
Anbaufläche und Ort: Voiteur, Château-Chalon, Menétru-le-Vignoble
Rebsorten: Chardonnay, Savagnin, Poulsard
Anzahl Flaschen pro Jahr: 1800–2000
Beste Jahrgänge: 1988, 1990

Domaine Rolet Père et Fils

Vin de Paille
Bezeichnung: Arbois
Anbaufläche und Ort: Arbois
Rebsorten: Chardonnay, Savagnin, Poulsard
Anzahl Flaschen pro Jahr: 6000 halbe Flaschen
Beste Jahrgänge: 1989, 1990, 1995, 1997

Domaine de Montbourgeau

Diese ganz von Grün umgebene Domäne liegt im Herzen der Appellation L'Etoile und gehört seit 1920 der Familie Gros. Heute leitet die Önologin Nicole Deriaux, Tochter von Jean Gros, das neun Hektar große Gut. Sie respektiert Umwelt und Terroir: Die Lese erfolgt von Hand, die Weinbereitung auf traditionelle Weise.

Bezeichnung: L'Etoile
Anbaufläche und Ort: 2 ha in L'Etoile
Rebsorten: Savagnin (100%)
Anzahl Flaschen pro Jahr: 2000
Beste Jahrgänge: 1985, 1989, 1990

Raymond Quénard

Das Weinbaugebiet von Chignon östlich von Chambéry gehört zum Parc Regional des Bauges. Der Ort wird von alten Türmen dominiert und liegt an einem Südhang. Die Domäne Raymond Quénard ist seit drei Generationen in Familienbesitz und arbeitet mit Reben, die über 60 Jahre alt sind.

Bezeichnung: Vin de Savoie
Anbaufläche und Ort: 1,5 ha
Rebsorten: Roussanne (100%)
Anzahl Flaschen pro Jahr: 1200
Beste Jahrgänge: Nur der Jahrgang 2001 ist gerade verfügbar

Domaine Rolet Père et Fils

Die Domaine Rolet ist ein Familienunternehmen, das zu Beginn der 1940er-Jahre von Désirée Rolet gegründet wurde. Die Kinder teilen sich heute die unterschiedlichen Aufgaben, die bei der Leitung der 65 Hektar großen Domäne anfallen. Sie befindet sich in den besten Lagen der Appellationen Arbois, Côtes-du-Jura und L'Etoile.

Bezeichnung: Arbois
Anbaufläche und Ort: 12 ha in Arbois
Rebsorten: Savagnin
Anzahl Flaschen pro Jahr: 10 000
Beste Jahrgänge: 1989, 1990, 1992, 1994

Bei Cerdon in der Region Bugey liegen die Weinberge auf günstig exponierten Hängen.

Savagnin und Mondeuse

Im Lexikon wird Savagnin als »Weißweinrebe des Jura« und Mondeuse als »Rotweinrebe Savoyens« definiert. Der Savagnin heißt auch Gentil Blanc, Fromenteau oder Servoignier und ergibt einen der berühmtesten Weine der Franche-Comté, den legendären Vin Jaune. Er erinnert an einen Sherry, zeigt deutliche Nussaromen und kann sehr lange gelagert werden. Zu den Synonymen der Mondeuse zählen Molette Noire, Terrano und Große Syrah.

Die Mondeuse ist die savoyardische Rotweinrebe par excellence. Sie ist zwar weniger ergiebig als der Gamay, doch entstehen aus ihr sehr fruchtige Rot- und Roséweine von bemerkenswerter Intensität. Möglicherweise ist sie mit dem norditalienischen Refosco identisch. Diese Rebe wächst außerhalb des Friaul im ehemaligen Jugoslawien sowie in Australien, Kalifornien und Argentinien.

Languedoc-Roussillon

Es ist ein mediterranes, bisweilen kontrastreiches und sogar heftiges Klima, das für die Einheit des Languedoc-Roussillon sorgt. Das Mosaik der Weinberge erstreckt sich über vier Départements, die Zugang zur Küste haben: Gard, Hérault, Aude und Pyrénées-Orientales. Aus dieser Region stammen rund 40 Prozent der französischen Weinproduktion.

Die Rebe kam mit den alten Griechen hierher, und unter den Römern breitete sie sich schnell aus. Schließlich standen die Weine dieser Region in Konkurrenz zu den römischen Weinen. So beschloss Kaiser Domitian im Jahre 92, das Weinanbaugebiet in Südfrankreich auf die Hälfte zu reduzieren.

Zu einer Renaissance des Weinbaus im Languedoc kam es dank der Tätigkeit der Klöster und Abteien gegen Anfang des 9. Jahrhunderts. Die Weinberge lagen damals im Wesentlichen auf Hügeln. Mit der Eröffnung des Hafens von Sète (1666) und des Canal des Deux-Mers profitierte der Weinbau von der neuen Infrastruktur im Transportwesen. Nun wurden Weine und Branntweine exportiert, und man baute die Rebe in großem Maßstab auch in der Ebene an. Damals entstand ein neuer Begriff, der des Terroir.

Durch den Bau von Eisenbahnlinien (zwischen 1850 und 1880) eröffneten sich neue Märkte, deren Bedürfnisse durch eine weiter erhöhte Produktion befriedigt werden konnten. Heute liegen die Weinbaugebiete, was die Nähe zum Meer, den Meeresspiegel, die Bodenbeschaffenheit sowie Hang- oder Terrassenlage betrifft, in den unterschiedlichsten Lagen.

Sonne und Wärme sind unerlässlich für die Reifung der Vin Doux Naturels von Banyuls.

Languedoc

Das Languedoc, das von den Côtes-du-Rhône bis zur AOC Corbières reicht, besteht aus zahlreichen unterschiedlichen Landschaften mit nicht weniger diversifizierten Weinen. Der Geograf unterscheidet die Küstenebene, das Bas Languedoc, sowie das umgebende Gebiet mit stärkerem Relief und mit ziemlich komplexen geologischen Formationen zu Füßen des Massif Central, zwischen Alès und Carcassonne.

Der Historiker weiß, dass die Muskateller zur Zeit der Renaissance sehr geschätzt wurden und dass die Weine, die an Hügeln wuchsen, seit der Eröffnung des Hafens von Sète 1666 auch ins Ausland gingen. Die Begeisterung für Branntweine führte im Bas Languedoc zu einer Ausweitung des Anbaus ertragsstarker Reben. Gegen Ende des 19. Jahrhunderts produzierte man aus diesen Trauben den Rouge Ordinaire, das alltägliche Getränk der Franzosen. In den 1960er-Jahren unternahm man die ersten Anstrengungen, das oft nicht schmeichelhafte Bild des Languedoc als Massenproduzent loszuwerden. Man wollte den früheren Ruf wiederherstellen und musste dazu in großem Umfang Massenträger durch aromatische Rebsorten ersetzen.

Im Jahre 1982 wurden zwei Appellations d'Origine Contrôlées eingerichtet: Faugères (großzügige kräftige Rotweine auf Schieferboden) und Saint-Chinian (ähnliche und ganz andere weichere Rotweine auf tonig-kalkigen Böden). 1985 folgten die Appellations Corbières (ausgeprägtes Relief, viel Sonne), Minervois (Terrassen auf Kalkhügeln) und Coteaux du Languedoc mit zahlreichen ganz unterschiedlichen Terroirs. Ein Jahr später erhielten die Rotweine der Kieselterrasse zwischen Beaucaire und Saint-Gilles die kontrollierte Ursprungsbezeichnung Costières du Gard.

Diese neuen Appellationen sind der Beweis für eine Erfolgsgeschichte. Dazu kommen noch einige ältere Ursprungsbezeichnungen, etwa Blanquette de Limoux für Schaumweine, Fitou für berühmte Rotweine (älteste AOC) sowie mehrere Muskateller (Muscat), von denen der berühmteste in Frontignan gekeltert wird. Sie alle entstehen aus einer einzigen Rebsorte, dem Muscat Blanc à Petits Grains.

Die Benediktinerabtei von Lagrasse (Aude) im Tal des Orbieu zeugt von der langen Geschichte des Weinbaus in dieser Region.

Domaine L'Aiguelière

Zusammen mit Claude Villar und dem Önologen Pierre-Louis Tesseidre gründete Aimé Commeyras diese Domäne in Montpeyroux, einem strategisch gelegenen Ort, der seit jeher die Ebene mit dem Gebirge verbindet. Der Weinbau ist an diesem begünstigten Ort schon sehr alt. Die Reben wachsen auf 300 Meter Höhe.

Bezeichnung: Coteaux du Languedoc
Anbaufläche und Ort: 6 ha in Montpeyroux
Rebsorten: überwiegend Syrah
Anzahl Flaschen pro Jahr: ca. 15 000
Beste Jahrgänge: 1992, 1995, 1998, 2002

Domaine d'Aupilhac Sylvain Fadat

Die kontrollierte Ursprungsbezeichnung Coteaux du Languedoc umfasst 34 Gemeinden, die Anrecht auf diesen Namen haben. Zehn weitere Terroirs dürfen ihren Namen hinzufügen. Zu ihnen gehört auch Montpeyroux unweit von Saint-Guilhem-de-Désert. Sylvain Fadat keltert dort Wein von insgesamt 22 Hektar.

Bezeichnung: Coteaux du Languedoc
Anbaufläche und Ort: 14 ha in Montpeyroux
Rebsorten: Mourvèdre (25%), Syrah (25%), Carignan (25%), Grenache (20%), Cinsault (5%)
Anzahl Flaschen pro Jahr: 80 000
Beste Jahrgänge: 1994, 1996, 1999, 2001

Domaine de Barroubio

Der Muscat de Saint-Jean de Minervois wird grundsätzlich nach demselben Verfahren hergestellt wie alle übrigen Vins Doux Naturels im Languedoc. Das Familienunternehmen besteht seit dem 15. Jahrhundert und wird heute von Raymond Miquel geleitet. Es hat sich auf diesen Wein spezialisiert und verfügt über ein Terroir in größerer Höhe.

Bezeichnung: Muscat de Saint-Jean de Minervois
Anbaufläche und Ort: 17 ha in Saint-Jean de Minervois
Rebsorten: Muscat à Petits Grains (100%)
Anzahl Flaschen pro Jahr: 50 000
Beste Jahrgänge: 1996, 2000, 2002

Borie de Maurel

Die Region Minervois hat ihren Namen von Minerve, einer alten Festung über den Gorges de la Cesse. Der Wein mit dieser Bezeichnung wächst auf den Kalkhügeln am Fuß der Montagne Noire, die ihn vor kalten Winden schützt. Die Domaine Borie de Maurel hat eine besonders gute Lage und wird von Michel Escande geleitet.

Bezeichnung: Minervois
Anbaufläche und Ort: Félines-Minervois, an den Ausläufern der Montagne Noire
Rebsorten: Syrah (100%)
Anzahl Flaschen pro Jahr: 10 000
Beste Jahrgänge: 1994, 1996, 1998, 2000

Mas Bruguière

Seit sechs Generationen produziert man Wein im Mas Bruguière. Guilhem Bruguière übernahm die Leitung 1973. Er benötigte 15 Jahre, um die elf Hektar im Cru Pic Saint-Loup nördlich von Montpellier neu und mit besseren Reben zu bestocken.

Bezeichnung: Coteaux du Languedoc
Anbaufläche und Ort: 11 ha am Fuß des Pic Saint-Loup
Rebsorten: Syrah (60%), Mourvèdre (20%), Grenache (20%)
Anzahl Flaschen pro Jahr: 20 000
Beste Jahrgänge: 1991, 1995, 1998, 2000

Mas Cal Demoura

Den Namen Mas Cal Demoura gab Jean-Pierre Jullier 1970 seinem Besitz. Jullier stammt aus einer Winzerfamilie und lieferte seinen Wein der örtlichen Genossenschaft ab, bevor er dem Beispiel seines Sohnes Olivier, dem Gründer von Mas Jullien, folgte und 1993 sein eigener Herr und Meister wurde, wobei er nur die besten Hektar für sich behielt.

Bezeichnung: Coteaux du Languedoc
Anbaufläche und Ort: 8 ha in Jonquières
Rebsorten: Syrah (30%), Grenache (25%), Mourvèdre (20%), Carignan (15%), Cinsault (10%)
Anzahl Flaschen pro Jahr: 28 000
Beste Jahrgänge: 1995, 1996, 1998

Muscat: eine aromatische Rebe

Muscat, Muskateller oder Moscato ist eine allgemeine Bezeichnung für verschiedene miteinander verwandte Rebsorten, die ein ganz eigenes Aroma und einen ausgeprägten Traubengeschmack aufweisen. Manche unter ihnen sind Tafeltrauben. Muskatellertrauben ergeben ganz unterschiedliche Weine; die einen aromatisch süß und parfümiert, die anderen trocken, mit einem Duft nach Blüten, wie etwa im Elsass. In Südfrankreich verwendet man vor allem die Sorte Muscat à Petits Grains. Man stellt hier vor allem Vins Doux Naturels her, »natürliche Süßweine«. Die Weine sind aber nicht ganz so natürlich, wie der Name vermuten lässt. Man stoppt die Gärung durch Zugabe von Alkohol und erhält so die Restsüße. Ungestoppte und doch leicht süße Muskateller kommen aus Italien und Griechenland.

Domaine Canet Valette

Diese Domäne gründete der Vater von Marc Valette, ein Schmied. Er kaufte 1975 elf Hektar Weinberg auf sehr armem und schwer zu bearbeitendem Boden, den niemand haben wollte. Marc stieß in den 1980er-Jahren dazu und begann den Weinberg zu restrukturieren, der damals in die Appellation Saint-Chinian nördlich von Béziers zu liegen kam.

Bezeichnung: Saint-Chinian
Anbaufläche und Ort: 9 ha
Rebsorten: Syrah, Grenache
Anzahl Flaschen pro Jahr: 25 000
Beste Jahrgänge: 1997, 1998, 1999, 2000

Weitere große Weine …

Domaine L'Aiguelière

Côte Dorée
Bezeichnung: Coteaux du Languedoc
Anbaufläche und Ort: 6 ha in Montpeyroux
Rebsorten: überwiegend Syrah
Anzahl Flaschen pro Jahr: ca. 15 000
Beste Jahrgänge: 1992, 1995, 1998

Domaine Canet Valette

Saint-Chinian
Bezeichnung: Saint-Chinian
Anbaufläche und Ort: 9 ha, leicht geneigt auf 150 m Höhe, Exposition Südsüdost
Rebsorten: Grenache, Syrah, Mourvèdre
Anzahl Flaschen pro Jahr: 20 000
Beste Jahrgänge: 1993, 1994, 1996

Mas Jullien

Mas Jullien Blanc 2000
Bezeichnung: Vin de Pays de l'Hérault
Anbaufläche und Ort: 2,5 ha in Jonquières
Rebsorten: Chenin (30%), Viognier (30%), Grenache Blanc (20%), Carignan Blanc (20%)
Anzahl Flaschen pro Jahr: 8000
Beste Jahrgänge: 1996, 2000

Château de Cazeneuve

Die Familie von André Leenhardt ist seit 1810 in Montpellier ansässig. 1987 übernahm Leenhardt diese Domäne im berühmten Cru Pic Saint-Loup: Die nördlichste Lage der Coteaux du Languedoc, zwischen dem Meer und den Cevennen gelegen, den Einflüssen des Mittelmeers wie des Kontinents ausgesetzt. Das Terroir besteht aus einem wasserdurchlässigen tonigen Kalk mit vielen Kieseln.

Bezeichnung: Coteaux du Languedoc
Anbaufläche und Ort: 1 ha in Lauret
Rebsorten: Syrah, Viognier
Anzahl Flaschen pro Jahr: 4000
Beste Jahrgänge: 1997, 1998

Mas Daumas Gassac

Das Weinbaugebiet im Tal der Gassac trat dank des Gründers der Abtei von Aniane schon Ende des 8. Jahrhunderts in Erscheinung. In den 1970er-Jahren wurde es vom Bordelaiser Geografen Henry Enjalbert wieder entdeckt. Die Domäne steht unter der Leitung der Familie Guibert und besitzt unter den Resten einer gallorömischen Mühle einen Keller.

Bezeichnung: Vin de Pays de l'Hérault
Anbaufläche und Ort: 35 ha in Aniane
Rebsorten: Cabernet-Sauvignon (80%), 12 traditionelle Sorten (20%)
Anzahl Flaschen pro Jahr: 150 000
Beste Jahrgänge: 1980, 1986, 1998, 2000

Château des Estanilles

Michel Louison gab 1976 seinen Beruf als Elektriker und seinen Bauernhof in Savoyen auf und wurde Winzer in Cabrerolles im westlichen Teil der Appellation Faugères. Sein Gut erstreckt sich über Schieferhügel in den Lagen Estagnols und Fontanilles.

Bezeichnung: Faugères
Anbaufläche und Ort: 5 ha
Rebsorten: Mourvèdre, Syrah
Anzahl Flaschen pro Jahr: 30 000
Beste Jahrgänge: 1994, 1998, 2001

Reben am Hang neben einer alten Kapelle im Weinbaugebiet Corbières.

Domaine del'Hortus

Die Domaine del'Hortus, die ihren Namen nach einem Felsen in der Nähe hat, wurde 1978 gegründet und entwickelte sich vor allem im Laufe der 1980er-Jahre. Die Rebzeilen wurden auf schuttreichen Garrigueböden angelegt, die man erst noch urbar machen musste. Diese Aufgabe übernahm der Ingenieuragronom Jean Orliac mit seiner Familie.

Bezeichnung: Coteaux du Languedoc
Anbaufläche und Ort: 50 ha nördlich von Montpellier
Rebsorten: Syrah (50%), Mourvèdre (40%), Grenache (10%)
Anzahl Flaschen pro Jahr: 75 000
Beste Jahrgänge: 1994, 1996, 1998, 2000

Mas Jullien

Olivier Jullien, der Sohn eines Winzers, der den Mas Cal Demoura besitzt, gründete diese Domäne 1985. Sie liegt in Jonquières, einem kleinen, von Hügeln umgebenen Dorf im Languedoc. Die Menschen in dieser Region bauen seit jeher auf den Hügeln Reben und Oliven an. In den Senken ernten sie Obst, Getreide und Gemüse.

Bezeichnung: Coteaux du Languedoc
Anbaufläche und Ort: 7 ha in Jonquières
Rebsorten: Syrah (40%), Mourvèdre (30%),Carignan (20%), Grenache (10%)
Anzahl Flaschen pro Jahr: 20 000
Beste Jahrgänge: 1999, 2001

In Roquefort des Corbières (Aude) stapeln sich die alten Holzfässer.

Château de Lascaux

Jean-Benoît Cavalier übernahm 1984 das Familiengut, das zwischen Montpellier und Nîmes in einer ausgedehnten Garrigue zu Füßen der ersten Vorberge der Cevennen liegt. Er führte nach dem Studium der Agrarwissenschaften in seinem Weinberg alle Kulturverfahren ein, die helfen, das ökologische Gleichgewicht in der Natur zu erhalten.

Bezeichnung: Coteaux du Languedoc
Anbaufläche und Ort: 10 ha in Vacquières
Rebsorten: Syrah (90%), Grenache (10%)
Anzahl Flaschen pro Jahr: 50 000
Beste Jahrgänge: 1995, 1998, 2000, 2001

Château Mansenoble

Nachdem Guido Jensegers Belgien verlassen hatte, realisierte er seinen Traum, Winzer zu werden. Das Gut liegt zu Füßen der Montagne d'Alaric im Anbaugebiet Corbières. Seine Domäne, die er zusammen mit Marie Annick führt, liegt über der Ebene der Aude. Der Gewölbekeller unter dem Wohnhaus, das von einem Garten mit vielen Bäumen umgeben ist, wurde Ende des 19. Jahrhunderts gebaut.

Bezeichnung: Corbières
Anbaufläche und Ort: 2 ha in Moux
Rebsorten: Syrah, Grenache, Mourvèdre, Carignan
Anzahl Flaschen pro Jahr: 5000–6000
Beste Jahrgänge: 1998, 2001

Domaine Navarre

Der karolingische Turm und die römischen Reste bezeugen die lange Geschichte von Roquebrun. Die Weine dieser Gemeinde erhielten 1982 die Appellation Saint-Chinian. Auf den umgebenden Hügeln über dem Tal der Orb liegt die Domäne, die von Elysée Navarre gegründet und dann von ihrem Sohn und ihrem Enkel Thierry weitergeführt wurde.

Bezeichnung: Saint-Chinian
Anbaufläche und Ort: 7 ha in der Lage Le Bouscadel
Rebsorten: Syrah (33%), Carignan (33%), Grenache (33%)
Anzahl Flaschen pro Jahr: ca. 10 000
Beste Jahrgänge: 1995, 1998, 2000

Château de la Négly

Erst im Jahre 1997 aktivierte Jean Paux-Rosset diese Domäne in Fleury d'Aude wieder. Das Château geht auf das 18. Jahrhundert zurück. Der Weinberg liegt zwischen Narbonne und dem Meer auf steinigen Hängen des wilden Kalkmassivs von La Clape und ist von Garrigue bedeckt. Er wurde vollständig restrukturiert und neu bepflanzt, um niedrige Erträge zu bekommen.

Bezeichnung: Coteaux du Languedoc
Anbaufläche und Ort: 3,3 ha in Fleury-d'Aude
Rebsorten: Syrah (100%)
Anzahl Flaschen pro Jahr: 3500
Beste Jahrgänge: 2001

Domaine Piccinini

Der ehemalige Direktor der Winzergenossenschaft, Maurice Piccinini, war ein unermüdlicher Verteidiger des Cru seines Dorfes La Livinière. Heute leitet sein Sohn das Familiengut zu Füßen der Montagne Noire. Das Gebäude lehnt sich an die Mauer, die das Dorf umgibt; der Keller befindet sich da, wo der Wassergraben des alten Schlosses verlief. Er wurde 1990 vollständig renoviert.

Bezeichnung: Minervois-La Livinière
Anbaufläche und Ort: 1–1,5 ha
Rebsorten: Mourvèdre, Syrah, Grenache
Anzahl Flaschen pro Jahr: 8000
Beste Jahrgänge: 1992, 1995, 1998, 2002

Prieuré de Saint-Jean-de-Bébian

Von 1152 an produzierten die Mönche dieses Priorats Wein. Das Gut wurde während der Revolution verkauft und von Winzern übernommen. 1975 kam als neuer Besitzer Alain Roux und begründete den heutigen Ruf. 1994 übernahmen Chantal Lecouty und Jean-Claude Le Brun die Domäne.

Bezeichnung: Coteaux du Languedoc
Anbaufläche und Ort: 15 ha in Pézenas, Nizas, Caux, Fontès
Rebsorten: Grenache (50%), Syrah (30%), Mourvèdre (20%)
Anzahl Flaschen pro Jahr: 50 000
Beste Jahrgänge: 1989, 1995, 1998

Château du Puech-Haut

Auf den Anhöhen des Dorfes Saint-Drézéry, zwischen Garrigue und Mittelmeer, wurde eine Batisse aus dem 18. Jahrhundert wieder aufgebaut: das Château Puech-Haut, das Gérard Bru gehört. Die Weingärten stehen auf runden Kieseln des kleinsten Terroir der Coteaux du Languedoc, inmitten von Olivenhainen und Trüffeleichen.

Bezeichnung: Coteaux du Languedoc
Anbaufläche und Ort: 12 ha in Saint-Drézéry
Rebsorten: Syrah (60%), Carignan (20%), Grenache (10%), Mourvèdre (10%)
Anzahl Flaschen pro Jahr: 40 000
Beste Jahrgänge: 1998, 1999

Château Saint-Jean de la Gineste

Der Weinberg, der von Marie-Hélène und Dominique Bacave geleitet wird, ist seit mehreren Generationen in Familienbesitz und liegt auf dem Territorium von Boutenac. Der Name der Domäne geht auf die Ginsterhecken zurück, die den gegenüberliegenden Hügel bedecken.

Bezeichnung: Corbières
Anbaufläche und Ort: 3 ha in Saint-André-de-Roquelongue, Boutenac
Rebsorten: Mourvèdre, Syrah
Anzahl Flaschen pro Jahr: 12 000
Beste Jahrgänge: 1994, 1996, 1998, 2000

Château la Voulte-Gasparets

Fünf Generationen derselben Familie, aber unter verschiedenen Namen, folgten in Boutenac aufeinander. Das beweist die Cuvée Romain Pauc, die man aus Trauben der ältesten Parzellen produziert. Sie wurden 1905 auf einem Stück Land gepflanzt, wo die Sonne besonders lang scheint.

Bezeichnung: Corbières
Anbaufläche und Ort: 15 ha in Boutenac
Rebsorten: Carignan (60%), Grenache (20%), Syrah (10%), Mourvèdre (10%)
Anzahl Flaschen pro Jahr: 34 000, 1200 Magnum und 100 Jéroboam
Beste Jahrgänge: 1995, 1998, 2000, 2002

In der Domaine Daumas Gassac werden die Flaschen vieler Jahrgänge gelagert.

Der Widerschein des Terroir

Vom Mittelmeer bis zu den Vorbergen des Larzac produziert das Anbaugebiet Coteaux du Languedoc, das 1985 die Appellation Contrôlée erhielt, überwiegend Rotweine. Sie zeugen von der engen Verbindung zwischen Winzer und Weinberg.

Das Land und sein Boden sind schön, aber auch rau, bisweilen unberechenbar und ohne Kompromisse. Hier wächst eine große Zahl von Rebsorten. Zu den traditionellen Reben Cinsault und Carignan kommen Grenache, Syrah und Mourvèdre, die bei den Rotweinen und den Rosés mindestens 50 Prozent ausmachen müssen. Die Syrah-Rebe ist auf dem Vormarsch. Sie ist für die Kraft der Weine und den Reichtum an Tanninen und Aromen verantwortlich.

Weitere große Weine …

Château Mansenoble

Réserve
Bezeichnung: Corbières
Anbaufläche und Ort: 7 ha in Moux
Rebsorten: Syrah, Grenache, Carignan, Mourvèdre
Anzahl Flaschen pro Jahr: 30 000–35 000
Beste Jahrgänge: 1994, 1998, 2000, 2001

Château de la Négly

Le Clos des Truffiers
Bezeichnung: Coteaux du Languedoc
Anbaufläche und Ort: 2,3 ha in Narbonne
Rebsorten: Syrah (100%)
Anzahl Flaschen pro Jahr: 3500
Beste Jahrgänge: 2001

Roussillon

Das Languedoc ist eindeutig okzitanischer Natur, während das Roussillon seinen katalanischen Charakter verteidigt. Beiden gemeinsam ist die Begeisterung für die Rebe und den Wein, allerdings mit anderen Vorlieben. Im trockenwarmen Roussillon – nordwestlich von Perpignan (Maury und Rivesaltes) und im äußersten Osten (Banyuls) – haben besonders die Vins Doux Naturels ihre Heimat gefunden. Hier sind alle natürlichen Bedingungen für stark zuckerhaltige Traubenmoste gegeben. Muscat d'Alexandrie, Malvoisie, Macabéo und Grenache heißen die vier Rebsorten, die am Ende einer Lagerung in Gärgefäßen, in Holzfässern und schließlich in sonnenbeschienenen Ballonflaschen für den Bukettreichtum sorgen.

Im Roussillon wachsen aber auch »normale« Weine, vor allem Rote und Rosés. Sie tragen die Bezeichnungen »Côtes du Roussillon« und »Côtes du Roussillon Villages« (zu beiden Seiten des Agly). In diesem natürlichen Amphitheater, das sich zum Mittelmeer hin öffnet, herrschen im Winter milde und im Sommer sehr hohe Temperaturen. Kiesterrassen, Granite und Schiefer verleihen den Weinen einen Reichtum und eine Vielfalt, die die Winzer in Szene zu setzen wissen. Die Winzer des Roussillon stellten zu allen Zeiten berühmte Süßweine her. Im 13. Jahrhundert entdeckte man die perfekte Verbindung, die entsteht, wenn man Traubensaft mit dem entsprechenden Branntwein mischt. Man gibt gärenden Rot- und Weißweinen bei der Mutage Branntwein zu und macht ihn dabei »stumm« (»mute«). Die Gärung wird bei einem bestimmten Zuckergehalt gestoppt.

Auf den äußersten Ausläufern der Pyrenäen liegt das Terroir von Banyuls auf einem sonst wenig fruchtbaren, steilen Schieferboden, der nur den Anbau von autochthonen Rebsorten mit geringen Erträgen zulässt. Banyuls ist berühmt für seine Grands Crus, die mit größter Sorgfalt produziert werden.

Die Landschaft mit ihren einsamen Felsen, durchschnitten von Schluchten, von der Sonne, die seit dem frühen Morgen am Himmel steht, erhitzt, beeindruckt den Betrachter besonders. Auch der Rivesaltes stammt von armen, trockenen und warmen Böden. Die Weine von Maury hingegen wachsen auf steilen Anhöhen zu Füßen der Katharerruinen von Quéribus.

In den Ballonflaschen des Mas Amile reift der Maury in der prallen Sonne und wird dann in Holzfässern weiter ausgebaut.

Mas Amiel

Zu Beginn des 20. Jahrhunderts gründete Charles Dupuy, der viel zur Erneuerung der Appellation Maury beitrug, die Domäne Mas Amile. Sie liegt zu Füßen der Gebirgskette der Corbières, auf einer besonnten Schieferterrasse unter den Ruinen des Katharerschlosses von Quéribus. Im Jahre 1999 kaufte Olivier Decelle dieses Gut.

Bezeichnung: Maury
Anbaufläche und Ort: 156 ha (insgesamt) in Maury
Rebsorten: Grenache Noir (90%), Carignan Noir (5%), Macabeu (5%)
Anzahl Flaschen pro Jahr: 15 000
Beste Jahrgänge: keine Angaben

Château La Casenove

Etienne Montès war Fotograf, bevor er sich dem Weinbau zuwandte und das Familienunternehmen übernahm, eine alte Niederlassung der Templer zu Füßen des Mont Canigou, zwölf Kilometer von Perpignan entfernt. Er hielt sich dabei an die Ratschläge von Jean-Luc Colombo, eines bekannten Önologen und Winzers, der in Cornas eine Domäne besitzt.

Bezeichnung: Côtes du Roussillon
Anbaufläche und Ort: 5 ha in Trouillas
Rebsorten: Syrah (30%), Carignan (30%), Grenache (30%), Mourvèdre (10%)
Anzahl Flaschen pro Jahr: 10 000
Beste Jahrgänge: 1995, 1996, 1998, 2000

Domaine Cazes

Im Jahre 1927 kaufte Michel Cazes unter dem Einfluss seines Sohnes Aimé den Mas Joffre, den Besitz des Maréchal Joffre, des französischen Nationalhelden im Ersten Weltkrieg. Die ersten Flaschen mit der Bezeichnung »Cazes« kamen 1955, ebenfalls auf Betreiben seines Sohnes, auf den Markt. Von 1971 an wurde er von seinem jüngeren Bruder Bernard unterstützt, der Önologie studiert hatte.

Bezeichnung: Vin de Pays des Côtes Catalanes
Anbaufläche und Ort: 13 ha in Plaine du Roussillon
Rebsorten: Cabernet-Sauvignon, Merlot
Anzahl Flaschen pro Jahr: 50 000
Beste Jahrgänge: 1993, 1998

Domaine des Chênes

Die Domäne liegt inmitten des felsigen Gebiets von Vingrau auf den steilen Ausläufern der Hautes Corbières. Das Gut wurde im 18. Jahrhundert gegründet und gehört heute der Familie Razungles. Die Eltern, Gilbert und Simone, werden von ihrem Sohn Alain unterstützt, der Önologie an der Universität Montpellier lehrt. »Alzines« ist die katalanische Bezeichnung für »Chênes« (Eichen).

Bezeichnung: Côtes du Roussillon Villages
Anbaufläche und Ort: 4,6 ha in Vingrau
Rebsorten: Grenache, Carignan, Syrah
Anzahl Flaschen pro Jahr: 10 000–15 000
Beste Jahrgänge: 1994, 1997, 1999, 2001

L'Étoile

Die Winzergenossenschaft L'Etoile wurde 1921 von miteinander verwandten Weinbauern gegründet. Heute hat sie 75 Mitglieder. Im Laufe der Jahre spezialisierte sie sich auf den Ausbau alter Banyuls und baute 1957 eine Terrasse, auf der der Wein in Ballonflaschen acht bis zwölf Monate lang heranreifen kann.

Bezeichnung: Banyuls
Anbaufläche und Ort: 4 ha im Roussillon
Rebsorten: Grenache Noir (90%), Grenache Gris (10%)
Anzahl Flaschen pro Jahr: 3700
Beste Jahrgänge: 1976, 1985, 1988, 1991

Domaine Lafage

Diese Domäne in Canet-en-Roussillon entstand 1996. Dazu taten sich der Winzer Guy Lafage und sein Sohn Jean-Marc, ein gelernter Önologe, zusammen. Jean-Marc hat als Berater die ganze Welt bereist und verfügt über eine entsprechende technische und internationale Erfahrung.

Bezeichnung: Côtes du Roussillon
Anbaufläche und Ort: 30 ha, Terrassenlage »Le Vignon« am Fuß der Pyrenäen
Rebsorten: Syrah (50%), Grenache Noir (30%), Carignan (20%)
Anzahl Flaschen pro Jahr: 30 000
Beste Jahrgänge: 1998, 2000

Domaine du Mas Blanc

Der Arzt André Parcé widmete als unermüdlicher Forscher und Gastronom sein Leben den Weinen von Banyuls. Wir verdanken ihm den Banyuls »Rimage«, der in Flaschen heranreift. Sein Sohn Jean-Michel folgte ihm in der Leitung der Domäne nach. Die alten Rebstöcke wachsen auf Terrassen, auf steilen Hängen über dem Mittelmeer.

Bezeichnung: Banyuls
Anbaufläche und Ort: nicht abzuschätzen, da es sich um eine Assemblage der vergangenen 25 Jahre handelt
Rebsorten: hauptsächlich Grenache Noir
Anzahl Flaschen pro Jahr: 5000
Beste Jahrgänge: keine Jahrgangsweine

Vial Magnères

Die Geschichte begann, als sich Côme Magnères nach der Pensionierung entschloss, sich seinen Weinbergen in Banyuls zu widmen. Sein Sohn André unterstützte ihn dabei. Später traten dessen Tochter Gaby Vial und ihr Mann in die Fußstapfen des Vaters. Beide vergrößerten das Gut, das später ihre Tochter übernahm.

Bezeichnung: Banyuls
Anbaufläche und Ort: 2 ha in Banyuls
Rebsorten: Grenache Noir (80%), Grenache Gris (15%), Carignan (5%)
Anzahl Flaschen pro Jahr: 1200–1800
Beste Jahrgänge: 1973, 1976, 1979, 1982

Schokolade und Süßweine

Rivesaltes, Maury und Banyuls heißen die besten Vertreter jener lang gelagerten oxidierten roten Süßweine, die ausgeprägt nach roten Früchten, Honig und Vanille, Süßholz, Trockenfrüchten, ja sogar nach Kaffee und Kakao duften. Der große Koch Alain Senderens hat sich ausgiebig über das delikate Problem geäußert, zu einem Dessert aus Schokolade einen Wein auszuwählen. Die Schwierigkeit ergibt sich durch die Intensität des Kakaos, seine Persistenz im Mund und die Dominanz eines gewissen bitteren Geschmacks. Senderens zufolge eignen sich die Vins Doux Naturels am ehesten als Begleitung für schokoladenreiche Desserts wie Mousse au Chocolat, Schwarzwälder Kirschtorte oder Schokoladenkuchen.

Weitere große Weine …

Domaine Cazes

Rivesaltes Tuilé
Bezeichnung: Rivesaltes
Anbaufläche und Ort: 8 ha in Plaine du Roussillon
Rebsorten: Grenache Noir (100%)
Anzahl Flaschen pro Jahr: 15 000–20 000
Beste Jahrgänge: 1978, 1984

Domaine du Mas Blanc

Rimage la Coume
Bezeichnung: Banyuls
Anbaufläche und Ort: 1,5 ha in Banyuls-sur-Mer
Rebsorten: Grenache Noir (90%), Syrah (5%), Mourvèdre (5%)
Anzahl Flaschen pro Jahr: 3000
Beste Jahrgänge: 1976, 1994, 1998, 2000

Provence und Korsika

Die Provence bedeutet für viele sonnige Ferien und angenehme Roséweine. Hier wächst die Rebe wie die Olive seit der frühesten Antike. Die Region hat dem Weinliebhaber aber mehr zu bieten als nur Rosés: vor allem originelle und bisweilen unbekannte Weine in allen Farben. Auf Korsika werden aus alten einheimischen Reben wahre Wunder gekeltert.

Der Weinbau erstreckt sich in der Provence über vier Départements: Alpes de Haute Provence, Alpes-Maritimes, Bouches-du-Rhône und Var. Die Rebe existierte hier schon, als die Phönizier gegen 600 v. Chr. in Marseille landeten. Sie trugen zu ihrer weiteren Verbreitung bei. Später übernahmen die Römer, dann die Mönche und die Adligen diese Aufgabe. Einen günstigen Einfluss übten der König und Winzer René d'Anjou, Herzog der Provence, sowie Eléonore de Provence aus, die Gemahlin des englischen Königs Heinrich III. Sie versuchte, den Weinen ihrer Heimat Geltung zu verschaffen. Da die Provence sich aber außerhalb der großen Verkehrswege befand, geriet sie beim Warenaustausch etwas ins Hintertreffen.

Man musste die Entwicklung des Tourismus in der zweiten Hälfte des 20. Jahrhunderts abwarten, damit den Weinen Ehre widerfahren konnte, besonders den Rosés. Überdies ermöglichen kleine, seit altersher berühmte Anbaugebiete die Entdeckung wahrer Schätze. Sie heißen heute Palette, Cassis, Bandol und Bellet.

Korsika ist wie ein Gebirge im Meer. Die Rebe gedeiht so ziemlich überall, wo es die Meereshöhe zulässt. Hier wachsen alte autochthone neben neu eingeführten Reben. Die Hauptproduktion besteht allerdings aus Vins de Pays und Vins de Table.

Das Dorf Gassin (Var) liegt 200 Meter hoch über der Küstenlandschaft der Provence. Hier wachsen die Weine mit der Bezeichnung »Côtes de Provence«.

Provence

Von der Rhône bis zur italienischen Grenze produziert ein Mosaik aus Weingärten vor allem Vins de Pays für jeden Geschmack. Man findet hier aber auch neun Appellations Contrôlées.

Gut strukturierte und tanninreiche Rotweine, feine fruchtige Rosés und Weißweine mit Eleganz und Finesse: Das sind die Produkte der Appellation Palette. Sie liegt in unmittelbarer Nähe der berühmten Montagne de Sainte-Victoire, die Cézanne bekannt gemacht hat, an den pittoresken Hängen des Montaiguet oberhalb des Arc, vor den Toren von Aix-en-Provence. Der Weinberg gehört zwei Besitzern. Einer darunter ist das berühmte Château Simone.

Die Appellation Cassis in der Provence ist ein Synonym für Weißweine. Der Weinberg liegt nahe beim kleinen Hafen Cassis zwischen Marseille und La Ciotat. Er ist vor dem Mistral und zu viel Sonne geschützt. Hier werden auch Rotweine und Rosés erzeugt. Doch für das Renommee sorgen die Weißweine, die im Wesentlichen aus der Sorte Ugni Blanc gekeltert werden.

Beim Bandol hingegen überwiegen die Rotweine. Die Reben werden hier auf trockenem Boden, auf Terrassen, kultiviert und ergeben dunkle großzügige, noch ziemlich seltene, aber renommierte Weine. Die ausgeprägte Frucht der Rebsorte Mourvèdre, die zur Hälfte in diesen Weinen vertreten ist, erkennt man sofort. Man kann behaupten, dass sie hier die günstigsten klimatischen Bedingungen für ihre volle Entfaltung findet.

Bellet ist ein winziges Anbaugebiet in der Nähe von Nizza; es erzeugt delikate Rotweine, leichte Rosés und trockene bukettreiche Weißweine. Da das Anbaugebiet auf einer gewissen Höhe an Kalkhängen liegt, sind hier die Nächte schon kühler und verleihen den Weinen einen besonderen Stil. Sie werden nur von einer Handvoll Winzern gekeltert.

Die Côtes de Provence wurden 1985 zur Appellation Contrôlée erhoben und umfassen Weine aller drei Farben. Sie werden in drei Zonen angebaut: an den Granit- oder Schieferabhängen des Massif des Maures, auf den Kalkhängen von Brignoles und Draguignan und in der fruchtbaren Niederung zwischen Toulon und Fréjus. Entsprechend vielfältig sind die Terroirs und ihre Weine.

Das arenaförmige Gebiet von Pibarnon (Var) ist vor ein paar zehntausend Jahren entstanden.

Domaine des Béates

Die Weinfirma Chapoutier, die mehrere berühmte Domänen im Rhônetal besitzt, hat auch dieses Weingut gekauft. Es erinnert mit seinem Namen an die Klosterschwestern, denen diese Lage in Lambesc einst gehörte. Das Dorf liegt zwischen den Alpilles, dem Lubéron und der Montagne de Sainte-Victoire. Das Gut wird biodynamisch bewirtschaftet.

Bezeichnung: Coteaux d'Aix-en-Provence
Anbaufläche und Ort: 5 ha in Lambesc
Rebsorten: Grenache, Syrah, Cabernet-Sauvignon
Anzahl Flaschen pro Jahr: 9000
Beste Jahrgänge: 1999, 2000, 2001

Château Calissanne

Im 4. Jahrhundert v. Chr. war Calissanne eine Siedlung der Keltoligurer. Die Reste einer Ansiedlung dieser frühen Bewohner sind noch zu erkennen. Später kamen die Römer, dann der Johanniter-Orden. Das heutige Château stammt aus dem 17. Jahrhundert. Die Domäne wurde im 19. Jahrhundert von einem Industriellen aus Marseille gegründet.

Bezeichnung: Coteaux d'Aix-en-Provence
Anbaufläche und Ort: 1000 ha (insgesamt) am Fuß der Hügel von Lançon-de-Provence
Rebsorten: Syrah (60%), Cabernet-Sauvignon (40%)
Anzahl Flaschen pro Jahr: 50 000
Beste Jahrgänge: 1996, 1998, 2001

Mas de la Dame

Dieses Mas ist nach einer geheimnisvollen Dame benannt, die nach dem Tod ihres Verlobten während der Kreuzzüge ewig trauerte. Die beeindruckenden Gebäude malte Vincent van Gogh 1889. Der Coin Caché ist eine besondere Cuvée von einer Parzelle mit alten Grenachestöcken, deren Trauben in vollreifem Zustand geerntet werden.

Bezeichnung: Les Baux-de-Provence
Anbaufläche und Ort: 2,1 ha am Fuß von Les Baux-de-Provence
Rebsorten: Grenache (80%), Syrah (20%)
Anzahl Flaschen pro Jahr: 9000
Beste Jahrgänge: 1998, 1999

Domaine du Deffends

Die Domäne liegt am Fuß der Monts Auréliens und neben der Römerstraße gleichen Namens. Dank ihrer privilegierten Exposition nach Südost wurde sie noch nie vom Frost heimgesucht. Der Clos de la Truffière hat seinen Namen daher, dass man in der Umgebung der Rebstöcke gelegentlich Trüffel findet.

Bezeichnung: Coteaux Varois
Anbaufläche und Ort: 6 ha in Saint-Maximin-la-Sainte-Baume
Rebsorten: Syrah (60%), Cabernet-Sauvignon (40%)
Anzahl Flaschen pro Jahr: 25 000
Beste Jahrgänge: 1993, 1995, 1998, 2000

Château de Fontcreuse

Die Geschichte des Château de Fontcreuse begann 1922. Damals machte Colonel Tedd, Offizier der britischen Armee in Indien, Urlaub an der Riviera. Er verliebte sich in den Ort, kaufte das Château de Fontcreuse und begeisterte sich für dessen Weinberg. Im Jahre 1953 übernahm Joseph Maffei die Führung. Seit 1987 leitet Jean-François Brando das Gut.

Bezeichnung: Cassis
Anbaufläche und Ort: 14,3 ha in Cassis
Rebsorten: Marsanne (40%), Clairette (30%), Ugni (30%)
Anzahl Flaschen pro Jahr: 70 000
Beste Jahrgänge: 2000, 2001

Domaine Gavoty

Sechs Generationen folgten seit 1806 aufeinander in der Leitung des Weinbergs von »Campdumy«. Das provenzalische Wort bedeutet »Feld der Weinlese«. Die Weine des Gutes erlebten unter Pierre und Bernard Gavoty ihren Aufstieg. Letzterer ist Ingenieuragronom, Organist am Invalidendom und Musikkritiker beim *Figaro*.

Bezeichnung: Côtes de Provence
Anbaufläche und Ort: 4 ha, 12 km von der Abbaye du Thoronet entfernt
Rebsorten: Syrah, Grenache, Cabernet
Anzahl Flaschen pro Jahr: 26 000
Beste Jahrgänge: 1985, 1988, 1989, 1990

Château de Pibarnon

Der nach Südosten exponierte, hoch an einem Hügel klebende Weinberg eignet sich ganz besonders für die Reifung des Mourvèdre. Diese Rebsorte ist die Königin von Pibarnon. Sie weckte in Henri de Saint-Victor die Passion für den Wein, denn er verliebte sich in den Bandol, gab sein Unternehmen auf und stürzte sich in den Weinbau. Heute leitet sein Sohn Eric das Gut.

Bezeichnung: Bandol
Anbaufläche und Ort: 30 ha in La Cadière-d'Azur
Rebsorten: Mourvèdre (90%), Grenache (10%)
Anzahl Flaschen pro Jahr: 100 000
Beste Jahrgänge: 1985, 1993, 1998, 2000

Château Pradeaux

Im Jahre 1752 erbte Jean-Marie-Etienne Portalis, Minister unter Napoleon und Mitverfasser des Code Civil, dieses Gut. Heute steht es unter der Leitung von Cyrille Portalis. Es liegt in der Nähe der Küste, sodass die Reben durch die Verdunstung des Meerwassers bei heißem Wetter von einer erhöhten Luftfeuchtigkeit profitieren.

Bezeichnung: Bandol
Anbaufläche und Ort: 15 ha in Saint-Cyr-sur-Mer
Rebsorten: Mourvèdre (95%), Grenache (5%)
Anzahl Flaschen pro Jahr: 40 000
Beste Jahrgänge: 1970, 1979, 1998, 2000

Weitere große Weine …

Domaine des Béates

Domaine des Béates Rouge
Bezeichnung: Coteaux d'Aix-en-Provence
Anbaufläche und Ort: 18 ha in Lambesc
Rebsorten: Grenache, Syrah, Cabernet-Sauvignon
Anzahl Flaschen pro Jahr: 50 000
Beste Jahrgänge: 1999, 2000, 2001

Mas de la Dame

Cuvée de la Stèle
Bezeichnung: Les Baux-de-Provence
Anbaufläche und Ort: 4,5 ha am Fuß von Les Baux-de-Provence
Rebsorten: Syrah (60%), Cabernet-Sauvignon (40%)
Anzahl Flaschen pro Jahr: 20 000
Beste Jahrgänge: 1995, 1998

Château de Pibarnon

Château de Pibarnon Blanc
Bezeichnung: Bandol
Anbaufläche und Ort: 6 ha in La Cadière-d'Azur
Rebsorten: Clairette (40%), Bourboulenc (30%), verschiedene lokale Rebsorten (30%)
Anzahl Flaschen pro Jahr: 17 000
Beste Jahrgänge: 2002

Château Simone

Château Simone Rouge
Bezeichnung: Palette
Anbaufläche und Ort: 9 ha in Meyreuil
Rebsorten: Grenache, Mourvèdre und Cinsault (80%), 10 weitere provenzalische Rebsorten (20%)
Anzahl Flaschen pro Jahr: 40 000
Beste Jahrgänge: 1990, 1995, 1999, 2001

Château Simone

Château Simone Rosé
Bezeichnung: Palette
Anbaufläche und Ort: 3 ha in Meyreuil
Rebsorten: Grenache, Mourvèdre, Cinsault, 10 weitere provenzalische Rebsorten
Anzahl Flaschen pro Jahr: 13 000
Beste Jahrgänge: 1990, 1995, 1998, 2001

Château Réal Martin

Das Château Réal Martin gehörte einst den Comtes de Provence. Das Gut erstreckt sich über die Höhen von Correns und Val. Der vier Hektar große, mit alten Reben bestockte Weinberg hat eine ausgezeichnete Exposition. In einem alten Keller ruhen die 200 Eichenbarriques, die dem Ausbau der Prestigecuvée »Optimum« dienen.

Bezeichnung: Côtes de Provence
Anbaufläche und Ort: 4 ha (3 für Syrah, 1 für Grenache) in Le Val
Rebsorten: Syrah (75%), Grenache (25%)
Anzahl Flaschen pro Jahr: 8000
Beste Jahrgänge: 1998, 2000, 2001

Domaine Saint-André de Figuière

Die Domäne liegt zwischen Toulon und Saint-Tropez gegenüber den Iles d'Or de Porquerolles, ideal zwischen Mittelmeer und Massif des Maures. Der Weinberg erstreckt sich in einem Stück um den Keller herum. Über das Terroir wacht seit zehn Jahren aufmerksam Alain Combard, der auch eine Domäne in Chablis mitgegründet hat, ursprünglich aber aus der Provence stammt.

Bezeichnung: Côtes de Provence
Anbaufläche und Ort: 1 ha in Contrefort des Maures
Rebsorten: Rolle (100%)
Anzahl Flaschen pro Jahr: 5000
Beste Jahrgänge: 2000

Mas Sainte Berthe

Das Mas Sainte Berthe war einst das Landhaus der Seigneurs Mollières. 1539 baute man direkt neben das Landhaus eine Kapelle der heiligen Bertha. Die Familie David kaufte das Gut 1950 und legte neue Weingärten an.

Bezeichnung: Les Baux-de-Provence
Anbaufläche und Ort: 6 h in Les Baux-de-Provence
Rebsorten: Grenache (34%), Syrah (33%), Cabernet-Sauvignon (33%)
Anzahl Flaschen pro Jahr: 26 000
Beste Jahrgänge: 1990, 1995, 1998

Château Simone

Zu Füßen der berühmten Montagne de Sainte-Victoire steigt ein Gebiet voller Kalkschutt eine Arena hoch, die von Wäldern umgeben und vor Winden und der glühenden Sonne geschützt ist. Hier liegt das Château Simone, das der Familie Rougier gehört. Die Kellergewölbe aus dem 16. Jahrhundert wurden von Karmelitermönchen aus Aix gebaut.

Bezeichnung: Palette
Anbaufläche und Ort: 9 ha in Meyreuil
Rebsorten: Grenache, Mourvèdre, Cinsault (80%), 10 weitere provenzalische Rebsorten (20%)
Anzahl Flaschen pro Jahr: 40 000
Beste Jahrgänge: 1995, 1998, 1999, 2000

Domaine La Suffrène

Hier soll einst eine Gefährtin des Landvogts von Suffren gelebt haben, was den Namen dieser Familiendomäne erklären würde. Die Trauben wurden früher der Winzergenossenschaft übergeben. 1996 übernahm Cédric Gravier die Leitung. Das Weingut besitzt einen hübschen Anteil alter Reben mit zum Teil über 40-jährigen Mourvèdre-Stöcken.

Bezeichnung: Bandol
Anbaufläche und Ort: 2 ha in Cadière-d'Azur und Le Castellet
Rebsorten: Mourvèdre (95%), Carignan (5%)
Anzahl Flaschen pro Jahr: 7000–10 000
Beste Jahrgänge: 1996, 1998

Domaine de la Tour du Bon

Die Domäne liegt im äußersten Nordwesten der Appellation Bandol. Nach örtlicher Überlieferung hat es seinen Namen nach einem Sarazenenturm, der oben auf dem Hügel stand. Das Gutsgebäude war ursprünglich nur ein Bauernhaus. Später wurde es aber durch eine große Bastide ersetzt. Die Keller befinden sich im Erdgeschoss, wie in dieser Region üblich.

Bezeichnung: Bandol
Anbaufläche und Ort: 12 ha in Le Brulat-de-Castellet
Rebsorten: Mourvèdre (90%), Carignan (10%)
Anzahl Flaschen pro Jahr: ca. 8000
Beste Jahrgänge: keine Angaben

Domaine de Trévallon

Der Maler und Bildhauer René Dürbach, der auch mit Picasso und Léger befreundet war, kaufte die Domäne, die am Nordhang der Alpilles liegt, im Jahre 1955. 1973 pflanzte sein Sohn Eloi die ersten Reben. Das Gut fällt aus der Appellation Les Baux-de-Provence heraus, weil das Rebsortiment aus freien Stücken nicht den Vorschriften entspricht.

Bezeichnung: Vin de Pays des Bouches-du-Rhône
Anbaufläche und Ort: 2 ha zwischen Saint-Rémy-de-Provence und Tarascon
Rebsorten: Marsanne, Roussanne, Chardonnay
Anzahl Flaschen pro Jahr: 4500
Beste Jahrgänge: 1982, 1985, 1995, 2000

Château Vignelaure

Das Châteaux Vignelaure, das der Überlieferung zufolge übersetzt »Weinberg der heiligen Quelle« heißt, wurde ab 1970 durch die Tätigkeit von Georges Brunel berühmt, der aus dem Médoc kam. Später kaufte es David O'Brien, ein irischer Rennpferd-Trainer, der zu Beginn der 1980er-Jahre den Besitz kennen gelernt hatte.

Bezeichnung: Coteaux d'Aix-en-Provence
Anbaufläche und Ort: 15 ha im Hinterland des Mont Sainte-Victoire
Rebsorten: Cabernet-Sauvignon, Syrah, Grenache
Anzahl Flaschen pro Jahr: 60 000–90 000
Beste Jahrgänge: 1971, 1993, 1998, 1999

In der Umgebung von Gordes (Provence) pflanzt man seit der Antike Reben an.

Korsika

Die »Insel der Schönheit« hat ein sehr bewegtes Relief mit zahlreichen unterschiedlich orientierten Abhängen und einer Ebene im Osten, die aber keinesfalls ganz flach ist. Auf Korsika scheint oft die Sonne, doch die relative Luftfeuchtigkeit ist dank des maritimen Einflusses erhöht, und manchmal regnet es reichlich. Dazu kommen unterschiedliche Bodentypen, die den Charakter der Weine bestimmen. Im Wesentlichen wachsen hier Vins de Table und Vins de Pays. Der verbreitetste Bodentyp, der fast im ganzen Süden und Westen der Insel vorkommt, geht aus Graniten hervor. Schiefer findet man im Nordosten und dazwischen einige Kalkböden.

Zu den typisch korsischen autochthonen Reben zählt vor allem der Nielluccio, der seine Tannine am besten auf Kalkboden entwickelt. Der Sciacarello ergibt vor allem fruchtige Weine, die Malvasia Weißweine mit viel Charakter und hoher Qualität. Weine mit der Bezeichnung Vin de Corse können auf allen Terroirs der Insel wachsen, die als AOC eingestuft sind, mit Ausnahme von Ajaccio und Patrimonio. Im Wesentlichen stammen sie von den Höhenzügen oberhalb der Ebene im Osten und vom Tal des Golo. Durch die unterschiedlichen Böden und den wechselnden Mengenanteil der verschiedenen Rebsorten entsteht eine große Vielfalt an Weinen.

Das Gebiet der Appellation Ajaccio erstreckt sich vom Golf de Porto bis zu den Grenzen des Sartenais. Die meisten Reben wachsen aber an den Granithängen über dem Golf von Ajaccio. Die Rotweine überwiegen hier und verdanken ihr Bukett der Rebsorte Sciacarello. Das kleine Anbaugebiet Patrimonio, das sich vom Hafen von Saint-Florent nach Osten und nach Süden erstreckt, erweist sich als sehr homogen, besonders da die Bestimmungen den Nielluccio für die roten und den Vermentino (ein anderer Name für Malvasia) für die weißen Weine begünstigen. Das stark eingeschränkte Rebsortiment begründete den Ruf dieser Weine, die auf nach Osten exponierten Kalkböden an den Hängen der Conca d'Oro wachsen.

Ein Dorf über dem Meer und Weinberge auf Terrassen: So sieht die Weinlandschaft auf Korsika aus.

Domaine Antoine Arena

Im Norden von Korsika, darin eingeschlossen Patrimonio, keltert man berühmte Muskateller. Das Kellergebäude von Antoine Arena liegt einige Kilometer vor Saint-Florent in Richtung Bastia. Er hält den traditionellen einheimischen Rebsorten die Treue und verwendet auf seinen rund zehn Hektar Hanglage weder Kunstdünger noch Herbizide.

Bezeichnung: Muscat du Cap Corse
Anbaufläche und Ort: 3 ha in Patrimonio
Rebsorten: Muscat à Petits Grains Ronds (Muscat Blanc) (100%)
Anzahl Flaschen pro Jahr: 7000
Beste Jahrgänge: keine Angaben

Clos Nicrosi

Die Domäne zu Füßen des Dorfes Rogliano wurde 1850 von Dominique Nicrosi gegründet und 1959 von seinem Enkel Toussain und seinem Urenkel Paul Luigi erneuert. Heute leitet Jean-Noël Luigi die Domäne. Er ist berühmt für seinen Muskateller: 70 Prozent der Ernte trocknen an der Sonne, um die natürliche Zuckerkonzentration zu erhöhen.

Bezeichnung: Muscat du Cap Corse
Anbaufläche und Ort: 4 ha in Rogliano
Rebsorten: Muscat à Petits Grains Ronds (Muscat Blanc) (100%)
Anzahl Flaschen pro Jahr: 10 000–13 000
Beste Jahrgänge: 2001 (außergewöhnlich)

Domaine Comte Peraldi

In dieser Domäne herrscht die Rebsorte Sciacarello vor. Aus dem Korsischen übersetzt bedeutet dieser Name »die zwischen den Zähnen kracht«. Die ersten Rebstöcke dieser berühmten Domäne wurden im 16. Jahrhundert gepflanzt. Die Restrukturierung erfolgte 1965 durch den Vater des heutigen Besitzers, den Comte Guy Tyrel de Poix.

Bezeichnung: Ajaccio
Anbaufläche und Ort: 5 ha in der Nähe von Ajaccio
Rebsorten: überwiegend Sciacarello
Anzahl Flaschen pro Jahr: 15 000–20 000
Beste Jahrgänge: 1993, 1997, 2000

Domaine Torraccia

Die Domäne liegt zwischen dem Gebirge und dem Tyrrhenischen Meer, nördlich von Porto Vecchio. Sie wurde 1964 von Christian Imbert gegründet, als er nach 15 Jahren aus dem Tschad zurückkehrt. Der Weinberg erstreckt sich über prächtige Granitabhänge und wird weder mit Düngern noch mit Herbiziden oder anderen Pestiziden behandelt.

Bezeichnung: Porto Vecchio
Anbaufläche und Ort: 10 ha, 10 km nördlich von Porto-Vecchio
Rebsorten: Nielluccio (80%), Sciacarello (20%)
Anzahl Flaschen pro Jahr: ca. 45 000
Beste Jahrgänge: 1987, 1990, 1995

Südwest-frankreich

Das Weinbaugebiet Südwestfrankreich umfasst so unterschiedliche Appellationen wie Irouléguy, Bergerac oder Gaillac. Es ist in typische Terroirs aufgespalten und erzeugt besondere, unnachahmliche Weine.

Vor dem Bau der Eisenbahn konnten die Weinberge der Dordogne und der Garonne nur dank der Stadt Bordeaux existieren. Die Weine mussten aber so lange warten, bis die gesamte Ernte des Bordeaux an die englischen Weinliebhaber und die niederländischen Großhändler verkauft war. Erst dann fanden sie Käufer – sofern man sie nicht einfach dazu verwendete, schmalbrüstige »Clarets« zu verbessern. Die Weine des Landes oder des Baskenlandes mussten erst eine Reise auf dem Adour unternehmen und gelangten dann nach Bayonne. Das hatte zur Folge, dass sie kaum außerhalb ihrer engeren Heimat bekannt waren. Dennoch zählen diese Weinberge zu den ältesten in Frankreich. Sie weisen eine unvergleichliche Vielfalt an Rebsorten auf.

Das Weinbaugebiet Cahors beispielsweise ist gallorömischen Ursprungs. Der okzitanische Dichter Auger Gaillard besang den schäumenden Wein von Gaillac, lange bevor vom Champagner die Rede sein konnte. Der Irouléguy geht auf die Mönche von Ronceveaux zurück, ganz zu schweigen vom Jurançon, der seine Berühmtheit der Taufe Heinrich IV. (1553–1610) verdankt. Dank vieler von Leidenschaft beseelter Winzer erfahren diese Weine heute wieder eine Renaissance.

In der Nähe von Castelnau-Montratier (Lot) wacht die von Zypressen eingerahmte Kirche über die Weinberge des Quercy.

Château d'Aydie Vignoble Laplace

Die Leitung der Domäne ist Familienangelegenheit. Pierre Laplace empfängt die Besucher. Seine Söhne sind für den Keller, den Vertrieb und den Weinberg zuständig. Die Tochter, das jüngste seiner Kinder, überwacht die Flaschenabfüllung und die Spedition. Der Weinberg mit seinen 55 Hektar unterteilt sich in vier Bereiche und drei unterschiedliche Terroirs.

Bezeichnung: Madiran
Anbaufläche und Ort: 20 ha in Aydie
Rebsorten: überwiegend Tannat, Cabernet
Anzahl Flaschen pro Jahr: 65 600
Beste Jahrgänge: 1990, 1995

Domaine de Bachen

Die Baronie wurde im 13. Jahrhundert gegründet und war lange ein Zankapfel zwischen Katholiken und Hugenotten. Im 17. Jahrhundert erweckten die Barons de Bachen das »Rebhaus« aus seinem Dornröschenschlaf. 1983 kauften Michel und Christine Guérard das Gut und begannen mit der Produktion eines alten baskischen Weins, des Tursan.

Bezeichnung: Tursan
Anbaufläche und Ort: 5 ha in Duhort-Bachen
Rebsorten: Petit Manseng (58%), Sauvignon (22%), Gros Manseng (18%) und andere
Anzahl Flaschen pro Jahr: 13 000–18 000
Beste Jahrgänge: 1999, 2002

Château Bouscassé

Das Château Bouscassé in Maumusson ist die Familiendomäne, in der Alain Brumont auf die Welt kam und seine ersten Erfahrungen als Winzer machte. 1978 übernahm er den Betrieb von seinem Vater Alban. Der Weinberg umfasste damals zwanzig Hektar. Ab 1988 ließ Brumont neue Gärgefäße, einen unterirdischen Keller für den Ausbau der Weine und Landschaftsgärten errichten.

Bezeichnung: Madiran
Anbaufläche und Ort: 80 ha in Maumusson und Viella
Rebsorten: Tannat (100%)
Anzahl Flaschen pro Jahr: 40 000
Beste Jahrgänge: 1990, 1995, 2001

Das Weinbaugebiet Monbazillac umfasst an die 3000 Hektar, die im Wesentlichen mit Weißweinreben bepflanzt sind.

Weinthermometer

Wenn man einen Wein mit der falschen Temperatur serviert, kann er all seine Eigenschaften einbüßen. Bei der richtigen Temperatur hingegen kommen sie zur vollen Entfaltung. Es ist also durchaus von Nutzen, die Temperatur eines Weines mit einem Thermometer zu messen. Die richtige Temperatur hängt von mehreren Faktoren ab, die sich gegenseitig beeinflussen können: Rotwein, Weißwein, Rosé, Schaumwein oder Süßwein? Ein großer berühmter Wein oder ein eher unbedeutender? Burgunder oder Bordeaux und dessen Alter? Eine große Rolle spielt auch die Umgebungstemperatur und damit die Witterung der Region, in der der Wein getrunken wird. Ein Weißwein, den man, den Empfehlungen folgend, in einem sehr heißen Klima bei 10 Grad trinkt, kann einem wie geeist vorkommen. Man kann ihn also ruhig bei 13 Grad anbieten.

Weitere große Weine …

Château d'Aydie-Vignoble Laplace

Château d'Aydie Pacherenc du Vic Bilh
Bezeichnung: Pacherenc du Vic Bilh
Anbaufläche und Ort: 20 ha in Aydie
Rebsorten: Petit Manseng (100%)
Anzahl Flaschen pro Jahr: 47 200
Beste Jahrgänge: 1990, 1995, 1999

Domaine Brana

Domaine Brana Blanc
Bezeichnung: Irouléguy
Anbaufläche und Ort: 4 ha in Ispoure
Rebsorten: Gros Manseng, Petit Manseng, Petit Corbu
Anzahl Flaschen pro Jahr: 20 000
Beste Jahrgänge: 1990, 1993, 1996, 2000

Domaine Brana

Der Weinberg entstand 1984 an den spektakulären Abhängen von Ispoure oberhalb von Saint-Jean-Pied-de-Port im französischen Baskenland. Die Domaine Brana ist heute eine der großen Figuren im Irouléguy. Den Wein produzierten schon die Mönche von Roncevaux. Die Destillerie des Hauses erzeugt auch einen renommierten Birnenbrand.

Bezeichnung: Irouléguy
Anbaufläche und Ort: 8,5 ha in Ispoure
Rebsorten: Cabernet Franc, Cabernet-Sauvignon, Tannat
Anzahl Flaschen pro Jahr: 35 000
Beste Jahrgänge: 1990, 1994, 1995, 1997

Domaine Bru-Baché

Der Jurançon, die »Perle des Béarn«, der bei der Taufe Heinrich IV. in Erscheinung trat, war vor der Reblauskrise noch ein Weltstar. Heute erstreckt sich das Weinbaugebiet südlich und westlich von Pau. Claude Loustalot übernahm in Monein das Gut seines Onkels Georges Bru-Baché: einen gartenähnlichen Weinberg am Hang.

Bezeichnung: Jurançon
Anbaufläche und Ort: 1 ha in Monein
Rebsorten: Petit Manseng (100%)
Anzahl Flaschen pro Jahr: 2000–3000
Beste Jahrgänge: 1995, 1998, 2001

Domaine Cauhapé

Henri Ramonteu, der die Domaine Cauhapé leitet, ist der bekannteste Winzer des Jurançon. Er liebt es, seine Cuvées mit poetischen Namen zu versehen, die an die späte Lese und an den geduldigen Ausbau in Eichenfässern erinnern, etwa »Ballet d'Octobre«, »Chant des Vignes«, »Symphonie de Novembre«, »Folie de Janvier« oder einfach »Noblesse du Temps«.

Bezeichnung: Jurançon
Anbaufläche und Ort: 5 ha, 25 km von Pau entfernt
Rebsorten: Petit Manseng (100%)
Anzahl Flaschen pro Jahr: 10 000
Beste Jahrgänge: 1995

Domaine de Lagrézette

Die Familie Massault baute das Château im 15. Jahrhundert. Es verbindet mittelalterliche Architektur mit der Ornamentik der Renaissance. 1980 wurde es von Alain-Dominique Perrin gekauft, restauriert und als historisches Denkmal eingestuft. Es fand auch zurück zu seiner önologischen Vergangenheit: Schon 1503 erntete man hier Trauben.

Bezeichnung: Cahors
Anbaufläche und Ort: 2,7 ha, Lage »Le Pigonnier«, 10 km westlich von Cahors
Rebsorten: Auxerrois (100%)
Anzahl Flaschen pro Jahr: 6600
Beste Jahrgänge: 1995, 1997, 1998, 2000

Château Montus

In Montus ist das Gärgefäß mit einer Vorrichtung zum Untertauchen des Tresterhutes ausgerüstet. Dieses im Südwesten einzigartige Gerät sorgt dafür, dass der gärende Wein immer wieder mit den Traubenschalen in Kontakt kommt. Damit sollen die Stoffe möglichst vollständig extrahiert werden. Der Wein besteht aus der örtlichen Rebe Tannat, an deren Qualität vor Brumont keiner glaubte.

Bezeichnung: Madiran
Anbaufläche und Ort: Maumusson-Laguian
Rebsorten: Tannat (100%)
Anzahl Flaschen pro Jahr: 65 000
Beste Jahrgänge: keine Angaben

Weitere große Weine …

Domaine Bru-Baché

La Quintessence
Bezeichnung: Jurançon
Anbaufläche und Ort: 3–4 ha in Monein
Rebsorten: Petit Manseng (100%)
Anzahl Flaschen pro Jahr: 10 000–15 000
Beste Jahrgänge: 2001

Domaine de Lagrézette

Cuvée Dame Honneur
Bezeichnung: Cahors
Anbaufläche und Ort: 4,5–5 ha, 10 km westlich von Cahors
Rebsorten: Auxerrois (91%), Merlot (9%)
Anzahl Flaschen pro Jahr: 10 200
Beste Jahrgänge: 1995, 1998, 1999, 2000

Château Montus

Château Montus
Bezeichnung: Pacherenc du Vic Bilh
Anbaufläche und Ort: 80 ha in Maumusson-Laguian
Rebsorten: Petit Courbu (100%)
Anzahl Flaschen pro Jahr: 250 000
Beste Jahrgänge: 1990, 1995, 2001

Domaine Robert Plageoles et Fils

Vin de Voile
Bezeichnung: Gaillac
Anbaufläche und Ort: 3 ha in Cahuzac-sur-Vère
Rebsorten: Mauzac Roux (100%)
Anzahl Flaschen pro Jahr: ca. 4000
Beste Jahrgänge: 1975, 1981, 1983, 1987

Uroulat

Cuvée Marie
Bezeichnung: Jurançon
Anbaufläche und Ort: 7,51 ha in Jurançon
Rebsorten: Gros Manseng (95%), Courbu (5%)
Anzahl Flaschen pro Jahr: 40 000–60 000
Beste Jahrgänge: keine Angaben

Domaine Robert Plageoles & Fils

Robert Plageoles widmet sich historisch-ampelographischen Studien und ist auf der Suche nach autochthonen Rebsorten. So stieß er auch auf die »Ondenc«, eine regionale, seit dem Mittelalter fast verschwundene Sorte. Zusammen mit seinem Sohn Bernard stellt er aus ihren Trauben, die im Autan (warmer, trockener Wind) gereift sind, Süßweine her.

Bezeichnung: Gaillac
Anbaufläche und Ort: 2,8 ha in Cahuzac-sur-Vère
Rebsorten: Ondenc (100%)
Anzahl Flaschen pro Jahr: 2000–2400 Flaschen zu 500 ml
Beste Jahrgänge: 1989, 1997, 2001

Domaine Le Roc

Der Weinberg der Brüder Ribes in Fronton, die 1988 den Betrieb von ihrem Vater übernahmen, ist über fünf Parzellen der kleinen Appellation Côtes-du-Frontonnais unweit von Toulouse verstreut. Die Cuvées beruhen auf rigoroser Selektion der Trauben. Dabei spielt die örtliche Négrette eine große Rolle. Die Cuvée Don Quichotte kam 1995 auf den Markt.

Bezeichnung: Côtes-du-Frontonnais
Anbaufläche und Ort: 3 ha in Fronton
Rebsorten: Syrah (50%), Négrette (50%)
Anzahl Flaschen pro Jahr: 15 000
Beste Jahrgänge: 1995, 1998, 2000, 2001

Château Tirecul La Gravière

Der Besitz von Claudie und Bruno Bilancini liegt in der Mitte der Appellation und erstreckt sich über die Côte Nord de Monbazillac. Der tonig-kalkige Boden enthält auch Stellen aus Sand und Kies, die man örtlich auch »La Gravière« nennt. Die Bilancini führen das Gut seit 1992 und schufen in jenem Jahr auch die Cuvée Madame.

Bezeichnung: Monbazillac
Anbaufläche und Ort: 9,2 ha in Monbazillac
Rebsorten: Muscadelle (50%), Sémillon (45%), Sauvignon (5%)
Anzahl Flaschen pro Jahr: 10 000 Fl. zu 500 ml
Beste Jahrgänge: 1995, 1997, 1999, 2001

Château Tour des Gendres Moulin des Dames

Diese Domäne von Bergerac ist seit dem 12. Jahrhundert bekannt und gehört seit 1981 der Familie De Conti. Die Philosophie des Hauses sieht vor, nur ein Minimum an Herbiziden und anderen synthetischen Produkten zu verwenden, vor allem keinen Kunstdünger.

Bezeichnung: Bergerac
Anbaufläche und Ort: 7 ha in Ribagnac, Sadillac, Saint-Julien-d'Eymet (südlich von Bergerac)
Rebsorten: Sémillon (40%), Sauvignon (40%), Muscadelle (20%)
Anzahl Flaschen pro Jahr: 20 000
Beste Jahrgänge: 1996, 1998, 2001

Clos Triguedina

Auf dieser Domäne, 1830 gegründet, folgten sieben Generationen von Winzern aufeinander. Früher lag hier ein Etappenziel der Jakobspilger. »Me trigo de dina« bedeutet, aus dem Okzitanischen übersetzt, »ich möchte gerne zu Abend essen«. Die Cuvée Prince Probus erinnert an den römischen Kaiser, der 280 die Rebe im Quercy anpflanzen ließ.

Bezeichnung: Cahors
Anbaufläche und Ort: 10 ha in Puy-l'Evêque, Viresur-Lot und Floressas (westlich von Cahors)
Rebsorten: Auxerrois (100%)
Anzahl Flaschen pro Jahr: 50 000
Beste Jahrgänge: 1995, 1998, 2000, 2001

Uroulat

Charles Hours schuf 1983 zusammen mit seiner Tochter Marie diese Domäne mit weniger als acht Hektar Land. Von den Weinbergen aus hat man eine wunderbare Sicht auf die Pyrenäen. Die Reben wachsen auf Böden aus Kalkkonglomerat. Die Trauben werden von Hand gelesen und ergeben nur zwei Cuvées, die in Eichenfässern gären, einen trockenen und einen lieblichen Jurançon.

Bezeichnung: Jurançon
Anbaufläche und Ort: 7,51 ha in Jurançon
Rebsorten: Gros Manseng (95%), Courbu (5%)
Anzahl Flaschen pro Jahr: 40 000–60 000
Beste Jahrgänge: keine Angaben

Loiretal

Das Loiretal weist unterschiedliche Landschaften auf, wird aber von der majestätischen Loire zu einer Einheit geformt. An den Ufern des Flusses spielte sich königliche Geschichte ab. Das Loiretal ist die Wiege der französischen Renaissance und der Garten Frankreichs. Die Weine, die hier gekeltert werden, galten lange Zeit am Königshof und in ganz Paris mehr als die des Bordeaux und Burgund.

Von Saint-Pourçain bis nach Nantes stehen die an den Fluss angrenzenden Hügel durchgängig unter Reben. Die atlantische Luft drängt sich von West nach Ost in das Loiretal hinein und wird beim Auftreffen auf die Hügel immer mehr abgebremst. Man unterscheidet mehrere größere Weinbaugebiete: die Umgebung von Nantes, das Anjou, die Touraine und das Gebiet um Sancerre.

Durch die Nähe zum Meer hat die Region um Nantes ein regnerisches Klima, sodass schon von September an gelesen werden muss. Dieser Umstand führte zu einer Spezialisierung auf trockene weiße Weine von Reben, die an diese Bedingungen sehr gut angepasst sind: Gros Plant und Muscadet.

Das Anjou mit dem Saumur-Gebiet stellt eine Übergangszone dar. Die Weinberge befinden sich auf Hügeln und erreichten gegen Ende des 19. Jahrhunderts beträchtliche Ausmaße, bevor sie von der Reblaus zerstört wurden. Das Renommee des Anjou, das zu Beginn des 20. Jahrhunderts neu bepflanzt wurde, gründet sich auf die Weiß- und Roséweine.

In der Touraine weitet sich die Palette: In Bourgueil und Chinon wachsen die besten Rotweine im Loiretal, während Vouvray und Montlouis berühmt sind für ihre stillen und schäumenden Weißweine.

Einer der Weinberge der Domaine Couly-Dutheil gegenüber des Château von Chinon soll der Familie von Rabelais gehört haben.

Couly-Dutheil

Anjou, Saumurois und Pays Nantais

Das Anjou beschränkt sich keinesfalls nur auf trockene und liebliche Rosés, so angenehm sie auch sein mögen, sondern bietet eine sehr große Palette an Weintypen. Der Weinbau erstreckt sich fast über das ganze Département Maine-et-Loire, wo das süße Leben zu Hause ist und das Wetter nie extreme Ausschläge zeigt. Hier scheint viel die Sonne, die Niederschläge sind konstant, der Spätsommer fällt warm und hell aus. Geologisch gesprochen, unterscheidet man im Westen das »blaue« Anjou, in dem Schiefer und Sandsteine dominieren, und das »weiße« Anjou im Osten, wo der Kalk herrscht. Zwischen den beiden findet man die unterschiedlichsten Böden, auf denen jede Rebe ihr Optimum findet.

Unter den traditionsreichen Weißweinen des Anjou wachsen die besten in Savennières. Bisweilen fallen sie etwas lieblich aus, zeigen aber stets eine extreme Feinheit, besonders wenn sie von einem der beiden Grands Crus stammen, nämlich Coulée de Serrant und Roche aux Moines. Am linken Flussufer liegen die berühmten Coteaux du Layon, die für ihre lieblichen Weißweine berühmt sind. Der Winzer kann dort mithilfe der Edelfäule – ähnlich wie im Sauternes – richtige Süßweine keltern. Zwei kleine Gebiete sind für ihre Qualität berühmt: Quarts de Chaume und Bonnezeaux.

Der dominierende Kalk verleiht den Weinen des Saumurois eine spezifische Note: Die Rot- und Weißweine der Appellation Saumur erinnern an die Weine der Touraine, während der Saumur-Champigny eine enge Verwandtschaft mit dem Chinon und dem Bourgueil zeigt. Die Schaumweine des Saumur entstehen nach Champagnerart. Sie reifen in tiefen Tuffkellern und erlebten in der letzten Zeit einen beträchtlichen Aufschwung.

Der Muscadet »sur lie«

Der Muscadet hat seit 1936 die Appellation Contrôlée. Er wird aus einer einzigen Rebsorte erzeugt, der ursprünglich burgundischen »Melon«, die auch »Blanc de Nantes« oder »Melon Musqué« heißt. Die Abfüllung »sur lie« ist ein traditionelles Verfahren der Region von Nantes. Seit 1994 gibt es dafür genaue, verschärfte Vorschriften. Diesen Zusatz dürfen nur Weine tragen, die einen einzigen Winter im Fass oder im Stahlbehälter verbracht haben und die zum Zeitpunkt der Abfüllung noch auf ihrer Hefe (»sur lie«) im Gärgefäß stehen. Die Abfüllung ist auf keinen Fall vor dem ersten März gestattet, und die Weine dürfen erst am dritten Donnerstag im März auf den Markt kommen. Das Verfahren betont die Frische, die Feinheit und das Bukett dieser Weine.

Der sortenreine Muscadet, der seinen Namen einem leichten muskatartigen Duft verdankt, wurde im 18. Jahrhundert in der Umgebung von Nantes eingeführt. Seine Rebe gedeiht dort am besten: auf kleinen Hügeln mit leichtem kiesigem Boden, in einem ausgeglichenen feuchten maritimen Klima. Die besten Weine dieser Art heißen Muscadet de Sèvre-et-Maine. Die Muscadet-Trauben reifen früh, und die Lese gehört mit zu den frühesten in ganz Frankreich. Die Weinbereitung kann wie bei allen Weißweinen erfolgen. Ein traditionelles Verfahren konserviert aber die Feinheit des Muscadet ganz besonders. Dabei entsteht der Muscadet »sur lie«.

Weitere große Weine …

Domaine des Baumard

Clos de Saint-Yves
Bezeichnung: Savennières
Anbaufläche und Ort: 7,5 ha zwischen dem Clos du Papillon und dem Coteau de la Roche aux Moines
Rebsorten: Chenin (100%)
Anzahl Flaschen pro Jahr: 10 000–16 000
Beste Jahrgänge: 1989, 1990, 1995, 1997

Château d'Épiré

Château d'Epiré Cuvée Speciale
Bezeichnung: Savennières
Anbaufläche und Ort: 10 ha (insgesamt in Epiré. Stammt im Allgemeinen vom Clos de la Coulée de Serrant).
Rebsorten: Chenin (100%)
Anzahl Flaschen pro Jahr: 50 000 (insgesamt)
Beste Jahrgänge: 1990, 1996, 1997, 2000

Vignobles Germain et Associés

Château de la Guimonière
Bezeichnung: Coteaux du Layon
Anbaufläche und Ort: 23 ha in Rochefort-sur-Loire
Rebsorten: Chenin (100%)
Anzahl Flaschen pro Jahr: 22 500
Beste Jahrgänge: 1997, 1998

Domaine des Baumard

Die Appellation Quarts de Chaume auf dem linken Loireufer, in der Florent Baumard seinen Besitz hat, verdankt ihr Renommee einer alten Tradition, die ins Mittelalter zurückreicht: Der Seigneur behielt sich im Weinbaugebiet um das Dorf Chaume »ein Viertel der hängenden Ernte auf der Rückseite des nach Süden exponierten Hügels« vor.

Bezeichnung: Quarts de Chaume
Anbaufläche und Ort: 6 ha in Rochefort-sur-Loire
Rebsorten: Chenin (100%)
Anzahl Flaschen pro Jahr: 3000–12 000
Beste Jahrgänge: 1989, 1990, 1995, 1997

Domaine Bouvet-Ladubay

Das Haus Bouvet-Ladubay entstand 1851 in der Nähe von Saumur auf dem rechten Loireufer. Damals heirateten Etienne Bouvet, Sohn eines Winzers und Sommeliers, der von seinem Vater in geschäftlichen Dingen stark unterstützt wurde, und Madame Ladubay, die Buchhalterin. So entstand eine der großen Schaumweinmarken. Das Haus handelt auch mit Weinen aus der Region.

Bezeichnung: Anjou
Anbaufläche und Ort: um Saumur
Rebsorten: Cabernet Franc (100%)
Anzahl Flaschen pro Jahr: 9000
Beste Jahrgänge: 1999, 2000

Château d'Épiré

Dieses Weingut ist eines der ältesten der Appellation. Das Château selbst wurde erst 1850 auf einem alten herrschaftlichen Haus errichtet. Die Keller aber liegen in der ehemaligen romanischen Kirche des Dorfes. Im Jahre 1882 hatte sie Armand Bizard, der Großvater des heutigen Besitzers, anlässlich des Baus der neuen Kirche gekauft. 1906 erfolgte der Umbau in ein Kellergebäude.

Bezeichnung: Savennières
Anbaufläche und Ort: 10 ha (insgesamt) in Epiré
Rebsorten: Chenin (100%)
Anzahl Flaschen pro Jahr: 50 000 (insgesamt)
Beste Jahrgänge: 1990, 1995, 1997, 2000

Vignobles Germain et Associés

Im Jahre 1996 kaufte Bernard Germain das Château und die dazugehörigen bald 1000-jährigen Weingärten. Das Schloss wurde im 11. Jahrhundert erbaut, im 18. Jahrhundert verändert, später vollständig restauriert und mit einem prächtigen Rosengarten ausgestattet. Das Dorf Bonnezeaux ist heute berühmt für seine Weine, verdankt aber seinen Namen der Qualität seines eisenhaltigen Mineralwassers.

Bezeichnung: Bonnezeaux
Anbaufläche und Ort: 35 ha in Thouarcé
Rebsorten: Chenin (100%)
Anzahl Flaschen pro Jahr: 46 500
Beste Jahrgänge: 1947, 1997, 1998

Domaine du Grand-Mouton

Die ersten Spuren der Domaine du Grand-Mouton findet man in den Archiven der Herzöge der Bretagne in Nantes. Die Dokumente datieren aus dem Jahre 1385. Zu jener Zeit war die Domäne Teil eines Adelssitzes. Die Cuvée One Sur Lie entsteht durch äußerst strenge Selektion der Trauben und wird nur in großen Jahrgängen produziert.

Bezeichnung: Muscadet de Sèvre-et-Maine
Anbaufläche und Ort: 6,5 ha in Saint-Fiacre-sur-Maine
Rebsorten: Melon de Bourgogne (100%)
Anzahl Flaschen pro Jahr: ca. 33 000
Beste Jahrgänge: 1990, 1993, 1996, 2000

Château du Hureau

Das Château liegt über der Loire angelehnt an die Tufffelsen, in die auch die Keller gegraben wurden. Die Lage des Gebäudes und des Weinbergs ist einzigartig. Eine Wetterfahne in Form eines Wildschweinkopfes (»hureau« im örtlichen Dialekt) dreht sich über dem achteckigen Turm. Die Weinberge liegen in den renommiertesten Lagen: Les Gruches, Les Févettes, Corde, Les Fiefs Garniers usw.

Bezeichnung: Saumur-Champigny
Anbaufläche und Ort: 2 ha in Dampierre-sur-Loire
Rebsorten: Cabernet Franc (100%)
Anzahl Flaschen pro Jahr: 10 000
Beste Jahrgänge: 1989, 1996, 1999, 2000

Nicolas Joly
Clos de la Coulée de Serrant

Die Lage Coulée de Serrant wurde im 12. Jahrhundert von Zisterziensermönchen bepflanzt und steht seither unter Reben. Sie umfasst sieben Hektar auf einem Vorsprung aus Schiefer. Die seltenen Weine fanden schon das Gefallen von Ludwig XI. und Ludwig XIV. Der Anbau erfolgt ausschließlich biodynamisch, gearbeitet wird wegen der großen Hangneigung teilweise mit Pferden.

Bezeichnung: Savennières Coulée de Serrant
Anbaufläche und Ort: 7 ha in Savennières
Rebsorten: Chenin (100%)
Anzahl Flaschen pro Jahr: 25 000
Beste Jahrgänge: 1995, 1996, 1997, 1999

Domaine Ogereau

Klima, Boden und Rebsorte: In den Coteaux du Layon spielen diese Faktoren optimal zusammen. Der Morgennebel sorgt für genügend Feuchtigkeit, sodass sich die Edelfäule auf den Beeren ausbreiten kann, die von der Nachmittagssonne erwärmt werden. Vincent Ogereau baut seine Trauben organisch an und macht mehrere Lesegänge von Hand.

Bezeichnung: Coteaux du Layon
Anbaufläche und Ort: 5 ha in Saint-Lambert-du-Lattay
Rebsorten: Chenin (100%)
Anzahl Flaschen pro Jahr: ca. 12 000
Beste Jahrgänge: 1989, 1990, 1996, 1997

Pierre Soulez
Château de Chamboureau

Das heutige Gut entstand aus der Verbindung zweier Domänen: des Château de Chamboureau, das seit 1949 im Besitz der Familie Soulez ist, und des Château de la Brizolière, das sich 200 Jahre lang in den Händen der Familie Brincard befunden hatte. Der Clos Roche aux Moines ist einer der beiden Grand Crus von Savennières und grenzt im Osten an die Lage Coulée de Serrant.

Bezeichnung: Savennières Roche aux Moines
Anbaufläche und Ort: 7 ha in Savennières
Rebsorten: Chenin (100%)
Anzahl Flaschen pro Jahr: 25 000
Beste Jahrgänge: 1988, 1996, 1999, 2000

Touraine

Die etwas höheren Hügel am Rand der Touraine wirken als Barrieren gegen die Winde aus dem Westen und gewährleisten somit ein etwas kontinentaleres Klima. Wenn man vom Département Indre-et-Loire zum Département Loire-et-Cher hinüberwechselt – beide bilden zusammen die Touraine –, so fällt einem nicht sofort auf, dass man sich in einem Weinbaugebiet befindet, weil die Rebberge fast ausschließlich auf der anderen Seite der Höhenzüge längs der Loire liegen. In den Kellern, die man in die Kalkfelsen gegraben hat, herrschen eine konstante Temperatur und Luftfeuchtigkeit, die den Ausbau von Weinen sehr begünstigt. Gegenüber der Region Saumur, auf dem rechten Loireufer, erstrecken sich die Weinberge von Bourgueil und Saint-Nicolas-de-Bourgueil. Das ist die Heimat des Dichters Rabelais; die Weine sind »kräftig gefärbt, von gutem Stoff, sie erfreuen den Geist, erzeugen eine heitere Stimmung und machen Appetit.« Der größte Teil der Weinberge liegt auf einer umfangreichen alluvialen Terrasse, die mit Sand und Kieseln bedeckt ist. Sie setzt sich in Tuffhügeln fort. Man muss die Loire überqueren, um zu den Rotweinen von Chinon zu gelangen. Auch hier findet man dieselbe Unterscheidung zwischen Weinen auf Kiesboden und solchen auf Kreidehügeln. Es wächst hier aber auch ein Weißwein, der zum Symbol für die Touraine geworden ist: der Vouvray. Rabelais beschreibt ihn mit Begriffen, die kaum veraltet wirken: »Weine aus Taft, Seide, aus Musselin, spritzig oder still, trocken oder süß, eine Freude für das Herz.«

Je nach Jahr und Weinberg sind diese Weine tatsächlich trocken oder leicht süß, still oder spritzig. Sie gehen alle auf die Rebsorte Chenin zurück, die ihr bevorzugtes Territorium auf einem Untergrund aus Tuff gefunden hat. Man begegnet zwei Bodentypen, einem tonig-kalkigen und einem tonig-silikathaltigen. Das Wetter spielt hier eine entscheidende Rolle. Wenn es im Augenblick der Lese regnet, kann der Winzer aus nicht ganz reifen Trauben sehr trockene Weißweine und Schaumweine herstellen. Wenn er bis zum ersten Reif warten kann, besteht die Hoffnung auf liebliche und sogar vollsüße Weine. Im günstigsten Fall sind die Trauben dann von der Edelfäule befallen. Im schlimmsten Fall leidet die Ernte unter Graufäule. Die Weine von Montlouis sind vergleichbar mit denen von Vouvray, erreichen aber nicht immer dieselbe Intensität.

In der Touraine wachsen Weine mit einer ausgeprägten individuellen Note.

Yannick Amirault

Yannick Amirault formte seinen Geschmack, indem er die alten Jahrgänge seines Großvaters kostete. Heute leitet er ein Weingut, das Weinberge in den beiden Appellationen Bourgueil und Saint-Nicolas-de-Bourgueil besitzt. Alle Hangböden sind von einer Art Rasen überzogen, um Abtragung und Erosion zu verhindern.

Bezeichnung: Saint-Nicolas-de-Bourgueil
Anbaufläche und Ort: 1,3 ha in Saint-Nicolas-de Bourgueil
Rebsorten: Cabernet Franc (100%)
Anzahl Flaschen pro Jahr: 8000
Beste Jahrgänge: 1989, 1996, 1997, 2000

Clos Naudin-Philippe Foreau

Balzac hielt sich oft in Vouvray auf, und man hat eine seiner Romanfiguren, Gaudissart, im Ort mit einer Statue verewigt. Nicht weniger bemerkenswert sind die Weine von Philippe Foreau. Er bleibt den Anbaumethoden der guten alten Zeit treu, ohne synthetische Herbizide und ohne Zugabe von Reinzuchthefen bei der Gärung.

Bezeichnung: Vouvray
Anbaufläche und Ort: Vouvray
Rebsorten: Chenin (100%)
Anzahl Flaschen pro Jahr: 14 000
Beste Jahrgänge: keine Angaben

Château de Coulaine

Die Weinbautradition dieses Familienguts geht auf das 19. Jahrhundert zurück. 1988 vergrößerte Etienne de Bonnaventure den Weinberg rund um das Château. Die Bezeichnung »Clos de Turpenay« erscheint auf einem Dokument des Jahres 1245. Es ging dabei um eine Schenkung an die benachbarte Abtei von Turpenay. Sie diente Rabelais als Vorbild für seine Abtei Thélème.

Bezeichnung: Chinon
Anbaufläche und Ort: 2 ha in Beaumont-en-Véron
Rebsorten: Cabernet Franc (100%)
Anzahl Flaschen pro Jahr: 4000
Beste Jahrgänge: 1990, 1997, 1998, 2000

Couly-Dutheil

Vor 65 Jahren gründete Baptiste Dutheil das Gut. René Couly entwickelte es weiter und heiratete Madeleine Dutheil. Heute liegt die Leitung des Hauses in den Händen ihrer Söhne und Enkel. Der Clos de l'Echo gehörte dem Vater von Rabelais und befindet sich am Hügel über dem Château de Chinon.

Bezeichnung: Chinon
Anbaufläche und Ort: 17 ha gegenüber des Château de Chinon
Rebsorten: Cabernet Franc (100%)
Anzahl Flaschen pro Jahr: 60 000–75 000
Beste Jahrgänge: 1997, 2001, 2002

Domaine Deletang

Seit vier Generationen besitzt die Familie Deletang einen Weinberg auf stark kiesigen, tonig-kalkigen und tonig-silikathaltigen Böden. Die Gesamtfläche beträgt 20 Hektar. Es wird stark zurückgeschnitten, sodass die Erträge gering ausfallen. Die Lese erfolgt von Hand. Der Ausbau der Weine findet in einem Tuffkeller bei einer das ganze Jahr über konstanten Temperatur von zwölf Grad statt.

Bezeichnung: Montlouis sur Loire
Anbaufläche und Ort: 3,5 ha in Saint-Martin-le-Beau
Rebsorten: Chenin (100%)
Anzahl Flaschen pro Jahr: ca. 33 000
Beste Jahrgänge: 1989, 1990, 1996, 1997

Domaine Huet-L'Échansonne

Gaston Huet gründete 1928 diese Domäne, die heute von seinem Schwiegersohn geleitet wird. Es handelt sich um einen der schönsten Weinberge der Touraine mit mehreren Clos. Mit biodynamischen Verfahren versucht man, deren Eigenheiten herauszuarbeiten. Die Cuvée Constance ist eine Assemblage aus drei verschiedenen Clos.

Bezeichnung: Vouvray
Anbaufläche und Ort: 23 ha in Vouvray
Rebsorten: Chenin (100%)
Anzahl Flaschen pro Jahr: keine Angaben
Beste Jahrgänge: 1995, 1997 (wird nur in den besten Jahren produziert)

Je nach Jahr fällt der Vouvray trocken oder lieblich, perlend, schäumend oder still aus.

Domaine Charles Joguet

Nach dem Rückzug des Gründers Charles Joguet entstand 1985 eine Gesellschaft. Die Domäne vergrößerte sich damals, weil Jacques Genet als Teilhaber eintrat und seinen Besitz mit einbrachte. Die Ursprünge des Weinbergs liegen sehr viel weiter zurück. Der berühmte Clos de la Dioterie existierte schon in der Renaissance.

Bezeichnung: Chinon
Anbaufläche und Ort: 2,5 ha am rechten Ufer der Vienne
Rebsorten: Cabernet Franc (100%)
Anzahl Flaschen pro Jahr: 10 000
Beste Jahrgänge: 1990, 1995, 1996, 2000

Domaine de la Mabillière

Der Weinberg, der ausschließlich mit Chenin bepflanzt ist, entstand 1829 und erstreckt sich über tonig-silikathaltige Böden (»Perruches«) und tonig-kalkige Böden (»Aubuis«). Die meisten Rebstöcke sind über 35 Jahre alt. Der Anbau erfolgt biologisch, die Lese von Hand in kleinen Kisten, sodass jede Oxidation vermieden wird.

Bezeichnung: Vouvray
Anbaufläche und Ort: 8 ha in Vernou-sur-Brenne
Rebsorten: Chenin (100%)
Anzahl Flaschen pro Jahr: 30 000
Beste Jahrgänge: 1983, 1985, 2000

Domaine Olga Raffault

Die Enkel von Olga Raffault leiten heute die Domäne. Sie verfügt über drei Terroirs und produziert mit durchschnittlich 30 Jahre alten Reben drei Weintypen: den Barnabés auf ebenem schwerem Sand, den Peuilles auf einer tonig-silikathaltigen Hochfläche und den Picasses auf einer tonig-kalkigen, nach Süden exponierten Hanglage, oben auf der Anhöhe über Beaumont-en-Véron.

Bezeichnung: Chinon
Anbaufläche und Ort: 7 ha in Beaumont-en-Véron
Rebsorten: Cabernet Franc (100%)
Anzahl Flaschen pro Jahr: 20 000
Beste Jahrgänge: 1989, 1990, 1996

Domaine de la Taille aux Loups

Vor ungefähr zehn Jahren gründete Jacky Blot seine Domäne mit sieben Hektar. In der Zwischenzeit ist sie durch Zukauf weiterer Parzellen mit alten Reben auf über das Doppelte angewachsen. Es wird von Hand und ohne Einsatz chemischer Produkte gearbeitet. Die Weine reifen in Felsenkellern.

Bezeichnung: Montlouis
Anbaufläche und Ort: 16 ha zwischen Tours und Amboise, am Südufer der Loire
Rebsorten: Chenin (100%)
Anzahl Flaschen pro Jahr: 15 000–20 000
Beste Jahrgänge: 1995, 1996, 1997, 2000

Chenin: eine klassische Weißweinrebe

Mächtige Aromen, mineralischer Geschmack und Säure: Das sind die wichtigsten Eigenschaften dieser Rebsorte, die aus dem Anjou stammt. Die Beeren stehen dicht gedrängt und sind goldgelb gefärbt. Die besten Bedingungen für diese Rebe sind frisches Klima und Kalkboden. Diese sind vor allem im Loiretal gegeben, etwa beim Vouvray und beim Savennières. Aus dem Chenin lassen sich trockene wie süße, stille oder schäumende Weine keltern, und er ergibt Weine, die man sofort trinken kann. Ihren vollen Reichtum erreichen sie aber meist erst nach einer gewissen Lagerung. Die Chenin-Rebe ist heute auch in Südafrika, in Neuseeland und in Australien verbreitet.

Weitere große Weine …

Yannick Amirault

Petite Cave
Bezeichnung: Bourgueil
Anbaufläche und Ort: 1,3 ha in Bourgueil
Rebsorten: Cabernet Franc (100%)
Anzahl Flaschen pro Jahr: 8000
Beste Jahrgänge: 1996, 1997, 1999, 2000

Clos Naudin-Philippe Foreau

Vouvray Sec
Bezeichnung: Vouvray
Anbaufläche und Ort: Vouvray
Rebsorten: Chenin (100%)
Anzahl Flaschen pro Jahr: 14 000
Beste Jahrgänge: keine Angaben

Château de Coulaine

La Diablesse
Bezeichnung: Chinon
Anbaufläche und Ort: 1 ha in Beaumont-en-Véron
Rebsorten: Cabernet Franc (100%)
Anzahl Flaschen pro Jahr: 4000
Beste Jahrgänge: 1996, 1998, 1999, 2000

Couly-Dutheil

Clos de l'Echo Crescendo
Bezeichnung: Chinon
Anbaufläche und Ort: 17 ha, gegenüber des Château de Chinon
Rebsorten: Chenin (100%)
Anzahl Flaschen pro Jahr: 5000
Beste Jahrgänge: 1997, 1999, 2001

Domaine Huet-L'Échansonne

Mont Sec
Bezeichnung: Vouvray
Anbaufläche und Ort: 8 ha in Vouvray
Rebsorten: Chenin (100%)
Anzahl Flaschen pro Jahr: 23 000
Beste Jahrgänge: 19989, 1995, 1996, 1997

Domaine Charles Joguet

Clos du Chêne Vert
Bezeichnung: Chinon
Anbaufläche und Ort: 2 ha am rechten Ufer der Vienne
Rebsorten: Cabernet Franc (100%)
Anzahl Flaschen pro Jahr: 9000
Beste Jahrgänge: 1990, 1995, 1996, 2000

Domaine de la Taille aux Loups

Cuvée des Loups
Bezeichnung: Montlouis sur Loire
Anbaufläche und Ort: 16 ha zwischen Tours und Amboise am südlichen Loire-Ufer
Rebsorten: Chenin (100%)
Anzahl Flaschen pro Jahr: einige hundert Flaschen in großen Jahren
Beste Jahrgänge: 1990, 1996, 1997

Sancerre

Sancerre, das ist zunächst ein Hügel über der Loire mit einer einzigartigen Aussicht über ein prächtiges welliges Gebiet, das sich sehr gut für den Weinbau eignet. Die Hügel sind hier gut exponiert und geschützt, können eine Höhe von 400 Metern erreichen und sind gelegentlich so steil, dass man sie mithilfe von Winden bearbeiten muss. Die charakteristischen Böden dieser an und für sich kleinen, aber weltbekannten Region tragen örtliche Bezeichnungen wie »Terres Blanches« für tonig-kalkige Mergel, »Caillotes« und »Griottes« für Kalkböden oder »Cailloux« und »Silex« für Silikatböden. Sie alle eignen sich für den Weinbau und ergeben ja nach ihrer Natur zarte bukettreiche Weine, die man jung trinkt; oder im Gegenteil dazu extraktreichere Weine, die erst im Laufe der Zeit ihre besten Eigenschaften entwickeln und die man deswegen auch länger lagern kann. Im »Sancerrois«, wie das Gebiet auf Französisch heißt, regieren zwei edle Rebsorten: der Pinot Noir und der Sauvignon Blanc. Die Weißweine aus Sauvignon überwiegen bei weitem, doch werden hier auch gute Rosés und Rotweine produziert.

Das Weinbaugebiet Sancerre erstreckt sich über mehr als 2500 Hektar mit insgesamt rund 15 Dörfern. Drei Lagen sind besonders berühmt: Bué, Champtin und vor allem Chavignol. Hier erzeugt man nicht nur einen besonders feinen Sancerre, sondern auch einen Crottin der Chèvre, einen besonderen Ziegenweichkäse, der seit 1976 seine eigene Appellation Contrôlée hat. Die Verbindung zwischen diesem Käse und Sancerre ist sensationell und gehört zu den glücklichsten kulinarischen Verbindungen.

Lebhafter Sauvignon

Der Sauvignon ist ein Klassiker unter jenen Rebsorten, die lebhafte frische Weine ergeben. Sortenrein gekeltert, verleiht die Rebe dem Sancerre und dem Pouilly-Fumé ihren Charakter. Die runden Beeren haben einen leichten Geschmack nach Gewürzen. Zusammen mit dem Sémillon und dem Muscadelle produziert man aus dem Sauvignon auch die großen trockenen und süßen Weine des Bordeaux. Die Rebe ist heute in Europa weit verbreitet, vor allem in Norditalien. Der neuseeländische Kultwein Cloudy Bay wird aus Sauvignons gekeltert. Ebenso berühmt sind die weißen Sauvignons aus Australien, wo die Rebsorte oft als »Fumé Blanc« bezeichnet wird.

In Pouilly-sur-Loire, flussaufwärts von Sancerre, aber unterhalb von Nevers, am rechten Ufer, befindet sich das Weinbaugebiet Pouilly-Fumé. Es ist das Werk von Benediktinermönchen. Die Loire trifft hier auf ein Vorgebirge aus Kalk und wird in nordwestliche Richtung abgelenkt. Der Boden ist weniger kalkhaltig als in Sancerre und stellt die ideale Unterlage für die Rebsorte Sauvignon dar, die hier auch »Blanc Fumé« heißt. Sie hat die Chasselas-Rebe, die historisch gesehen früher da war, fast vollständig verdrängt. Der Pouilly-Fumé, den man nicht mit dem Pouilly-Fuissé des Mâcon verwechseln darf, wird auf rund 1000 Hektar erzeugt und verdankt seinen unnachahmlichen mineralischen Geschmack silikatreichen Böden.

Sancerre liegt auf einem Hügel und ist selbst wieder von hügeligem Gebiet umgeben. Einige Böden enthalten mehr Kalk, andere mehr Silikat.

Domaine Henri Bourgeois

Im Jahre 1950 besaß die Familie Bourgeois, seit zehn Generationen Winzer in Chavignol, nur zwei Hektar im Hügelgebiet von Sancerre. Heute umfasst die Domäne rund 60 Hektar und hat sogar ein Tochterunternehmen in Neuseeland gegründet, »Clos Henri«.

Bezeichnung: Sancerre
Anbaufläche und Ort: am Abhang der Monts Damnés
Rebsorten: Sauvignon (100%)
Anzahl Flaschen pro Jahr: ca. 8000
Beste Jahrgänge: 1998, 2002

Domaine Alain Cailbourdin

Die Domäne Cailbourdin in Maltaverne, nördlich von Pouilly-sur-Loire, datiert aus dem Jahre 1980 und verfügt über 16 Hektar, die mit Sauvignon bepflanzt sind. Jede Parzelle wird getrennt vinifiziert, um die Unterschiede im Boden herauszuarbeiten. »Cris« ist eine örtliche Bezeichnung für mit Reben bepflanzte steinige Kalkböden.

Bezeichnung: Pouilly-Fumé
Anbaufläche und Ort: 5 ha
Rebsorten: Sauvignon (100%)
Anzahl Flaschen pro Jahr: 30 000–35 000
Beste Jahrgänge: 1988, 1995, 1997, 1999

Domaine Jean Reverdy et Fils

Jean Reverdy und sein Sohn besitzen die Domaine Villot in Verdigny. Ihr weißer Sancerre wächst auf fünf Hektar steinigem Kalkboden und auf vier Hektar tonigem Boden mit Feuersteinkieseln im Hügelgebiet von Verdigny, Saint-Satur und Sancerre. Ein Teil der Produktion wird in die Vereinigten Staaten und nach Japan exportiert.

Bezeichnung: Sancerre
Anbaufläche und Ort: 9 ha in Verdigny, Sancerre und Saint-Satur
Rebsorten: Sauvignon (100%)
Anzahl Flaschen pro Jahr: 60 000
Beste Jahrgänge: 1999, 2000

Rhônetal

An den Ufern der Rhône, die die Länder, die sie durchquert, auch miteinander verbindet, liegen mit die ältesten Weinberge Frankreichs. Einige sind sehr berühmt, andere nahezu unbekannt. Was die produzierte Menge betrifft, steht das Rhônetal hinter dem Bordeaux an zweiter Stelle. Auch qualitativ kann es ohne weiteres mithalten.

Lange Zeit stand die Côtes du Rhône in einem nicht sehr schmeichelhaften Ruf. Weinliebhaber wussten aber schon immer die Grands Crus dieses Gebiets zu schätzen, etwa Hermitage oder Condrieu. Dank der Anstrengungen von tausenden von Winzern hat sich heute der Ruf des Côtes du Rhône verändert. Die Weine sind heute in den besten Restaurants anzutreffen und haben das Renommee wiedererlangt, das ihnen einst eigen war. Wenige Weinberge können sich einer gloriosen Vergangenheit rühmen. In der Umgebung von Vienne legten Phönizier, die von Marseille aus nordwärts gezogen waren, einen der ältesten Weinberge Frankreichs an. In den Weinbaugebieten Hermitage und Côte Rôtie ist die Rebe seit dem 4. Jahrhundert bezeugt.

Es waren die Templer, die im 12. Jahrhundert die ersten Reben in Châteauneuf-du-Pape pflanzten. Zwei Jahrhunderte danach fuhr Papst Johannes XXII. damit fort. Auf der ganzen Länge der Rhône sind die beiden Talseiten bepflanzt. Die besten Lagen liegen einmal auf dem linken, dann wieder dem rechten Rhôneufer. Vor allem aber unterteilt man dieses Weinbaugebiet in einen nördlichen Bereich (nördlich von Valence) und in einen südlichen Bereich (im Süden von Montélimar).

Die Weinberge am Hügel von Hermitage gelten als besonders schwierig zu bearbeiten.

Nördlicher Bereich

Im nördlichen Bereich des schmalen Rhônetals, zwischen dem Massif Central und den Alpen, liegen die Weinberge nahe am Fluss auf sonnendurchglühten Granitterrassen. Sommer und Herbst sind warm, doch der Fluss sorgt für eine erhöhte Luftfeuchtigkeit.

Wie in den Weinbaugebieten Burgund und Elsass ist das Rebsortiment oft stark eingeschränkt. Die wichtigste Rotweinrebe, an der alle Winzer in dieser Region festhalten, heißt Syrah. Sie ergibt kräftige, robuste tanninreiche Weine mit intensivem Duft und guter Lagerfähigkeit. Die besten Crus in diesem Gebiet heißen »Côte Rôtie«, »Hermitage«, »Cornas« und »Saint-Joseph«. Die 70 Hektar der Appellation »Côte Rôtie«, die ihren Namen (»verbrannter Hang«) der Südostexposition und der Steilheit der Hänge verdankt, verteilen sich auf zwei Großlagen, die »Côte Brune« und die »Côte Blonde«. Der Legende zufolge soll einst ein reicher Mann sie seinen beiden Töchtern als Erbe hinterlassen haben. Die eine war blond, die andere brünett.

Die Granitterrassen über der Gemeinde Tain-l'Hermitage tragen die Appellation Hermitage. Das bedeutet »Einsiedelei«, denn einst soll sich ein großmäuliger Herr aus Albi reuig dorthin zurückgezogen haben. Die AOC Crozes-Hermitage umfasst unterschiedliche Terroirs. Cornas im Norden von Valence galt am Hofe Ludwig XIV. als »sehr schöner dunkler Wein«. Die Reben wachsen an einem steilen Hang, geschützt vor dem Mistral. Die Sonne bringt hier den Boden zum Kochen. Die Ortbezeichnung »Cornas« soll denn auch auf ein keltisches Wort zurückgehen, das »verbrannte Erde« bedeutet.

In der Umgebung von Condrieu, südlich von Vienne, wächst eine der edelsten weißen Rebsorten, der Viognier. Er ergibt den berühmten Condrieu, dessen sonniger Weinberg auch als »Côte Chérie« bezeichnet wird, sowie den außergewöhnlichen und extrem seltenen Château-Grillet. Er wird nur in einem 2,5 Hektar großen Weinberg an einem Steilhang produziert. Die Weißweinsorten Marsanne und Roussanne verwendet man für die kräftigeren Weißweine von Hermitage, Crozes-Hermitage und Saint-Joseph.

Die Orte Tournon und Tain l'Hermitage liegen sich – von der Rhône getrennt – gegenüber und sind von Weinbergen umgeben.

Belle Père et Fils

Die Familie Belle gehörte früher der Winzergenossenschaft an. Dann schuf sie sich einen eigenen Namen. Der Besitz umfasst 19 Hektar, die über vier Gemeinden und zwei Appellationen verteilt liegen. Die Cuvée Louis Belle wächst auf einer Parzelle in Larnage, die mit ertragsschwachen Syrahstöcken bepflanzt ist.

Bezeichnung: Crozes-Hermitage
Anbaufläche und Ort: 6,5 ha in Larnage
Rebsorten: Syrah (100%)
Anzahl Flaschen pro Jahr: 33 000
Beste Jahrgänge: 1991, 1995, 1998, 1999

Maison M. Chapoutier

Das traditionsreiche Haus M. Chapoutier besitzt heute die bedeutendste Domäne in der AOC Hermitage. Geleitet wird die Firma von Michel Chapoutier, einem Vorkämpfer biodynamischen Wirtschaftens. Er kaufte auch Weinberge in anderen Gegenden Frankreichs und in Australien. Das Haus fördert den Nachwuchs und hat einen Wettbewerb für den besten Nachwuchssommelier gegründet.

Bezeichnung: Hermitage
Anbaufläche und Ort: 3,5 ha
Rebsorten: Marsanne (100%)
Anzahl Flaschen pro Jahr: 4000–5000
Beste Jahrgänge: 1992, 1996, 1997, 2000

Château-Grillet Neyret-Gachet

Diese Appellation Contrôlée umfasst eine einzige Domäne. Sie ist eine der kleinsten und ältesten in Frankreich, ein Monopol der Familie Neyret-Gachet. Besitzer sind heute deren Erben, die Familie Canet. Der Weinberg zeigt eine ideale Exposition auf Graniterrassen, ist von Mäuerchen umgeben und liegt isoliert in einer Arena oberhalb der Rhône.

Bezeichnung: Château-Grillet
Anbaufläche und Ort: 3,4 ha in Saint-Michel-sur-Rhône und Vérin
Rebsorten: Viognier (100%)
Anzahl Flaschen pro Jahr: 10 000
Beste Jahrgänge: 1981, 1990, 1998, 2000

A. Clape

Der Cornas wächst gegenüber von Valence in einem natürlichen Amphitheater. Der Wein wurde schon am Hofe des Sonnenkönigs geschätzt. Auguste Clape und sein Sohn Pierre vertreten eine traditionelle Weinbereitung. Die Trauben werden nicht entrappt, und der Ausbau erfolgt in altem Holz. In ihren Weingärten stehen über 100-jährige Reben.

Bezeichnung: Cornas
Anbaufläche und Ort: 4 ha in Cornas
Rebsorten: Syrah (100%)
Anzahl Flaschen pro Jahr: 16 000
Beste Jahrgänge: 1990, 1995, 1999, 2000

Clusel-Roch

Côte-Rôtie auf der rechten Rhôneseite ist das älteste Weinbaugebiet des Tales. Die Reben wachsen auf besonders steilen Abhängen. Die Syrahrebe liebt diese von der Sonne durchglühten Terroirs. Gilbert Clusel besitzt heute zusammen mit seiner Frau Brigitte Roch vier Hektar, hatte aber mit einer Parzelle von nur einem viertel Hektar begonnen.

Bezeichnung: Côte-Rôtie
Anbaufläche und Ort: 0,7 ha in der Lage Les Grandes Places
Rebsorten: Syrah (100%)
Anzahl Flaschen pro Jahr: 2500–3000
Beste Jahrgänge: 1989, 1990, 1995, 1999

Jean-Luc Colombo

Zuerst eröffnete Jean-Luc Colombo eine Beratungsstelle für Weinbau und Önologie, dann kaufte er 1986 die ersten Parzellen im Gebiet Cornas. Beflügelt vom Erfolg seiner ersten Weine, gründete er 1994 die Société Vins Jean-Luc Colombo. Die Cuvée La Louvée stammt von einem arenaförmigen granitischen Bereich an den Steilhängen über der Rhône.

Bezeichnung: Cornas
Anbaufläche und Ort: 0,6 ha in der Lage La Côte
Rebsorten: Syrah (100%)
Anzahl Flaschen pro Jahr: 2500
Beste Jahrgänge: 1996, 1999, 2001

Yves Cuilleron

Yves Cuilleron übernahm 1987 die Familiendomäne und produziert drei verschiedene Appellationen. Die Cuvée »Les Chaillets« des Condrieu geht auf eine einheimische Bezeichnung für die Terrassen über dem Dorf Chavanay zurück. Die Böden sind hier graniten Ursprungs, sandig und wenig tiefgründig. Der Wein wird auf den besten Parzellen mit den ältesten Rebstöcken produziert.

Bezeichnung: Condrieu
Anbaufläche und Ort: 3 ha in Chavanay
Rebsorten: Viognier (100%)
Anzahl Flaschen pro Jahr: 12 000
Beste Jahrgänge: 1995, 1999, 2000

Delas Frères Les Bessards

Die Firma, die 1835 in Tournon-sur-Rhône gegründet wurde, ist im Weinhandel tätig, besitzt aber auch Weinberge, die sich über drei Gemeinden im Département Drôme erstrecken. Die Trauben für die Cuvée Les Bessards stammen von der ältesten Parzelle in der gleichnamigen Lage mitten im AOC-Gebiet Hermitage. Der Wein wird nur in großen Jahren gekeltert.

Bezeichnung: Hermitage
Anbaufläche und Ort: 4,5 ha in Tain-l'Hermitage
Rebsorten: Syrah (100%)
Anzahl Flaschen pro Jahr: 6000
Beste Jahrgänge: 1998, 1999, 2001

Domaine Gérin

Der Weinberg der Familie Gérin in der Gemeinde Ampuis südlich von Vienne umfasst neun Hektar. Das ist für die Appellation Côte-Rôtie ganz beachtlich. Die Cuvée Les Grandes Places geht auf die Lage der Parzelle weiter oben am Hang zurück.

Bezeichnung: Côte-Rôtie
Anbaufläche und Ort: 1,3 ha in Ampuis
Rebsorten: Syrah (100%)
Anzahl Flaschen pro Jahr: 3000–6000
Beste Jahrgänge: 1999, 2001

Weitere große Weine …

Maison M. Chapoutier

Le Pavillon
Bezeichnung: Hermitage
Anbaufläche und Ort: 4 ha, Parzelle Le Pavillon
Rebsorten: Syrah (100%)
Anzahl Flaschen pro Jahr: 4000–5000
Beste Jahrgänge: 1995, 1996, 1998, 2001

Jean-Luc Colombo

Les Ruchets
Bezeichnung: Cornas
Anbaufläche und Ort: 1,8 ha in Coteaux des Chaillots
Rebsorten: Syrah (100%)
Anzahl Flaschen pro Jahr: 7000
Beste Jahrgänge: 1991, 1996, 1999, 2001

Yves Cuilleron

Ayguets
Bezeichnung: Condrieu
Anbaufläche und Ort: 1,5 ha in Chavanay
Rebsorten: Viognier (100%)
Anzahl Flaschen pro Jahr: 5000 Flaschen zu 500 ml
Beste Jahrgänge: 1995, 1999, 2000

Domaine Gérin

La Landonne
Bezeichnung: Côte-Rôtie
Anbaufläche und Ort: 0,4 ha in Ampuis
Rebsorten: Syrah (100%)
Anzahl Flaschen pro Jahr: 1500
Beste Jahrgänge: 1999, 2001

É. Guigal-Château d'Ampuis

La Mouline
Bezeichnung: Côte-Rôtie
Anbaufläche und Ort: 1 ha in Côte-Rôtie
Rebsorten: Syrah (89%), Viognier (11%)
Anzahl Flaschen pro Jahr: 5000
Beste Jahrgänge: 1976, 1991, 1998, 1999

Alain Graillot

Innerhalb von 15 Jahren begründete Alain Graillot seinen Ruf. Als passionierter Weinliebhaber gab er 1985 seine Stelle als kaufmännischer Leiter einer großen Firma auf und stürzte sich in den Weinbau. Erst pachtete er ein Stück Land, dann kaufte er es. Heute besitzt er 20 Hektar in der Appellation mitten in der alluvialen Ebene aus Kieseln und Schottern.

Bezeichnung: Crozes-Hermitage
Anbaufläche und Ort: 20 ha (insgesamt)
Rebsorten: Syrah (100%)
Anzahl Flaschen pro Jahr: 0 bis 10 000
Beste Jahrgänge: 1996, 1998, 1999, 2001

É. Guigal Château d'Ampuis

Etienne Guigal ist einer der berühmtesten Namen in der Côte-Rôtie. Er vinifizierte 67 Ernten und gründete 1946 diese Domäne. Sein Sohn Marcel übernahm 1961 die Leitung und wurde weltberühmt. Die Reben wachsen auf Terrassen an Hängen mit einer Neigung von über 65 Grad, sodass der Weinberg nur von Hand bearbeitet werden kann.

Bezeichnung: Côte-Rôtie
Anbaufläche und Ort: ca. 1 ha, Côte-Rôtie
Rebsorten: Syrah (93%), Viognier (7%)
Anzahl Flaschen pro Jahr: 4800
Beste Jahrgänge: 1976, 1988, 1998, 1999

Paul Jaboulet Aîné

Antoine Jaboulet gründete die Firma 1834; er hatte zwei Söhne, Paul und Henri. Heute trägt der Betrieb nur den Namen des Älteren, Paul. Seit jener Zeit wurde er immer von einem Jaboulet geleitet. Das Filetstück der Domäne liegt an einem Hang, auf dessen Anhöhe eine kleine Kapelle steht. Sie wurde 1235 vom Ritter Gaspard de Stérimberg gestiftet, der im Albigenserkrieg verwundet wurde.

Bezeichnung: Hermitage
Anbaufläche und Ort: 21 ha
Rebsorten: Syrah (100%)
Anzahl Flaschen pro Jahr: 80 000
Beste Jahrgänge: 1949, 1972, 1991, 2000

Jean-Paul et Jean-Luc Jamet

Die Brüder Jean-Paul und Jean-Luc übernahmen 1986 die Domäne, die ihr Vater mit 20 Parzellen gegründet hatte. Sie liegen über die Anhöhen von Ampuis verstreut. Der Weinberg erreichte 1890 seine größte Ausdehnung. Damals bepflanzte man noch die kleinsten Stellen mit Reben, sofern sie genug Sonne bekamen. Die Winzer mussten ihre Ernte auf schmalen Pfaden nach unten tragen.

Bezeichnung: Côte-Rôtie
Anbaufläche und Ort: 0,5 ha
Rebsorten: Syrah (100%)
Anzahl Flaschen pro Jahr: 2000
Beste Jahrgänge: 1990, 1991, 1999, 2000

Der Viognier

Früher war die Rebsorte Viognier auf einige Terroirs im Rhônetal begrenzt und insgesamt kaum bekannt. Mittlerweile hat sie im ganzen Süden Frankreichs erheblich an Popularität gewonnen.
In den Lagen Condrieu und Château-Grillet ergibt sie außergewöhnliche duftige Weine – allerdings immer unter der Voraussetzung, dass die Trauben die volle Reife erreichen.
In anderen Teilen Frankreichs, in Südaustralien, im Staat Washington und auch in Chile hat man begonnen, Viognier anzupflanzen und zusammen mit anderen Reben zu keltern. Die Ergebnisse sind vielversprechend.

Weitere große Weine …

É. Guigal Château d'Ampuis

Château d'Ampuis
Bezeichnung: Côte-Rôtie
Anbaufläche und Ort: 9 ha
Rebsorten: Syrah (95%), Viognier (5%)
Anzahl Flaschen pro Jahr: 28 000
Beste Jahrgänge: 1976, 1985, 1995, 1999

É. Guigal Château d'Ampuis

La Landonne
Bezeichnung: Côte-Rôtie
Anbaufläche und Ort: 2 ha in der Côte-Rôtie
Rebsorten: Syrah (100%)
Anzahl Flaschen pro Jahr: 10 000
Beste Jahrgänge: 1976, 1985, 1995, 1999

André Perret

Clos Chanson
Bezeichnung: Condrieu
Anbaufläche und Ort: 0,5 ha in Chavanay
Rebsorten: Viognier (100%)
Anzahl Flaschen pro Jahr: 1500
Beste Jahrgänge: 1997, 1998, 2001

Domaine François Villard

Le Grand Vallon
Bezeichnung: Condrieu
Anbaufläche und Ort: 1,35 ha in Saint-Pierre-de-Bœuf
Rebsorten: Viognier (100%)
Anzahl Flaschen pro Jahr: 6000
Beste Jahrgänge: 1997, 1999, 2000

Domaine François Villard

Deponcins
Bezeichnung: Condrieu
Anbaufläche und Ort: 1,35 ha in Saint-Michel-sur-Rhône
Rebsorten: Viognier (100%)
Anzahl Flaschen pro Jahr: 8000
Beste Jahrgänge: 1996, 1999, 2000

Domaine du Monteillet Vignobles Montez

Die Domaine du Monteillet gehörte früher einmal dem Maréchal de Villars, Offizier unter Ludwig XIV. Sie besteht aus stark geneigten Parzellen mit Granitboden. Seit der Revolution ist das Gut in den Händen derselben Familie (Vignobles Montez), deren Vorfahren sich als Winzer, Seeleute und Küfer hervorgetan haben.

Bezeichnung: Condrieu
Anbaufläche und Ort: 1,57 ha, zwei Parzellen in Chavanay: Chanson und Boissey
Rebsorten: Viognier (100%)
Anzahl Flaschen pro Jahr: 7000
Beste Jahrgänge: 1996, 2001

Domaine Ogier

Die Domäne ist seit mehreren Generationen im Besitz der Familie und verfügt über sehr alte Rebstöcke. Früher verkaufte man die Trauben im örtlichen Handel. 1982 vinifizierte Michel Ogier zum ersten Mal. Für den Jahrgang 1983 kaufte er die ersten Barriques für den Ausbau. Die Cuvée Belle Hélène entstand 1997.

Bezeichnung: Côte-Rôtie
Anbaufläche und Ort: 0,4 ha in Ampuis
Rebsorten: Syrah (100%)
Anzahl Flaschen pro Jahr: 0 bis 1800
Beste Jahrgänge: 1999, 2001

André Perret

In den 1980er-Jahren übernahm André Perret, der von seiner Ausbildung her Biologe ist, das Familienunternehmen, vergrößerte es und begründete dessen Ruf. Chéry und Clos Chanson sind die besten Lagen in Condrieu und werden von Perret einzeln gekeltert.

Bezeichnung: Condrieu
Anbaufläche und Ort: 2,5 ha südlich von Condrieu
Rebsorten: Viognier (100%)
Anzahl Flaschen pro Jahr: 10 000
Beste Jahrgänge: 1995, 1997, 1998, 2001

Domaine Georges Vernay

Das Familienunternehmen wurde 1953 mit 1,5 Hektar Rebfläche in der AOC Condrieu gegründet. Ende der 1940er-Jahre hatte Georges Vernay zusammen mit Kollegen diese Appellation gerettet. Für die Weinbereitung sind heute seine Kinder zuständig. Die zwei Hektar in der Lage Coteau du Vernon liegen auf einem sandigen Boden aus Granitbruchstücken, örtlich »Gorre« genannt.

Bezeichnung: Condrieu
Anbaufläche und Ort: 1,5 ha in Condrieu
Rebsorten: Viognier (100%)
Anzahl Flaschen pro Jahr: 5000
Beste Jahrgänge: 1991, 1997, 1998, 2000

Domaine J. Vidal-Fleury

Das Haus besitzt seit 1781 in der Côte-Rôtie Reben und ist das älteste im ganzen Rhônetal. Alle Nachkommen folgten dem Beispiel des Gründervaters Joseph Vidal und kelterten Weine, die typisch sind für ihr Terroir. Die Lage La Châtillonne zählt zur Côte Blonde: Die sandigen Parzellen auf Granitunterlage liegen auf Terrassen.

Bezeichnung: Côte-Rôtie
Anbaufläche und Ort: 0,7 ha in der Côte-Rôtie
Rebsorten: Syrah (85%), Viognier (15%)
Anzahl Flaschen pro Jahr: 3500
Beste Jahrgänge: 1978, 1985, 1995, 1998

Domaine François Villard

François Villard gab seinen Beruf als Koch auf und wurde Winzer. Er besitzt eine kleine Parzelle im Gebiet Condrieu gegenüber von Château-Grillet. Er ist bekannt für eine Condrieu-Spätlese.

Bezeichnung: Condrieu
Anbaufläche und Ort: keine festgelegte Fläche. Parzellen in Condrieu (Saint-Michel, Chavanay, Saint-Pierre-de-Bœuf)
Rebsorten: Viognier (100%)
Anzahl Flaschen pro Jahr: 1000–4000; wird nicht jedes Jahr produziert
Beste Jahrgänge: 2000

Alain Voge

Die Appellation erstreckt sich nur über die Gemeinde Cornas gegenüber von Valence. »Cornas« bedeutet »verbrannte Erde«. Die Böden an den Steilhängen sind aus Granit entstanden und werden von Mauern eingegrenzt. Alain Voge ist der vierte Vertreter der Winzerfamilie und baut hier Reben an, von denen einige schon über 80 Jahre alt sind.

Bezeichnung: Cornas
Anbaufläche und Ort: 4 ha in Cornas
Rebsorten: Syrah (100%)
Anzahl Flaschen pro Jahr: schwankend
Beste Jahrgänge: 1990, 1995, 1998, 2001 (außergewöhnliche Jahrgänge)

Die Weinberge von Tain-l'Hermitage liegen hoch über dem Rhônetal.

Südlicher Bereich

Zwischen Valence und Montélimar werden die Weinberge immer spärlicher. Hat man den Engpass von Donzère hinter sich gelassen, so weitet sich das Rhônetal zu einer breiten Ebene, dem Comtat. Im Westen ist es von den Garriguen des Languedoc umschlossen, die als erste im 17. Jahrhundert die Bezeichnung »Côtes du Rhône« übernahmen, im Osten von den Hängen des Tricastin, der Baronnies und des Ventoux. So entsteht ein umfangreiches Amphitheater ohne geologische Einheitlichkeit mit eher kalkigen Hängen und überwiegend kiesigen Ebenen.

Für eine gewisse Einheit sorgt allerdings das mediterrane Klima, das sich von dem der nördlichen Bereiche deutlich unterscheidet. Hier herrscht eine Sommertrockenheit, die vom Mistral noch verstärkt wird. Für das Rebsortiment ist eine extreme Vielfalt typisch.

Diese ganze Region hat Anrecht auf die Bezeichnung »Côtes du Rhône«. In der herausgehobenen Appellation »Côtes du Rhône Villages« sind das Rebsortiment und die Erträge stärker beschränkt. Das Renommee der Gegend beruht aber auf einer kleinen Zahl höherer Appellationen.

Die berühmteste unter ihnen ist ohne Zweifel »Châteauneuf-du-Pape«, die nach einer ehemaligen Sommerresidenz des Papstes von Avignon benannt ist. 13 verschiedene Rebsorten sind hier zugelassen. Das außergewöhnliche Terroir ist von großen Schottersteinen übersät, die die Rhône einst herantransportierte. Die Steine nehmen tagsüber die Sonnenwärme auf und geben sie nachts an den Boden ab. Das verhindert, dass die Reben im Frühling unter Nachtfrösten leiden. Die Trauben reifen hier außergewöhnlich gut und ergeben einen purpurfarbenen dichten Wein, der im Alter eine samtige Art gewinnt.

Auf einem steilen Terroir unter den beeindruckenden Dentelles de Montmirail wachsen die Rotweine von Gigondas, in deren Rebsortiment die Grenache dominiert. Der elegante Tavel ist stolz darauf, als erster französischer Rosé zu gelten, denn schon Philipp der Schöne rühmte ihn. Dem Tavel ähnlich ist der Lirac, der wie sein größerer Bruder auf Garrigueboden wächst. Schließlich seien noch die bemerkenswerten Vin Doux Naturels von Rasteau und der exquisite Muscat de Beaumes-de-Venise erwähnt.

In Larnas (Ardèche) erhebt sich eine romanische Kirche mit hübschen rosarot gefärbten Steinen inmitten der Weinberge.

Domaine des Amouriers

Im Jahre 1928 wurde der erste Rebstock dieser Domäne gepflanzt. Ihr Renommee geht auf den Agronomen und Önologen Jocelyn Chudzikewicz zurück, der 1997 tragisch ums Leben kam. Er war ein Vollblutwinzer wie sein Vater und sein Großvater. Die »Amouriers«, die der Domäne ihren Namen geben, sind Maulbeerbäume, die man früher für die Seidenraupenzucht brauchte.

Bezeichnung: Vacqueyras
Anbaufläche und Ort: 3,5 ha in Sarrians
Rebsorten: Grenache (53%), Syrah (47%)
Anzahl Flaschen pro Jahr: 10 000–12 000
Beste Jahrgänge: 1995, 1998, 2000

Château de Beaucastel

Die Domäne ist zusammen mit der von Mont Redon eine der größten der Region (100 Hektar). Seit Beginn des 20. Jahrhunderts liegt sie in den Händen der Familie Perrin. Die Leitung teilen sich die Brüder François und Jean-Pierre, die ihre große Cuvée nach ihrem Vater benannt haben.

Bezeichnung: Châteauneuf-du-Pape
Anbaufläche und Ort: 1,5 ha in Châteauneuf-du-Pape
Rebsorten: Mourvèdre (60%), Grenache (20%), Syrah (10%), Counoise (10%)
Anzahl Flaschen pro Jahr: 5000
Beste Jahrgänge: 1994, 1998, 1999, 2000. Wird nur in außergewöhnlichen Jahrgängen produziert.

Domaine de Beaurenard Paul Coulon et Fils

Seit 1695 gehört Beaurenard, früher »Bois Renard« genannt, zum Besitz der Familie Coulon. Auf den Parzellen stehen 60- bis 80-jährige Reben, und der Boden verleiht dem Wein eine große Komplexität. Die Lese und Selektion der Trauben erfolgt von Hand, und aus ihnen entsteht ein außergewöhnlich konzentrierter Wein.

Bezeichnung: Châteauneuf-du-Pape
Anbaufläche und Ort: 5 ha in Châteauneuf-du-Pape
Rebsorten: 13 Rebsorten, wobei Grenache dominiert
Anzahl Flaschen pro Jahr: 9000
Beste Jahrgänge: Wird nur in guten Jahren produziert

Bosquet des Papes Maurice et Nicolas Boiron

Im Jahre 1860 pflanzte Emmanuel Boiron einen Weinberg. Zehn Jahre darauf zerstörte ihn die Reblaus. Zusammen mit seinem Sohn Joseph-Victor baute er ihn wieder auf. Dieser übernahm die Leitung des Familienunternehmens und schuf 1936 die Marke »Clos Chantemerle«. 1966 benannte die vierte Generation die Domaine »Bosquet des Papes«.

Bezeichnung: Châteauneuf-du-Pape
Anbaufläche und Ort: 3 ha in Châteauneuf-du-Pape
Rebsorten: Grenache (70%), Cinsault, Vaccarèse, Counoise (13%), Syrah (10%), Mourvèdre (7%)
Anzahl Flaschen pro Jahr: 12 000
Beste Jahrgänge: 1998, 1999, 2000, 2001

Daniel Brusset

Unter den Produkten dieser Familiendomäne nimmt dieser Wein von den Terrassen zu Füßen der Dentelles de Montmirail eine Sonderstellung ein. Der Boden ist tonig-kiesig und befindet sich direkt unterhalb der berühmten dicken Schicht aus Jurakalk. Dieser Gigondas wird von Hand gelesen und reift in Fässern aus französischer Eiche.

Bezeichnung: Gigondas
Anbaufläche und Ort: 8 ha in Dentelles de Montmirail
Rebsorten: Grenache (60%), Mourvèdre (20%), Syrah (15%), Cinsault (5%)
Anzahl Flaschen pro Jahr: 3200
Beste Jahrgänge: 1990, 1995, 1998, 2000

Domaine de Cassan

Der Familienbesitz liegt zwischen 250 und 400 Metern über dem Meeresspiegel in einem ehemaligen Gletscherkar im Herzen der Dentelles de Montmirail auf einem tonig-kalkigen Boden, wo die Reben besonders viel Sonne bekommen. Die Domaine de Cassan umfasst 27 Hektar, davon 7,5 in Gigondas ausschließlich mit Rotweinreben.

Bezeichnung: Gigondas
Anbaufläche und Ort: 7,5 ha in Lafare
Rebsorten: Grenache (70%), Syrah (20%), Mourvèdre (10%)
Anzahl Flaschen pro Jahr: bis 90 000
Beste Jahrgänge: **1990,** 1994, 1998, 2000

Domaine de la Charbonnière Maret Michel

1912 kaufte Eugène Maret die Domäne. Über 90 Jahre später ist sie immer noch in Familienbesitz und wird von Michel Maret geleitet. 17,5 Hektar liegen in Châteauneuf-du-Pape, vier Hektar in Vacqueyras. Die Cuvée »Mourre de Perdrix« trägt den Namen ihrer Lage.

Bezeichnung: Châteauneuf-du-Pape
Anbaufläche und Ort: 6,5 ha in Courthézon
Rebsorten: Grenache (69%), Syrah (15%), Mourvèdre (15%), Cinsault (1%)
Anzahl Flaschen pro Jahr: 24 000
Beste Jahrgänge: 1995, 1998, 2000, 2001

Clos des Papes Paul Avril

Die Familie Avril besitzt den Clos des Papes schon über drei Jahrhunderte. Paul Avril hat die Verantwortung seinem Sohn Paul-Vincent übertragen. Seit kurzem werden die Keller klimatisiert. Das verringert den Verlust durch Verdunstung, während die Weine in Eichenfässern lagern.

Bezeichnung: Châteauneuf-du-Pape
Anbaufläche und Ort: 29,38 ha
Rebsorten: Grenache (65%), Mourvèdre (20%), Syrah (10%), Counoise, Muscardin, Vaccarèse (5%)
Anzahl Flaschen pro Jahr: 100 000
Beste Jahrgänge: 1990, 1995, 1999, 2000

Weitere große Weine …

Château de Beaucastel

Vieilles Vignes
Bezeichnung: Châteauneuf-du-Pape
Anbaufläche und Ort: 3 ha in Châteauneuf-du-Pape
Rebsorten: Roussanne (100%)
Anzahl Flaschen pro Jahr: 6000
Beste Jahrgänge: 1990, 1997, 2000, 2001

Clos du Caillou

Bouquet des Garrigues
Bezeichnung: Côtes du Rhône
Anbaufläche und Ort: 30 ha in Courthézon
Rebsorten: Grenache (80%), Syrah (10%), Mourvèdre (10%)
Anzahl Flaschen pro Jahr: ca. 100 000
Beste Jahrgänge: 1990, 1998, 2000, 2001

Domaine de la Janasse

Chaupin
Bezeichnung: Châteauneuf-du-Pape
Anbaufläche und Ort: 3 ha in Courthézon
Rebsorten: Grenache (100%)
Anzahl Flaschen pro Jahr: weniger als 10 000
Beste Jahrgänge: 1990, 1998

Clos du Caillou

Im Jahre 1956 gründete Claude Pouizin diese Domäne in Courthézon. Dann übernahm sie sein Schwiegersohn Jean-Denis Vacheron, und heute wird sie von dessen Frau geleitet. Der Bau des Kellers erfolgte 1867 durch Elie Dussaud, dem man auch die Häfen von Suez und Marseille verdankt.

Bezeichnung: Châteauneuf-du-Pape
Anbaufläche und Ort: 2 ha in Courthézon
Rebsorten: Grenache (50%), Mourvèdre (40%), Syrah (10%)
Anzahl Flaschen pro Jahr: 6900
Beste Jahrgänge: 1998, 2000, 2001

Domaine de Durban Leydier et Fils

Die Bezeichnung »Beaumes« bezieht sich auf die Grotten dieses Ortes, und »Venise« stammt von »Comtat-Venaissin«, also einer geografischen Bezeichnung. Die Domaine de Durban steht unter der Leitung der Familie Leydier. Der Weinberg auf der Anhöhe eines Hügels bekommt besonders viel Sonne und ergibt einen sehr feinen Süßwein.

Bezeichnung: Muscat de Beaumes-de-Venise
Anbaufläche und Ort: 25 ha in Beaumes-de-Venise
Rebsorten: Muscat à Petits Grains (100%)
Anzahl Flaschen pro Jahr: 106 000
Beste Jahrgänge: Alle Jahrgänge weisen dieselbe Qualität auf

Château de La Gardine

Das Château ging aus der Begegnung zwischen einem Menschen, Gaston Brunel, und einem Terroir hervor. Brunel widmete sich ausschließlich Gardine. Der Name des Besitzes geht entweder auf den Wachtturm (»tour de garde«) über dem Weinberg oder auf die Gardini zurück, die Herren von Entraygues und Fargues, die dieses Gut einst besaßen.

Bezeichnung: Châteauneuf-du-Pape
Anbaufläche und Ort: 4 ha in Châteauneuf-du-Pape
Rebsorten: Grenache (60%), Mourvèdre (20%), Syrah (20%)
Anzahl Flaschen pro Jahr: 6000–10 000
Beste Jahrgänge: 1990, 1995, 1998, 2000

Domaine du Grand Tinel

Als »Tinel« bezeichnete man im 14. Jahrhundert ein großes Fass, einen Keller und manchmal auch einen Speisesaal. In diesem Fall geht es um den Keller für den Ausbau von Weinen. François Establet besaß schon einen Weinberg in Châteauneuf. 1836 kaufte Alexis Parzellen dazu. Zehn Jahre später tat sein Sohn dasselbe in La Gardiole, das heute noch das Herz der Domäne bildet.

Bezeichnung: Châteauneuf-du-Pape
Anbaufläche und Ort: 3,5 ha in Châteauneuf-du-Pape
Rebsorten: Grenache (100%)
Anzahl Flaschen pro Jahr: 5000–10 000
Beste Jahrgänge: 1998, 1999, 2000

Domaine de la Janasse

Im Jahre 1967 übernahm Aimé Sabon die Weinberge des Schwiegervaters und die seines Vaters, der seine Trauben bisher der Kooperative abgeliefert hatte. 1973 baute er einen eigenen Keller und gründete die Domäne, die nach einem früheren Bauernhof der Familie benannt ist. Sein Sohn Christophe wacht heute über die Vinifizierung, und seine Tochter Isabelle wurde sogar Önologin.

Bezeichnung: Châteauneuf-du-Pape
Anbaufläche und Ort: 3 ha in Courthézon
Rebsorten: Grenache (100%)
Anzahl Flaschen pro Jahr: weniger als 10 000
Beste Jahrgänge: 1990, 1998

Domaine de Marcoux

Die Familie Armenier, der die Domaine de Marcoux gehört, ist eine alte Linie aus Châteauneuf-du-Pape. Das beweist ein Eintrag im Familienregister von 1344. Die Leitung der Domäne haben heute zwei Schwestern inne, Catherine und Sophie. Die Cuvée Vieilles Vignes stammt von 50- bis über 100-jährigen Reben, deren Trauben separat gekeltert werden.

Bezeichnung: Châteauneuf-du-Pape
Anbaufläche und Ort: 3,5 ha in Quartier de Charbonnière
Rebsorten: Grenache (98%), weitere Sorten (2%)
Anzahl Flaschen pro Jahr: 3500
Beste Jahrgänge: 1989, 1990, 1998, 2000

Als »Baronnies« bezeichnet man ein Massiv der Voralpen im Département Drôme. Hier gibt es noch große Weinberge (folgende Doppelseite).

Clos du Mont-Olivet

Der Pionier dieser Domäne hieß Romain Jausset; er besaß mehrere Parzellen. Sein Schwiegersohn Séraphin Sabon erbte sie. Dessen Sohn Joseph übernahm das Gut, und dann folgten wiederum dessen Söhne. Die Cuvée du Papet wird nur in großen Jahrgängen produziert und aus Trauben von über 100-jährigen Grenachestöcken gekeltert.

Bezeichnung: Châteauneuf-du-Pape
Anbaufläche und Ort: 4 ha in Le Pied-de-Baud, Montalivet und Gallimardes
Rebsorten: Grenache (95%), Syrah (5%)
Anzahl Flaschen pro Jahr: 8000
Beste Jahrgänge: 1989, 1990, 1998, 2000

Domaine de la Mordorée

Christophe Delorme entstammt einer Winzerfamilie und entschied sich 1986 auch für den Weinbau. Er vergrößerte seinen Weinberg und befürwortet seit jeher kleine Erträge, weil sie die Quintessenz des Terroirs bedeuten. 1989 kaufte er den Weinberg in Châteauneuf-du-Pape.

Bezeichnung: Châteauneuf-du-Pape
Anbaufläche und Ort: 5 ha in Châteauneuf-du-Pape
Rebsorten: Grenache, Syrah, Mourvèdre, Counoise
Anzahl Flaschen pro Jahr: 20 000
Beste Jahrgänge: 1995, 1998, 1999, 2000

Domaine Raspail-Ay

Das Gut befindet sich seit mehreren Generationen in den Händen der Familie und wird heute von Dominique Ay geleitet, einem Nachkommen des Gründers Eugène Raspail. Die Weinberge liegen auf sanft geneigten Terrassen zu Füßen der Dentelles de Montmirail, die die Reben vor zu viel Sonne, Nebel, Feuchtigkeit und Hagel schützen.

Bezeichnung: Gigondas
Anbaufläche und Ort: 18 ha in Dentelles de Montmirail
Rebsorten: Grenache (80%), Syrah (15%), Mourvèdre (5%)
Anzahl Flaschen pro Jahr: 60 000
Beste Jahrgänge: 1990, 1995, 1998, 2000

Château Rayas

Die Parzellen des Château Rayas sind nur mit Grenache bepflanzt, nach Norden orientiert, und es fehlen auf ihnen auch die berühmten runden Kiesel und Schotter. Dieses außergewöhnliche Gut wurde von einem Ausnahmewinzer gegründet, Jacques Reynaud, der 1996 starb. Die Nachfolge übernahm sein Neffe Emmanuel, der bereits einen Weinberg in Vacqueyras besitzt.

Bezeichnung: Châteauneuf-du-Pape
Anbaufläche und Ort: 9 ha in Lagarde-Paréol
Rebsorten: Grenache (100%)
Anzahl Flaschen pro Jahr:7000–10 000
Beste Jahrgänge: keine Angaben

Domaine de la Réméjeanne

Im Jahre 1988 übernahm Rémy Klein zusammen mit seiner Frau auf der windigen Hochfläche von Cadignac den Weinberg seines Vaters. Jede Cuvée trägt den Namen eines für die örtliche Flora charakteristischen Strauches, zum Beispiel »Chèvrefeuilles« (Geißblatt), »Arbousier« (Erdbeerbaum), »Genévrier« (Wacholder) oder »Eglantier« (Heckenrose).

Bezeichnung: Côtes du Rhône Villages
Anbaufläche und Ort: 1,5 ha bei Bagnols-sur-Cèze in 200 m Höhe
Rebsorten: Grenache, Syrah
Anzahl Flaschen pro Jahr: 5000
Beste Jahrgänge: 1993, 1998, 2000

Marcel Richaud

Marcel Richaud verließ mit 17 Jahren die Schule, um seiner Leidenschaft für den Wein zu frönen. Er vertritt die Meinung, man solle bei den Rebstöcken nur minimal eingreifen, sie nicht »mit Chemie faul werden lassen«. Er verfügt über 30 Hektar auf ganz unterschiedlichen Böden: weißem Ton, rotem Ton, blauem Ton oder Kieseln.

Bezeichnung: Côtes du Rhône Villages
Anbaufläche und Ort: 5 ha auf der Hochfläche von Cairanne, an der Grenze zu Rasteau
Rebsorten: Grenache, Syrah, Mourvèdre
Anzahl Flaschen pro Jahr: 120 000
Beste Jahrgänge: 1998, 1999, 2000

Domaine la Roquette

Im Jahre 1986 kaufte die Familie Brunier, der schon die Domaine du Vieux Télégraphe gehört, diese Domäne. Sie liegt zur Hälfte auf der Kiesfläche von Pielong. Dazu kommen mehrere Hänge und ein sandiges Gebiet im Bereich von Pignan. Zwei Bodentypen tragen zur Entstehung dieses Rotweins bei.

Bezeichnung: Châteauneuf-du-Pape
Anbaufläche und Ort: 25 ha in den Lagen Pignan, Roquette, Pielong
Rebsorten: Grenache (70%), Syrah (20%), Mourvèdre (10%)
Anzahl Flaschen pro Jahr: ca. 100 000
Beste Jahrgänge: 1990, 1995, 1998, 2001

Domaine Roger Sabon

Die Ursprünge der Familie gehen auf das Jahr 1560 zurück. Die Rebberge liegen in Les Cabrières, Crau, Courthézon und Nalys. Die Rebstöcke haben ein hohes Durchschnittsalter, besonders diejenigen, die zur Cuvée Prestige beitragen. Einige darunter stammen aus den Anfangsjahren des 20. Jahrhunderts

Bezeichnung: Châteauneuf-du-Pape
Anbaufläche und Ort: 3,5 ha in Châteauneuf-du-Pape
Rebsorten: Grenache, Syrah, Mourvèdre, Cinsault, Counoise, Terret, Vaccarèse, Clairette Blanche, Muscardin
Anzahl Flaschen pro Jahr: 15 000
Beste Jahrgänge: 1990, 1995, 1998

Château de Saint Cosme

Das Château, dessen gallorömische Keller auf das 2. Jahrhundert zurückgehen, ist seit 1490 in Familienbesitz. Heute leitet es Louis Barruol, der 1997 die Nachfolge seines Vaters angetreten hat. Die Rebberge liegen im Herzen der Appellation Gigondas und wachsen auf einem Mosaik von Terroirs, deren Entstehung mit der geologischen Geschichte der Dentelles de Montmirail zu tun hat.

Bezeichnung: Gigondas
Anbaufläche und Ort: 1,5 ha in Gigondas
Rebsorten: Grenache (70%), Syrah (30%)
Anzahl Flaschen pro Jahr: 15 000
Beste Jahrgänge: 1969, 1985, 1995, 1998

Grenache: eine Rebsorte mit Charakter

Diese dunkle Rebsorte mit ihren großen süßen Beeren kommt ohne Zweifel mit voller Sonne sehr gut zurecht. Die besten Ergebnisse zeitigt sie in Frankreich und in Spanien, wo sie »Garnacha« genannt wird. Mit Erfolg wurde sie auch nach Australien, ins Barossa-Tal, exportiert. In Assemblagen mit anderen Sorten gibt die Grenache ihr Bestes.

In den Weinen von Rioja und Navarra sorgt sie für die kräftige Frucht. Im Süden des Rhônetals und besonders in Châteauneuf-du-Pape stellt die Grenache oft einen bestimmenden Teil in der komplexen Assemblage aus maximal 13 Rebsorten dar. Unter den besonders trockenen Bedingungen Australiens ergibt die Rebe sehr tief strukturierte Weine.

Die Bezeichnung »Grenache« soll vom italienischen Wort »Vernaccia« stammen. Ob dieses aber auf das Dorf Vernazza in den Cinqueterre nördlich von La Spezia zurückgeht, steht nicht fest. Jedenfalls sagten die Franzosen erst Vernache, dann Garnasse.

Domaine Santa Duc

Yves und Edmond Gras repräsentieren die vierte Generation in dieser Domäne in der Lage Hautes Garrigues. Das Gut umfasst annähernd 22 Hektar und verdankt seine Bezeichnung dem provenzalischen Ausdruck »Canta Duc« (»Großherzog«).

Bezeichnung: Gigondas
Anbaufläche und Ort: Gigondas in der Lage Les Hautes Garrigues
Rebsorten: überwiegend Grenache (80%)
Anzahl Flaschen pro Jahr: 20 000
Beste Jahrgänge: 1989, 1990, 1998, 2000. Wird nur in großen Jahren produziert

Weitere große Weine …

Domaine de la Mordorée

Cuvée de la Reine des Bois (Blanc)
Bezeichnung: Lirac
Anbaufläche und Ort: 3 ha in Lirac
Rebsorten: Viognier, Roussanne, Marsanne, Grenache Blanc
Anzahl Flaschen pro Jahr: 20 000
Beste Jahrgänge: 1998, 1999, 2000, 2001

Château Rayas

Château Rayas (Blanc)
Bezeichnung: Châteauneuf-du-Pape
Anbaufläche und Ort: 2,5 ha
Rebsorten: Grenache, Clairette
Anzahl Flaschen pro Jahr: 3000–5000
Beste Jahrgänge: keine Angaben

Château de Saint-Cosme

Château de Saint-Cosme Cuvée Classique
Bezeichnung: Gigondas
Anbaufläche und Ort: 13,5 ha in Gigondas
Rebsorten: Grenache (75%), Syrah (20%), Cinsault (5%)
Anzahl Flaschen pro Jahr: 60 000
Beste Jahrgänge: 1969, 1985, 1995, 1998

Domaine Pierre Usseglio et Fils

Cuvée Tradition
Bezeichnung: Châteauneuf-du-Pape
Anbaufläche und Ort: 16,5 ha in Châteauneuf-du-Pape
Rebsorten: Grenache (80%), Syrah (10%), Mourvèdre (5%), Cinsault (5%)
Anzahl Flaschen pro Jahr: 60 000
Beste Jahrgänge: 1990, 1995, 1998, 2000

Domaine Pierre Usseglio et Fils

Im Jahre 1931 verließ Großvater Francis Usseglio Italien, um in Châteauneuf-du-Pape im Weinbau zu arbeiten. Im November 1948 bekam er die Gelegenheit, acht Hektar zu pachten und seinen eigenen Wein zu keltern. Sein Sohn Pierre und nach ihm seine Enkel folgten ihm in der Leitung der Domäne nach und vergrößerten sie.

Bezeichnung: Châteauneuf-du-Pape
Anbaufläche und Ort: 2,5 ha in Châteauneuf-du-Pape
Rebsorten: Grenache (85%), Cinsault (10%), Syrah (5%)
Anzahl Flaschen pro Jahr: 8000
Beste Jahrgänge: 1990, 1995, 1998, 2000

Domaine Raymond Usseglio et Fils
Les Amandiers

In Châteauneuf-du-Pape gibt es mehrere Usseglio. Die Domäne von Raymond liegt zu einem großen Teil im Bereich der Terres Blanches, auf einem Boden mit kugelrunden Schottern und Kieseln. Die Cuvée Impériale stammt von einer Parzelle, die im Jahre 1902 bepflanzt wurde. Die Trauben werden dort für sich gelesen und gekeltert.

Bezeichnung: Châteauneuf-du-Pape
Anbaufläche und Ort: 2 ha
Rebsorten: Grenache (95%), Cinsault (5%)
Anzahl Flaschen pro Jahr: 3000
Beste Jahrgänge: 1990, 1995, 1998, 2000

Domaine du Vieux Télégraphe

Hippolyte Brunier gründete die Domäne 1898 in Bédarrides. Er pflanzte seine ersten Stöcke auf einer Fläche, die seit dem 14. Jahrhundert dem Weinbau dient. 1792 errichtete hier Claude Chappe, der Erfinder des optischen Telegrafen, einen seiner Türme. Der Sohn Jules Brunier vergrößerte das Gut auf 17 Hektar und gab ihm seinen heutigen Namen.

Bezeichnung: Châteauneuf-du-Pape
Anbaufläche und Ort: 1 ha
Rebsorten: Grenache (100%, für 1998); für jedes Jahr schwankend, experimentelle Phase
Anzahl Flaschen pro Jahr: ca. 3000
Beste Jahrgänge: experimentelle Phase

Auf der Ebene von Gras wechseln sich die Reben mit Mandelgärten und Lavendelfeldern ab.

Weitere Länder in Europa

Deutschland

Die edelsten deutschen Weine entstehen unter wirklich schwierigen Bedingungen, denn der Anbau von Reben im kältesten Klima, das sie noch vertragen können, ist ein täglicher Kampf.

Um 280 erlaubt Probus, damals römischer Kaiser, den Germanen ihren eigenen Weinbau: An den Hügeln entlang des Rheins und seiner Nebenflüsse entstehen Weinberge. Später, um 800, fördert Karl der Große den Weinbau, indem er Musteranlagen anpflanzen lässt und nach neuen Rebsorten sucht. Insbesondere die Klöster betreiben Weinbau.

Anfang des 17. Jahrhunderts erreicht der Weinanbau seine größte flächenmäßige Ausdehnung – sogar auf der Schwäbischen Alb wird Wein angebaut. Wein wird zum Volksgetränk Nr. 1. Doch im Verlauf des Dreißigjährigen Krieges werden fast alle Weinberge und Keller vernichtet. Erst mit Beginn des 19. Jahrhunderts erholt sich der Weinbau langsam wieder. Privatisiert wird er 1803 unter Napoleon, der die linksrheinischen Gebiete erobert. Als 1860 die Reblaus aus Nordamerika eingeschleppt wird, bahnt sich eine erneute Katastrophe an, die zum Glück abgewendet werden kann.

Zu den bedeutendsten Weinanbaugebieten Deutschlands gehören unter anderem die Pfalz, Rheinhessen, Mosel-Saar-Ruwer und der Rheingau. In Deutschland werden überwiegend Weißweine erzeugt, doch seit einigen Jahren ist auch der Rotwein deutlich auf dem Vormarsch. Die wichtigsten Weißweinreben sind: Riesling, Müller-Thurgau, Weißburgunder, Silvaner und Grauburgunder (Ruländer).

An den Steilhängen der Mosel krallen sich die Reben im Untergrund fest.

Mosel-Saar-Ruwer

Die Mosel entspringt in den Vogesen und erreicht über Nancy und Metz bei Apach und Perl die deutsche Grenze. Entlang des 240 km langen Flusslaufes befinden sich die Weinbergflächen vor allem auf dem deutschen Gebiet der Mosel und an ihren Nebenflüssen Saar und Ruwer.

Mit 9000 Hektar bestockter Rebfläche ist Mosel-Saar-Ruwer das fünftgrößte Weinanbaugebiet Deutschlands. Die Struktur ist sehr kleinteilig; die durchschnittliche Betriebsgröße beträgt weniger als zwei Hektar. Das liegt vor allem an der schwierigen Bewirtschaftung der vielen Steil- und Terrassenlagen, denn die Arbeitskosten in Steillagen sind fünf- bis zehnmal höher als in Flachlagen, die maschinell bewirtschaftet werden können.

Unter dem Namen »Mosel-Saar-Ruwer« dürfen nur Qualitätsweine abgefüllt werden, keine Tafel- oder Landweine. Das Anbaugebiet ist in sechs Bereiche unterteilt: Burg Cochem, heute meist »Terrassenmosel« genannt, Bernkastel (Mittelmosel), Saar, Ruwer, Obermosel und Moseltor.

Wichtigste Rebsorte an Mosel, Saar und Ruwer ist der Riesling. 57,5 Prozent der Rebfläche sind mit dieser edlen, spät reifenden und kälteresistenten Rebe bestockt.

Mosel-Saar-Ruwer ist das größte Rieslinganbaugebiet und geschlossenste Steillagenweinbaugebiet der Welt.

Das Schiefergestein der Hänge speichert am Tag die Wärme und gibt sie nachts an die Reben ab; so ist für ein milderes Klima in den Weinbergen gesorgt. Der Untergrund besteht an Saar, Ruwer und Mittelmosel primär aus Devonschiefer, im Raum Trier aus Buntsandstein und rotem Tonschiefer und an der Untermosel hauptsächlich aus Tonschiefer.

Im Bereich Mittelmosel ist der Ort Erden für seine Steillagen bekannt: »Busslay« und »Herrenberg«, aber auch Wehlen (»Wehlener Sonnenuhr«) und Ürzig (»Ürziger Würzgarten«) sind international bekannt.

Das Weingut Heymann-Löwenstein gehört zu den besten Adressen im Weinbaugebiet Mosel-Saar-Ruwer.

Fritz Haag

Die Ursprünge dieses Weingutes gehen auf das Jahr 1605 zurück. Damals hieß es Dusemonder Hof nach dem Namen des Ortes, in dem es sich befand. 1925 wurde Dusemond in Brauneberg umbenannt. Schon Napoleon I. hatte die Weine dieses Ortes gelobt. Das Weingut wird heute von Wilhelm Haag geleitet.

Anbaugebiet: Mosel-Saar-Ruwer
Anbaufläche und Ort: Brauneberg
Rebsorten: Riesling (100%)
Anzahl Flaschen pro Jahr: 300
Beste Jahrgänge: 1990, 1994, 1997, 2000

Heymann-Löwenstein

Das Weingut Heymann-Löwenstein in Winnigen im Bereich »Terrassenmosel« verfügt über steile, terrassenförmig angelegte Weinberge. Die Wurzeln der Reben dringen metertief in den Boden ein und versorgen sich mit Wasser und Mineralstoffen, die den Weinen der Lagen »Uhlen« und »Röttgen« besondere Ausdruckskraft verleihen.

Anbaugebiet: Mosel-Saar-Ruwer
Anbaufläche und Ort: 2,5 ha in Winningen
Rebsorten: Riesling (100%)
Anzahl Flaschen pro Jahr: 9000
Beste Jahrgänge: 1995, 1998, 1999, 2001

von Hövel

Der Besitzer und Leiter dieses Weingutes in Konz-Oberemmel ist Eberhard von Kunow. Das Gut ist seit sechs Generationen in Familienbesitz. Früher war es Teil des Klostergutes St. Maxim, das unter Napoleon 1803 säkularisiert wurde. Im gleichen Jahr wurden die ersten Rebflächen gekauft und damit das heutige Weingut begründet. Die Keller sind seit 800 Jahren nicht verändert worden.

Anbaugebiet: Mosel-Saar-Ruwer
Anbaufläche und Ort: 10,5 ha in Oberemmel
Rebsorten: Riesling (100%)
Anzahl Flaschen pro Jahr: 30 000
Beste Jahrgänge: 1947, 1953, 1976, 1999

Karthäuserhof

Im Jahre 1986 übernahmen Christoph und Graciela Tyrell die Leitung dieses Weingutes, das schon mehrere Jahrhunderte alt ist und ursprünglich Karthäusermönchen gehörte. Die Besitzer vereinigten die Weinberge der Lagen Kronenberg, Orthsberg, Sang und Stirn und nannten sie »Karthäuserhofberg«.

Anbaugebiet: Mosel-Saar-Ruwer
Anbaufläche und Ort: Eitelsbach
Rebsorten: Riesling (90%), Weißburgunder (10%)
Anzahl Flaschen pro Jahr: 120 000–150 000
Beste Jahrgänge: 1990, 1993, 1999, 2001

Reichsgraf von Kesselstatt

Das Gut wurde 1349 gegründet und feierte 1999 seinen 650. Geburtstag. Zwischen 1746 und 1999 befand sich der Hauptsitz im Palais Kesselstatt in Trier. Heute befindet er sich im Schloss Marienlay im Ruwertal. Es wurden mehrere Millionen Euro investiert, um weiterhin einen Wein internationaler Klasse zu produzieren. Das Weingut gehört heute der Familie Reh-Gartner.

Anbaugebiet: Mosel-Saar-Ruwer
Anbaufläche und Ort: 4,8 ha in Graach
Rebsorten: Riesling (100%)
Anzahl Flaschen pro Jahr: unterschiedlich
Beste Jahrgänge: 1989, 1996, 2002, 2003

Dr. Loosen

Seit mehr als 200 Jahren ist das Weingut in Familienbesitz. Als Ernst Loosen 1988 die Leitung übernahm, entschied er sich für eine Verringerung der Erträge und einen Verzicht auf Kunstdünger. Die Lage Erdener Prälat ist der beste Weinberg des Gutes, der von einem außergewöhnlich warmen, sonnigen Mikroklima begünstigt wird.

Anbaugebiet: Mosel-Saar-Ruwer
Anbaufläche und Ort: 12 ha Gesamtrebfläche
Rebsorten: Riesling (100%)
Anzahl Flaschen pro Jahr: keine Angaben
Beste Jahrgänge: 1995, 1997, 1999, 2001

Der Ort Cochem liegt in einer Moselschleife und wird von einem mächtigen Schloss überragt.

WAPPEN VON COCHEM
BRIEDERN D

Egon Müller-Scharzhof

Der Scharzhofberg in Wiltingen gehörte einst dem Marienkloster in Trier. Er liegt an einem Steilhang über der Saar. Der Großvater von Egon Müller kaufte den Ordensleuten Grundbesitz ab und begründete damit sein eigenes Weingut. Es ist vor allem für seinen Eiswein berühmt, der aus gefrorenen Trauben unter langsamer Pressung gewonnen wird.

Anbaugebiet: Mosel-Saar-Ruwer
Anbaufläche und Ort: 12 ha in Wiltingen, Lage Scharzhofberg
Rebsorten: Riesling (100%)
Anzahl Flaschen pro Jahr: 80 000
Beste Jahrgänge: 1971, 1976,1997, 1999

Joh. Jos. Prüm

Johann Joseph Prüm gründete dieses Weingut 1911, aber es war sein Sohn Sebastian, der für das Renommee sorgte. Nach dessen Tod übernahm sein Sohn Manfred die Leitung. Das Gut verfügt über Parzellen in den besten Lagen des Moseltales, etwa in der Wehlener und Zeltinger Sonnenuhr.

Anbaugebiet: Mosel-Saar-Ruwer
Anbaufläche und Ort: 14 ha
Rebsorten: Riesling (100%)
Anzahl Flaschen pro Jahr: 140 000
Beste Jahrgänge: 1995, 1997, 1999, 2001

Willi Schaefer

Das Weingut Willi Schaefer besitzt knappe drei Hektar, doch liegen diese in den besten Lagen von Graach an besonders steilen Hängen. Graach ist ein kleines Dorf zwischen Bernkastel und Wehlen. Der »Domprobst« zählt dort zu den großen Lagen. Die Bezeichnung verweist auf die lange kirchliche Geschichte des Weinbaus an der Mosel.

Anbaugebiet: Mosel-Saar-Ruwer
Anbaufläche und Ort: 3 ha in Graach
Rebsorten: Riesling (100%)
Anzahl Flaschen pro Jahr: 26 000
Beste Jahrgänge: 1997, 2001

Selbach-Oster

Das Weingut erstreckt sich über steile Südhänge oberhalb der Mosel und existiert seit 1661. Die Weinberge liegen in den besten Lagen, etwa der Zeltinger Sonnenuhr. Der Ausbau der Weine erfolgt zu 55 Prozent in 1000-Liter-Fässern aus deutscher Eiche.

Anbaugebiet: Mosel-Saar-Ruwer
Anbaufläche und Ort: 16 ha in Zeltingen, Wehlen, Graach und Bernkastel-Kues
Rebsorten: Riesling (98%), Weißburgunder (2%)
Anzahl Flaschen pro Jahr: 100 000
Beste Jahrgänge: 1994, 1995, 1997, 2001

Forstmeister Geltz Zilliken

Seit 1742 betreibt die Familie Zilliken Weinbau in Saarburg und Ockfen. Das Renommee ihrer Weine geht zunächst auf Ferdinand Geltz (1851–1925) zurück. Seine beiden Töchter übernahmen das Erbe, und die Enkelin einer dieser Töchter heiratete Fritz Zilliken. Das Weingut hat den tiefsten Keller in der ganzen Region Saar – drei Stockwerke unter der Erde.

Anbaugebiet: Mosel-Saar-Ruwer
Anbaufläche und Ort: 10 ha Gesamtrebfläche
Rebsorten: Riesling (100%)
Anzahl Flaschen pro Jahr: 60 000
Beste Jahrgänge: 1976, 1993, 1997, 1999

Güteklassen für deutschen Wein

Das deutsche Weingesetz (WeinG 1994) teilt die Weine ausschließlich nach dem Zuckergehalt des Mostes (Öchslegrad), verbunden mit einer Regionalbezeichnung, aber ohne Ursprungs- oder Lagenklassifizierung, in die folgenden Güteklassen ein: »Tafelwein«, »Qualitätswein bestimmter Anbaugebiete« (Q.b.A.) – sie weisen charakteristische Merkmale aus einem bestimmten Anbaugebiet auf; »Qualitätsweine mit Prädikat«– sie unterliegen strengen Qualitätsanforderungen und sind aus eng begrenzten Herkunftsgebieten. Die Prädikate sind zusätzliche Auszeichnungen, die wiederum in sechs Stufen unterteilt werden.

»Kabinett«: min. 73° Öchsle. Diese gehobenen Weine werden aus vollreifen Trauben gekeltert.

»Spätlese«: min. 85° Öchsle. Die Trauben werden nach der Hauptlese geerntet.

»Auslese«: min. 95° Öchsle. Die Auslese wird aus vollreifen oder edelfaulen Trauben (nicht einzelnen Beeren) gewonnen.

»Beerenauslese«: min. 125° Öchsle. Die Beerenauslese wird aus einzelnen, besonders reifen und in der Regel von der Edelfäule befallenen Beeren gekeltert. Die Weine schmecken süß, während Auslesen noch trocken sein können.

»Trockenbeerenauslese«: min. 150° Öchsle. Die edelfaulen Beeren haben schon viel Wasser verloren, sind fast wie Rosinen eingetrocknet und entsprechend zuckerreich.

»Eiswein«: Die verwendeten Trauben müssen bei Lese und Kelterung gefroren sein. So wird eine sehr hohe Konzentration des natürlichen Zuckergehalts erreicht.

Rhein

Von den 13 deutschen Weinbaugebieten bilden vier die inoffizielle Gruppe der »Rheinweine«: Rheinhessen, Pfalz, Rheingau und Mittelrhein.

Rheinhessen, mit 26 177 Hektar das größte Weinbaugebiet Deutschlands, liegt im weiträumigen Dreieck zwischen Mainz, Worms und Bingen. Es herrscht ein mildes Klima, mit sonnigem Herbst und ohne Spätfrost. Im Boden überwiegen Mergel, Quarz und Kalk.

Der Klassiker unter den deutschen Weißweinreben, der Riesling, bringt hier ein breites Spektrum von leichten bis gehaltvollen Weinen hervor. Man findet ihn vor allem in den Panoramalagen der Rheinterrassen. Rheinhessen hat aber auch die größte Silvaner-Anbaufläche der Welt und entwickelt sich immer mehr zum Burgunderland: 2350 Hektar sind mit Burgundersorten bepflanzt.

Die Pfalz erstreckt sich südlich von Worms auf einer Länge von 80 Kilometern bis zur französischen Grenze und vom Pfälzer Wald bis in die Rheinebene. Das Klima ist mediterran geprägt. Der Riesling ist, mit nahezu 5000 Hektar Anbaufläche, die Nummer eins, aber auch Silvaner, Müller-Thurgau und Kerner gehören zum Weißweinangebot. Die Palette der Rotweinsorten präsentiert sich ähnlich nuancenreich: Weißherbst, Spätburgunder und tiefdunkle Dornfelder.

Der Rheingau erstreckt sich von Wicker/Flörsheim am Main bis Lorchhausen am Rhein. Die meistangebaute Rebe ist der Riesling. Durch das enge Rheintal wird das Weinanbaugebiet mit viel Sonne verwöhnt. Die Lese findet relativ spät statt, was dem Wein einen besonderen Charakter verleiht.

Seit 1999 gibt es für besonders herausragende Weine die Klassifizierung »Erstes Gewächs«. Die Kriterien für diese Auszeichnung haben die Winzer sehr streng und vielfältig gesteckt. Das beginnt mit der Lage, geht über die optimale Bewirtschaftung der Weinberge und ein hochwertiges Lesegut bis hin zum hohen Qualitätsstandard der Ausbaukriterien und der Lagerung des Weines.

Der Mittelrhein erstreckt sich von Bingen bis Bonn. Auf den Terrassen der Steilhänge sind drei von vier Rebstöcken mit der Rieslingrebe bepflanzt. Sie findet auf den mineralreichen Schieferböden und unter den klimatisch günstigen Verhältnissen ideale Wachstumsbedingungen.

Die Reben klettern bis zu den Mauern der Burg Stahleck von Bacharach, einem Weinbauzentrum im Gebiet Mittelrhein.

Geheimer Rat Dr. von Bassermann-Jordan

Im 18. Jahrhundert begründete Andreas Jordan den Ruf des Weingutes. Bis 2002 war es in Familienbesitz, heute wird es von dem Unternehmer Achim Niederberger geleitet. Das Gut hat einen Keller aus dem 16. Jahrhundert. Im Weinmuseum kann man Amphoren, Gläser und Flaschen aus allen Jahrhunderten, Skulpturen aus Stein und Holz, Fässer und andere Gerätschaften bestaunen.

Anbaugebiet: Pfalz
Anbaufläche und Ort: 4 ha südlich von Deidesheim
Rebsorten: Riesling
Anzahl Flaschen pro Jahr: 300–400
Beste Jahrgänge: 1998, 1999, 2000, 2001

Georg Breuer

Das Gut wurde 1880 von Bernhard Scholl und Albert Hildebrand als Teil einer Weinhandlung gegründet. Dann kam das Gut in den Besitz von Georg Breuer, dessen beide Söhne es erbten. In den 1980er- und 1990er-Jahren wurde es auf über 15 Hektar erweitert. Die Familie Breuer hat den Alleinbesitz an der Lage Nonnenberg in Rauenthal.

Anbaugebiet: Rheingau
Anbaufläche und Ort: 5 ha in Rauenthal
Rebsorten: Riesling (100%)
Anzahl Flaschen pro Jahr: schwankend
Beste Jahrgänge: 1990, 1993, 1999

Reichsrat von Buhl

Im Jahre 1849 gründete Franz Peter Buhl das Weingut, das heute Achim Niederberger gehört. Die Lagenbezeichnung »Ungeheuer von Forst« machte Reichskanzler Bismarck durch eine freundliche Äußerung (»Dieses Ungeheuer schmeckt mir ungeheuer«) weltberühmt.

Anbaugebiet: Pfalz
Anbaufläche und Ort: 5,5 ha in Forst
Rebsorten: Riesling (100%)
Anzahl Flaschen pro Jahr: 200–300
Beste Jahrgänge: 1994, 1996, 1998, 1999

Riesling: der Prinz vom Rhein

Die Rebsorte Riesling stammt aus Deutschland und ist besonders gut an niedrige Temperaturen angepasst. Deswegen gedeiht sie auch in nördlichen Regionen: an Rhein und Mosel, im Elsass, aber auch in Österreich sowie im Nordwesten der Vereinigten Staaten, in Washington und Oregon.
Die kleinen gelblichen Beeren sind nicht sehr saftig und zeigen trotzdem einen außergewöhnlichen Reichtum an Düften. Dieser ist deutlich von der Qualität des Untergrunds abhängig.
Wenn Rieslingbeeren von der Edelfäule befallen werden, ergeben sie außergewöhnliche liebliche und süße Weine.

Weitere große Weine ...

Franz Künstler

Hochheimer Reichestal Riesling Kabinett
Anbaugebiet: Rheingau
Anbaufläche und Ort: Hochheim
Rebsorten: Riesling (100%)
Anzahl Flaschen pro Jahr: 8000
Beste Jahrgänge: 1997, 1998, 1999, 2001

Müller-Catoir

Müller-Catoir Rieslaner Spätlese
Anbaugebiet: Pfalz
Bereich: Mittelhaardt/Deutsche Weinstraße
Rebsorten: Rieslaner (100%)
Anzahl Flaschen pro Jahr: 140 000
Beste Jahrgänge: 1964, 1985, 1998, 1999

Dr. Bürklin-Wolff

Im Jahre 1597 gründete Bernhard Bürklin dieses Weingut in Wachenheim. Seit 1990 leitet es Bettina Bürklin-von Guradze gemeinsam mit ihrem Mann. Die Weine wachsen in legendären Lagen von Forst, Ruppertsberg und Deidesheim. Das Renommee dieser Weine geht ganz besonders auf Dr. Albert Bürklin (1844–1924) zurück.

Anbaugebiet: Pfalz
Anbaufläche und Ort: Ruppertsberg, Lage Gaisböhl
Rebsorten: Riesling (100%)
Anzahl Flaschen pro Jahr: keine Angaben
Beste Jahrgänge: keine Angaben

Schlossgut Diel

Die Burg Layen, die im 12. Jahrhundert errichtet wurde, ging 1802 in den Besitz der Familie Diel über. Das Weingut hält mit 4,5 Hektar den größten Anteil der legendären Lage »Goldloch von Dorsheim« im Weinbaugebiet Nahe. Dieses erstreckt sich am Unterlauf der Nahe, in der weiteren Umgebung von Bad Kreuznach.

Anbaugebiet: Nahe
Anbaufläche und Ort: 4,5 ha in Dorsheim
Rebsorten: Riesling (100%)
Anzahl Flaschen pro Jahr: 6000
Beste Jahrgänge: 1996, 2001, 2002

Freiherr Heyl zu Herrnsheim

Das Gut hat seinen Sitz im kleinen historischen Ort Nierstein am Ufer des Rheins. Gegründet wurde es von den Freiherren Heyl, dann wurde es nahezu 30 Jahre von der Familie Weymann geleitet – Nachfahren der Gründer. Heute ist das Weingut Eigentum der Familie Ahr. Die Gebäude sind toskanisch inspiriert und gehen auf das Jahr 1561 zurück.

Anbaugebiet: Rheinhessen
Anbaufläche und Ort: 1,3 ha in Nierstein
Rebsorten: Riesling (100%)
Anzahl Flaschen pro Jahr: 850
Beste Jahrgänge: keine Angaben

Schloss Johannisberg

Die Geschichte des Schlosses Johannisberg reicht bis zu Karl dem Großen zurück. Benediktiner aus Mainz bauten dort das erste Kloster im Rheingau. Der Ort hat seinen Namen aber von einer romanischen Basilika, die man 1130 Johannes dem Täufer weihte. 1720 wird der erste Riesling gepflanzt. Damit besitzt das Gut den ältesten Rieslingweinberg der Welt.

Anbaugebiet: Rheingau
Anbaufläche und Ort: 35 ha (insgesamt)
Rebsorten: Riesling (100%)
Anzahl Flaschen pro Jahr: 240 000 (insgesamt)
Beste Jahrgänge: 1911, 1937, 1996, 1999

Weingut Toni Jost Hahnenhof

Bacharach ist eine wichtige Weinstadt am Mittelrhein. Als die beiden besten Lagen des Guts gelten Bacharacher Hahn und Walluf Walkenberg. Peter Jost hält an einer handwerklichen Tradition und der Philosophie des Terroirs fest und zählt zu den renommiertesten Produzenten der Gegend.

Anbaugebiet: Mittelrhein
Anbaufläche und Ort: 8,5 ha in Bacharach
Rebsorten: Riesling (100%)
Anzahl Flaschen pro Jahr: 100 000 (insgesamt)
Beste Jahrgänge: 1993, 1998, 2001

Koehler-Ruprecht

Im Jahre 1986 übernahm Bernd Philippi von seinem Vater die Leitung des Weinguts, das sich schon seit Jahrhunderten in Familienbesitz befindet. Es liegt in der Gemeinde Kallstadt in der Pfalz. Bernd Philippi führte Modernisierungsarbeiten durch und baute 1987 neue Keller.

Anbaugebiet: Pfalz
Anbaufläche und Ort: 7,2 ha in Kallstadt
Rebsorten: Riesling (100%)
Anzahl Flaschen pro Jahr: 3000
Beste Jahrgänge: 1990, 1993, 1998, 2001

Kühling-Gillot

Die Familien Kühling und Gillot sind beide seit über 200 Jahren im Weinbau tätig. 1970 wurden die Traditionen durch Heirat miteinander verbunden. Das Gut hat seinen Sitz in Bodenheim bei Mainz und wird mittlerweile von der Önologin Carolin Gillot geleitet.

Anbaugebiet: Rheinhessen
Anbaufläche und Ort: Oppenheim
Rebsorten: Riesling (100%)
Anzahl Flaschen pro Jahr: 1200
Beste Jahrgänge: 1996, 1999, 2001

Franz Künstler

Das Weingut hat seinen Sitz in prächtigen Gebäuden des 15. Jahrhunderts. Nach dem Zweiten Weltkrieg legte Franz Künstler in Hochheim den Grundstein zu diesem erfolgreichen Familienbetrieb. Er kaufte erst einige Parzellen, dann einen ganzen Weinberg und begann 1965 mit der Produktion eigenen Weins. Sein Sohn Gunter schloss sich ihm 1988 an und leitet den Betrieb seit 1992.

Anbaugebiet: Rheingau
Anbaufläche und Ort: Hochheim
Rebsorten: Riesling (100%)
Anzahl Flaschen pro Jahr: 8000 (insgesamt)
Beste Jahrgänge: 1997, 1998, 1999, 2001

Müller-Catoir

Das Familienunternehmen wurde 1744 gegründet und steht heute unter der Leitung der neunten Generation. Der jetzige Besitzer ist Jakob Heinrich Catoir, doch nahezu 100 Jahre standen Frauen an der Spitze des Gutes. Das Herrenhaus liegt über der Rheinebene und hat eine imposante Fassade sowie große Säle aus dem 18. Jahrhundert, in denen Wein verkostet werden kann.

Anbaugebiet: Pfalz
Anbaufläche und Ort: Mussbach
Rebsorten: Riesling (100%)
Anzahl Flaschen pro Jahr: 140 000
Beste Jahrgänge: 1964, 1980, 1998, 2001

Weingut Pfeffingen Fuhrmann-Eymael

Die Pfälzer Familie Schnell ist seit über zwei Jahrhunderten im Weinbau tätig. 1931 kaufte Valentin Schnell das Weingut Pfeffingen. Sein Sohn übernahm es sechs Jahre später. Schließlich ging es in die Hände von Karl Fuhrmann und seiner Frau Helene, einer geborenen Schnell, über. Heute wird es von Doris Eymael geleitet, ihrer Tochter.

Anbaugebiet: Pfalz
Anbaufläche und Ort: 11 ha (insgesamt) in Bad Dürkheim
Rebsorten: Scheurebe (100%)
Anzahl Flaschen pro Jahr: ca. 90 000 (insgesamt)
Beste Jahrgänge: 1995, 1998, 1999, 2001

Schloss Proschwitz

Die Familie des Prinzen zur Lippe zählt zu den ältesten Adelshäusern in Deutschland. Schloss Proschwitz ist Sachsens ältestes noch existierendes Weingut. 1945 wurde die Familie enteignet. Dr. Georg Prinz zur Lippe kaufte 1990 das Weingut und 1998 auch den Familiensitz wieder zurück.

Anbaugebiet: Sachsen
Anbaufläche und Ort: Meißen im Tal der Elbe
Rebsorten: Riesling (100%)
Anzahl Flaschen pro Jahr: 300 000 (insgesamt)
Beste Jahrgänge: 1999, 2001, 2002

Balthasar Ress

Im Jahre 1870 gründete Balthasar Ress einen Gewerbebetrieb mit Gastwirtschaft und eigenem Weinbau in Hattenheim. Sein »Hotel Ress« prägte über 90 Jahre lang die Gastronomielandschaft des Rheingau. Seine sieben Kinder nutzten dieses Erbe. Die dritte Generation, verkörpert durch Karl Ress, entwickelte den Weinberg weiter. Dieser Aufgabe widmet sich auch der heutige Besitzer Stefan Ress.

Anbaugebiet: Rheingau
Anbaufläche und Ort: 33 ha in Hattenheim
Rebsorten: Riesling (100%)
Anzahl Flaschen pro Jahr: 250 000 (insgesamt)
Beste Jahrgänge: 1976, 1989, 1999, 2001

Freiherr Langwerth von Simmern

Die Geschichte dieser Familie geht bis ins Jahr 1464 zurück. Johann Langwerth von Simmern erhielt damals als Dank für seine Dienste als Kanzler des Herzogs Ludwig von Pfalz-Zweibrücken neun Hektar auf dem Hattenheimer Mannberg. Sie bilden noch heute den Kern des Weinguts.

Anbaugebiet: Rheingau
Anbaufläche und Ort: 4,8 ha in Eltville, Hattenheim, Rauenthal
Rebsorten: Riesling (100%)
Anzahl Flaschen pro Jahr: 150 000 (insgesamt)
Beste Jahrgänge: 1996, 1997, 1999, 2001

Schloss Vollrads

Schloss und Weingut stammen aus dem 14. Jahrhundert und waren im Besitz der Familie von Greiffenclau. Aus ihr gingen unter anderem Erzbischöfe und Kurfürsten von Mainz und Trier hervor. 1997, mit dem Tod Erweins Graf Matuschka-Greiffenclau, ging die fast 800-jährige Familiengeschichte zu Ende. Das Gut gehört heute der Nassauischen Sparkasse.

Anbaugebiet: Rheingau
Anbaufläche und Ort: 60 ha (insgesamt)
Rebsorten: Riesling (100%)
Anzahl Flaschen pro Jahr: 5000
Beste Jahrgänge: 1999, 2002

Robert Weil

Im Jahre 1875 gründete Robert Weil, Professor für Deutsch an der Sorbonne, das Weingut. Im Vorfeld des Deutsch-Französischen Krieges 1870/71 musste er Paris verlassen. Er entschied, sich in Kiedrich niederzulassen, wo er 1875 seinen ersten Rebberg kaufte. Dann übernahm er das Landhaus eines englischen Baronet. Das Gut wird heute in der vierten Generation von Wilhelm Weil geleitet.

Anbaugebiet: Rheingau
Anbaufläche und Ort: 63,7 ha in Kiedrich
Rebsorten: Riesling (100%)
Anzahl Flaschen pro Jahr: 450 000 (insgesamt)
Beste Jahrgänge: 1971, 1990, 2001

Wittmann

Die Familie Wittmann besitzt den Weinberg in Westhofen im Süden Rheinhessens seit 1663. Heute teilen sich Günter und Elisabeth Wittmann zusammen mit ihrem Sohn Philipp die Leitung. Die wichtigste Rebsorte des Gutes ist der Riesling. Daneben werden auch Silvaner und mehrere Burgundersorten angebaut.

Anbaugebiet: Rheinhessen
Anbaufläche und Ort: 12,5 ha in Westhofen
Rebsorten: Riesling (100%)
Anzahl Flaschen pro Jahr: 400
Beste Jahrgänge: 1999, 2001

Victor Hugo: Eine Reise auf dem Rhein

»Die Steilheit der Hänge hat zur Folge, dass die Rebe am Rhein gleich angebaut wird wie die Olive in der Provence. Wo mittags die Sonne hinfällt und wo der Fels einen kleinen Vorsprung bildet, transportiert der Bauer Erde in Säcken oder Körben heran. In diese Erde pflanzt er in der Provence einen Olivenbaum, am Rhein einen Rebstock. Dann umgibt er seine kleine Terrasse mit einer Trockensteinmauer, die die Erde zurückhält und für Wasserdurchlässigkeit sorgt. Um ganz sicher zu gehen, dass der Regen die Erde nicht fortschwemmt, deckt der Winzer sie ähnlich wie ein Dach mit Schieferplatten ab.«
Victor Hugo, Lettre XXV, 1838

Österreich

Seit nahezu 3000 Jahren, seit der Zeit der keltischen Besiedlung, wird in Österreich Wein angebaut. Heute ist Österreich ein kleines, aber feines Weinbauland mit vier Weinbauregionen, die in 19 Weinbaugebiete unterteilt werden. Rund 32 000 Betriebe produzieren auf einer Anbaufläche von ca. 48 500 Hektar durchschnittlich rund 2,5 Mio. Hektoliter pro Jahr.

Die vier Weinbauregionen sind: »Weinland Österreich«, »Steirerland«, »Wien« und »Bergland Österreich«.
Die 19 Weinbaugebiete heißen:
»Niederösterreich« mit den Gebieten: Wachau, Kamptal, Kremstal, Traisental, Donauland (Region Wagram und Klosterneuburg), Weinviertel, Thermenregion und Carnuntum.
»Burgenland« mit den Gebieten: Neusiedlersee-Hügelland, Neusiedlersee, Mittelburgenland und Südburgenland.
»Steirerland« mit den Gebieten: Südsteiermark, Südoststeiermark und Weststeiermark.
»Wien«.
Wien ist die einzige Hauptstadt der Welt, die eine nennenswerte Weinproduktion hat. Hauptsorte ist der Grüne Veltliner.
Österreich produziert überwiegend Weißweine. Der Grüne Veltliner gedeiht auf mageren und fruchtbaren Böden, am besten aber auf Löss- und Verwitterungsböden.
Heute attestieren Fachmedien im In- und Ausland den besten österreichischen Weißweinen Weltklasseformat. Die rareren Rotweine sind bei Präsentationen im Ausland immer wieder für Überraschungen gut.

Krems an der Donau ist die Weinhauptstadt Niederösterreichs.

Feiler-Artinger

Im September 2004 feierte man »100 Jahre Familie Feiler in Rust«. Im Jahre 1953 war Gustav Feiler der Erste, der von der Edelfäule befallene Trauben erneut für den Ausbruch erntete. Das Gut wird heute von seinem Sohn Hans geleitet, seine Tochter Gertrude Artinger ist für den Verkauf zuständig.

Anbaugebiet: Neusiedlersee-Hügelland
Anbaufläche und Ort: oberhalb von Rust am Westufer des Neusiedler Sees
Rebsorten: Welschriesling (100%)
Beste Jahrgänge: nur 1997, 1999, 2000 produziert

Weinlaubenhof Kracher

Der Weinlaubenhof ist das international renommierteste österreichische Weingut und berühmt für seine süßen Weine. Es befindet sich in Illmitz am Ostufer des Neusiedler Sees, unweit der ungarischen Grenze. Hier liegt ohne Zweifel der einzige Ort der Welt, an dem die Reben regelmäßig jedes Jahr aufgrund der Nebel, die vom Wasser aufsteigen, von der Edelfäule befallen werden.

Anbaugebiet: Neusiedlersee
Anbaufläche und Ort: Ostufer des Neusiedler Sees
Rebsorten: Welschriesling (100%)
Anzahl Flaschen pro Jahr: 2000
Beste Jahrgänge: 1995, 1998, 1999, 2000

Weingutshof Landauer

Der Weingutshof Landauer hat seinen Sitz in Rust, Burgenland, und wird von bogenförmig angeordneten Hügeln vor schädlichen Witterungseinflüssen abgeschirmt. Je näher die Reben am See stehen, umso eher sind sie der Feuchtigkeit und dem Nebel ausgesetzt und entwickeln die Edelfäule.

Anbaugebiet: Neusiedlersee
Anbaufläche und Ort: Rust
Rebsorten: Welschriesling, Weißburgunder, Chardonnay, Muskat-Ottonel, Grüner Veltliner, Neuburger
Anzahl Flaschen pro Jahr: 8000
Beste Jahrgänge: 1991, 1995, 1999, 2001

Nikolaihof

Das Weingut Nikolaihof Wachau steht unter der Leitung von Christine und Nikolaus Saahs und wird biodynamisch bewirtschaftet. Es ist das älteste in Österreich, denn seine Geschichte reicht bis in die Römerzeit zurück. Auf dem Grundstück des Gutes hat man die Reste einer frühchristlichen Basilika gefunden, in der 985 eine Synode stattfand.

Anbaugebiet: Kremstal
Anbaufläche und Ort: Stein, Lage Hund
Rebsorten: Riesling (100%)
Anzahl Flaschen pro Jahr: 6000
Beste Jahrgänge: 1983, 1990, 1997, 1999

Franz-Xaver Pichler

Das Gut befindet sich seit vier Generationen in den Händen derselben Familie. 1971 übernahm Franz Xaver Pichler die Leitung und wird dabei von seiner Frau Rudolfine und seinem Sohn Lukas unterstützt. Die Bezeichnung »Smaragd« gilt den besten Weinen der Wachau und wird vom Verband »Vinea Wachau« verliehen. Die beiden anderen Qualitätsstufen sind »Steinfeder« und »Federspiel«.

Anbaugebiet: Wachau
Anbaufläche und Ort: Dürnstein, Lage Kellerberg
Rebsorten: Riesling (100%)
Anzahl Flaschen pro Jahr: 80 000 (insgesamt)
Beste Jahrgänge: 1994, 1995, 1999, 2000

Rudi Pichler

Mehrere Weinberge dieses Guts in Weißenkirchen sind schon in einem offiziellen Dokument des Jahres 1715 genannt. Seit Beginn der 1990er-Jahre steht das Gut unter der Leitung von Ilse und Toni Bodenstein. Das Renommee der Wachauer Weine hat seit der Gründung des Gebietsschutzverbandes »Vinea Wachau« durch Franz Prager im Jahr 1983 stark zugenommen.

Anbaugebiet: Wachau
Anbaufläche und Ort: Weißenkirchen, Lage Achleiten
Rebsorten: Riesling (100%)
Anzahl Flaschen pro Jahr: 3000
Beste Jahrgänge: 1999, 2001

Spanien

Spanien ist, was Klima, Landschaft und Böden betrifft, ein Land der Gegensätze. Mengenmäßig steht das Land hinter Frankreich und Italien an dritter Stelle. Hier findet man Weine aller Typen, angefangen von zarten Sherrys über trockene Weißweine, liebliche Rosés bis zu mächtigen Rotweinen und lange gelagerten Süßweinen.

Die Weinberge Andalusiens sind die ältesten in Spanien. Schon 1100 v. Chr. gründeten die Phöniker die Stadt Gadir (Cádiz) und exportierten Wein. Gegen 1880 flohen viele Winzer aus dem Bordeaux vor der alles zerstörenden Reblaus nach Süden, ließen sich in der Provinz Rioja am Ebro nieder und brachten ihre Verfahren zur Weinbereitung mit. Heute gelten die Rioja-Weine, die auf tonigen Kalkböden wachsen, als die besten und renommiertesten des Landes. Die Landschaft Penedès (»Panadès«) westlich von Barcelona, in Katalonien, hat ebenfalls eine lange Weinbautradition mit einer besonders reichen Palette an Weinen. Das Priorat (»Priorato«), etwas weiter südlich, mit seinem rauen trockenen Klima ist für kräftige Rotweine berühmt. Am produktivsten, was die Qualität betrifft, ist aber die Hochebene der Mancha. Die Ursprungsbezeichnung »Ribera del Duero« in Kastilien erlebt zurzeit einen bemerkenswerten Aufschwung.

Vom äußersten Süden Spaniens kommen die Sherrys (Jerez) und die Montillas: angefangen von zarten wasserhellen trockenen »Finos« bis zu mächtigen bernsteinfarbenen und süßen »Olorosos«. Nicht vergessen darf man den einst berühmten Malaga, der allerdings etwas aus der Mode gekommen ist.

In riesigen modernen Gewölbekellern warten die leeren Fässer darauf, mit neuem Sherry befüllt zu werden.

SOLERA

Rioja und Ribera del Duero

Das Weinbaugebiet Rioja befindet sich am Oberlauf des Ebro zu beiden Seiten des Flusses. Die Weinberge liegen verstreut inmitten von Gemüsekulturen und Weizenfeldern in einem gebirgigen Gelände. Die besten Parzellen findet man auf rund 400 Meter auf kalkhaltigen Terra-Rossa-Böden mit alluvialen Schichten. Das Klima ist allgemein gemäßigt und weniger kontinental als auf der zentralen Hochfläche Spaniens. Die Sommer fallen warm aus, aber nicht brütend heiß, die Winter ziemlich mild.

Man unterscheidet drei Bereiche: Rioja Alta, Rioja Alavesa und Rioja Baja, wobei die beiden erstgenannten am bekanntesten sind. Der rote Rioja entsteht traditionellerweise aus einer Assemblage mehrerer Rebsorten: Tempranillo, Garnacha, Mazuelo und Graciano. Die Weißweine werden aus den Rebsorten Viura und Malvasia gekeltert.

Das Weinbaugebiet Ribera del Duero erlebt seit den 1970er-Jahren einen außergewöhnlichen Aufschwung. Innerhalb von nur zwölf Jahren hat sich die Rebfläche in der Provinz Burgos verdoppelt. Die Weinbautradition reicht hier bis ins 15. Jahrhundert zurück, wie die Existenz unterirdischer Keller beweist. Überall wurden inzwischen modernste, isolierte und klimatisierte Keller errichtet, die den Witterungsbedingungen trotzen (kalte lange Winter, ausgeprägte Trockenheit). Das Aushängeschild dieser Denominación ist das Weingut Vega-Sicilia. Es erzeugt den mit Abstand teuersten Rotwein Spaniens.

Aber auch andere Weine dieser Region zählen heute zu den renommiertesten des ganzen Landes. Die wichtigste Rebsorte ist hier der Tinto del País, auch »Tinto fino« genannt – nichts anderes als der altbekannte Tempranillo. Man keltert ihn zusammen mit Cabernet-Sauvignon, Merlot und Malbec, die alle im 19. Jahrhundert aus Frankreich importiert wurden. Der amerikanische Weinkritiker Robert Parker äußert sich voller Begeisterung über diese Weine und vergleicht sie mit den Grands Crus Classés des Bordeaux.

Die Spanier lagern ihren Wein gern lange in Eichenfässern.

Tempranillo: die Farbe Spaniens

Die beste Rotweinrebe des Rioja, der Tempranillo, zeigt durchaus einige Parallelen zum Pinot Noir aus dem Burgund. Die Rebsorte ist auch in anderen Anbaugebieten Spaniens vertreten: im Penedès, in Navarra, in Ribera del Duero, in Valdepeñas und der Mancha. Durch eine Verbindung mit anderen Rebsorten kompensiert man ihren gelegentlichen Säuremangel und vervollständigt die Palette der Aromen, in der rote Früchte dominieren. Bei verhältnismäßig niedrigen Erträgen ergibt der Tempranillo dunkle, kräftige, alterungsfähige Weine.

Er ist in Spanien auch unter den Namen »Tinto del País«, »Tinto fino«, »Tinto del Toro«, »Cencibel« oder, auf Katalanisch, »Ull de Llebre« bekannt.

Bodegas Finca Allende

Die Familie, der das Weingut gehört, ist seit Generationen im Weinbau tätig. 1995 gründete Miguel Angel de Gregorio die Finca und kaufte kleine, mit alten Reben bestockte Parzellen in der Umgebung von Briones. 1996 begann man mit der Produktion von Qualitätsweinen. Der Keller des Weingutes liegt in einem Palast des 17. Jahrhunderts.

Anbaugebiet: Rioja
Anbaufläche und Ort: Briones
Rebsorten: Tempranillo (90%), Garnacha (8%), Graciano (2%)
Anzahl Flaschen pro Jahr: 7200
Beste Jahrgänge: nicht mitgeteilt

Bodegas Arzuaga

Das Weingut, das Florentino Arzuaga zu Beginn der 1990er-Jahre gründete, liegt in der Provinz Valladolid, die vom Tal des Duero dominiert wird. Die Weingärten haben eine sehr gute Exposition, und die Pflanzen können die Sonnenwärme und die für die Reifung benötigte Feuchtigkeit aufnehmen.

Anbaugebiet: Ribera del Duero
Anbaufläche und Ort: 140 ha (insgesamt), Valladolid
Rebsorten: Tinto Fino (95%), Cabernet-Sauvignon, Merlot (5%)
Anzahl Flaschen pro Jahr: 22 000
Beste Jahrgänge: keine Angaben

Bodegas Leda

Das Weingut in Tudela del Duero (Provinz Valladolid) hat seinen Sitz in Gebäuden des 17. Jahrhunderts und erhält seine Trauben von ungefähr 40 Winzern. Sie verfügen alle über Rebstöcke, die durchschnittlich über 50 Jahre alt sind. Sie wachsen auf kiesigen Böden auf 700 bis 800 Metern Höhe.

Anbaugebiet: Ribera del Duero
Anbaufläche und Ort: 20 ha
Rebsorten: Tinto fino (100%)
Anzahl Flaschen pro Jahr: 45 000
Beste Jahrgänge: keine Angaben

Bodegas Montecillo

In der Region Rioja Alta, wo seit jeher Weinbau betrieben wird, gründete Celestino Navajas 1874 die Bodegas Montecillo. Seit 1973 gehört das Weingut zur Osborne-Gruppe und wird von Maria Martinez geleitet.

Anbaugebiet: Rioja
Anbaufläche und Ort: Rioja Alta
Rebsorten: Tempranillo (100%)
Anzahl Flaschen pro Jahr: 100 000
Beste Jahrgänge: 1970, 1987, 1994, 1998

Bodegas Marqués de Murrieta

Luciano Francisco Ramón de Murrieta Ortíz wurde 1822 in Peru als Sohn einer reichen baskischen Familie geboren. Als die ehemalige spanische Kolonie selbstständig geworden war, ging die Familie nach London, wo Luciano den Bordeaux-Wein kennen lernte. Schließlich ließ er sich in Logroño nieder und förderte den Weinbau im Rioja.

Anbaugebiet: Rioja
Anbaufläche und Ort: Logroño
Rebsorten: Tempranillo (78%), Mazuelo (15%), Garnacha (6%), Graciano (1%)
Anzahl Flaschen pro Jahr: keine Angaben
Beste Jahrgänge: keine Angaben

Bodegas Fernando Remirez de Ganuza

Erst nachdem Fernando Remirez Erfahrungen im Handel mit Riojaweinen gemacht hatte, entschied er sich, einige der besten Parzellen im Bereich Rioja Alavesa zu kaufen. 1989 gründete er sein Weingut. Es liegt im Zentrum der Stadt Samaniego, in der Nähe der Pfarrkirche.

Anbaugebiet: Rioja
Anbaufläche und Ort: 53 ha in Samaniego, Laguardia, Leza und El Ciego
Rebsorten: Tempranillo (90%), Graciano (10%)
Anzahl Flaschen pro Jahr: 100 000
Beste Jahrgänge: 1994, 1995, 1996, 1997

Nur eine Verbesserung der Anbauverfahren kann den Ertrag steigern.

Die Böden von Rioja

In der Region Rioja unterscheidet man drei Bodentypen. Die besten Weinberge findet man im Bereich »Rioja Alavesa«, in ca. 800 Metern Höhe auf den ersten Anhöhen des Kantabrischen Gebirges auf tonigen Kalkböden. Dieser Bodentyp kommt auch in bestimmten abgegrenzten Gebieten des Bereichs »Rioja Alta« vor. Die Tempranillo-Rebe, die hier überwiegt, bringt ziemlich säuerliche Trauben mit konzentriertem Geschmack hervor, gerade das Richtige für einen eleganten, fein duftenden Wein hoher Qualität. Der zweite Bodentyp ist ein stark eisenhaltiger Ton südlich des Ebro, wo kräftige, alkoholreiche Weine wachsen. Der restliche Teil der »Rioja Alta« und der »Rioja Baja« verfügt über alluviale, in der Regel ziemlich fruchtbare Böden, die sich aber für den Anbau von Weinen höherer Qualität nicht so sehr eignen.

Die Kategorie DOC (»Denominación de Origen Calificada«) wurde 1991 insbesondere für den Rioja eingeführt und ist höherwertig als die Kategorie DO (»Denominación de Origen«). DOC bleibt Weinen vorbehalten, die über eine lange Tradition verfügen. Die Bestimmungen und die sensorischen Prüfungen sind streng.

Bodegas Sra. de Remelluri

Die ehemalige Besitzung des Klosters von Toloño gehört zu den ältesten Bodegas Spaniens. 1967 erwarb der Industrielle Jaime Rodriguez Salis das verfallene Gut, restaurierte es und belebte die Rebflächen wieder.

Anbaugebiet: Rioja
Anbaufläche und Ort: 95 ha in Labastida
Rebsorten: Tempranillo (95%), Mazuelo (5%)
Anzahl Flaschen pro Jahr: 500 000
Beste Jahrgänge: 1995, 1997, 1999

Bodegas La Rioja Alta

Im Juli 1890 taten sich fünf baskische und riojanische Winzerfamilien zusammen und gründeten La Rioja Alta. Die heutigen Geschäftsführer und einige Angestellte sind Nachfahren dieser Familien. Die Gruppe umfasst heute mehrere Firmen, darunter auch die La Rioja Alta S.A. Das Etikett »Gran Reserva 890« ist den besten Jahrgängen vorbehalten.

Anbaugebiet: Rioja
Anbaufläche und Ort: Briñas, Labastida, San Vicente de la Sonsierra
Rebsorten: überwiegend Tempranillo
Anzahl Flaschen pro Jahr: 300 000
Beste Jahrgänge: 1982, 1985, 1987

Bodegas Hermanos Sastre

Viele alte Rebstöcke und ein großer Teil der besten Parzellen des Gebiets Ribera del Duero liegen in der Nähe von La Horra, wo die erste Cabernet-Sauvignon-Rebe gepflanzt wurde. Hier wurde 1992 die Bodegas Hermanos Sastre gegründet. Sie wird von Jesus und Pedro Sastre geleitet.

Anbaugebiet: Ribera del Duero
Anbaufläche und Ort: 14 ha in La Horra
Rebsorten: Tinto Fino (100%)
Anzahl Flaschen pro Jahr: ca. 25 000
Beste Jahrgänge: 1996, 1998, 1999, 2001

Bodegas Sierra Cantabria

Die Ausläufer des Kantabrischen Gebirges und des Ebro schaffen ein besonderes Klima, das mediterrane und kontinentale Eigenschaften aufweist, was dem Weinbau sehr bekommt. Die Familie Eguren besitzt dieses Gut seit 1870. Sie stellt Riojas her, die eine gelungene Verbindung zwischen den klassischen Tempranillos und modernen Cuvées sind.

Anbaugebiet: Rioja
Anbaufläche und Ort: 25 ha in San Vicente de la Sonsierra
Rebsorten: Tempranillo (100%)
Anzahl Flaschen pro Jahr: keine Angaben
Beste Jahrgänge: keine Angaben

Bodegas Vega Sicilia

Don Eloy Lecanda y Chaves, ein großer Liebhaber der Bordeaux-Weine, gründete das Weingut 1874 an den Hängen des Höhenzugs Vega. Die Ländereien hatten zuvor der Familie Santos-Sicilia gehört. Seit 1982 leitet die Familie Alvarez das Gut. Die Haupt-Cuvée »Unico« bleibt einem Club von Liebhabern vorbehalten, dessen Mitgliedschaft ausschließlich vererbt wird.

Anbaugebiet: Ribera del Duero
Anbaufläche und Ort: Valbuena de Duero
Rebsorten: Tinto Fino (85%), Cabernet-Sauvignon (15%)
Anzahl Flaschen pro Jahr: 15 000
Beste Jahrgänge: keine Angaben

Finca Villacreces

Das Weingut in Quintanilla de Onesimo, im Herzen des Anbaugebiets Ribera del Duero gelegen, wird von den Brüdern Cuadrado-Garcia geleitet. Sie schufen in den 1990er-Jahren das Renommee ihres Weines, der in der Nachfolge des Vega-Sicilia steht. Die Weinstöcke, aus denen der Nebro gewonnen wird, sind über 80 Jahre alt.

Anbaugebiet: Ribera del Duero
Anbaufläche und Ort: 4 ha in Quintanilla de Onesimo
Rebsorten: Tinto Fino (100%)
Anzahl Flaschen pro Jahr: 1500–2000
Beste Jahrgänge: 1998, 1999

Die Weingärten im Bereich Rioja Alavesa in der Umgebung von Haro erstrecken sich zu Füßen des Kantabrischen Gebirges (folgende Doppelseite).

Katalonien

Die autonome Region Katalonien liegt im Nordosten der Iberischen Halbinsel am Mittelmeer. Sie grenzt im Norden an Frankreich und Andorra, im Osten ans Mittelmeer, im Süden an die Region Valencia und im Westen an Aragonien. Wie auch anderswo in Spanien wachsen hier viele verschiedene Rebsorten. Durch die Vielfalt der Böden und die milden klimatischen Bedingungen gibt es eine große Palette von Weinen: rote, rosafarbene und weiße, stille und schäumende, trockene und likörartige.

Im Bereich Tarragona bildet die D.O. Priorato (katalanisch »Priorat«) eine ganz besondere Enklave. Die Weinstöcke wachsen an Hängen auf vulkanischen Böden und gehören vor allem zur Rebsorte Garnacha. Die Rotweine, die daraus gekeltert werden, haben eine besondere Persönlichkeit, sind alkoholreich und sehr dunkel – typische Terroirweine. Heute gehören sie zu den Stars des spanischen Weinbaus.

Die D.O. Penedès, im Süden Barcelonas, ist eines der bekanntesten spanischen Weinbaugebiete. Die Kalkabhänge sind hier bis in eine Höhe von rund 700 Metern mit Reben bepflanzt. Das eigentliche wärmere Küstengebiet erzeugt eher Rotweine, in den frischeren höheren Bereichen wachsen im Wesentlichen Weißweine. Im Streifen dazwischen produziert man die besten Schaumweine Spaniens, die man als »Cava« bezeichnet. Das Penedès war die erste spanische Region, in der international bekannte Rebsorten angepflanzt wurden, zum Beispiel Chardonnay und Cabernet-Sauvignon.

Man erzeugt im Penedès mächtige, nach Gewürzen duftende Rotweine, die mit den besten Lagen von Rioja mithalten können, und lebhafte trockene Weiße von eher internationalem Zuschnitt. Manche Weine werden sortenrein gekeltert, andere sind Assemblagen aus regionalen und internationalen Sorten.

In der D.O. Costers del Segre, in unmittelbarer Nähe zum Penedès, wachsen ebenfalls mehrere verschiedene Rot- und Weißweine.

Die Firma Torres, deren Keller sich in Vilafranca del Penedès befinden, ist eine der bekanntesten in Katalonien.

Bodegas Mas Martinet

José Luis Pérez ist der geistige Vater der neuen Priorato-Winzer. 1996 startete er sein Projekt Cims de Porrera. Er übernahm Gebäude und Trauben einer kleinen, veralteten Genossenschaft in Porrera und baute mithilfe modernster Gärtechnik aus den Trauben uralter Reben einen komplexen, hoch konzentrierten Wein aus. Die Weinberge sind trockene Hanglagen mit geringsten Erträgen.

Anbaugebiet: Priorato
Anbaufläche und Ort: ca. 60 ha in Porrera
Rebsorten: Cariñena (90%), Garnacha (10%)
Anzahl Flaschen pro Jahr: 30 000 (insgesamt)
Beste Jahrgänge: 1998, 2001

Clos Mogador

Léon Barbier war Besitzer der großen Domäne »Mogador« in der Vaucluse (Frankreich). Aufgrund der Reblauskrise suchte er in Spanien den Wein, der ihm fehlte, und gründete 1880 in Tarragona ein Weinhandelshaus. Die Nachkommen traten in seine Fußstapfen und füllten zunächst Qualitätsweine in Flaschen ab. Dann kauften sie einige mit Garnacha bepflanzte Hektar im Priorato.

Anbaugebiet: Priorato
Anbaufläche und Ort: 20 ha
Rebsorten: Cabernet, Garnacha, Syrah
Anzahl Flaschen pro Jahr: 20 000
Beste Jahrgänge: keine Angaben

Costers del Siurana

Die Renaissance der Weine des Priorato hängt eng mit der Gründung der Bodega Costers del Siurana im Jahre 1987 zusammen. Der Ursprung der Bewegung geht zurück auf den Anfang der 1970er-Jahre, als sich die Familie Pastrana Jarque in der Region niederließ. Der erste Jahrgang des Clos de l'Obac stammt von 1989.

Anbaugebiet: Priorato
Anbaufläche und Ort: 30 ha in Gratallops
Rebsorten: Garnacha, Cabernet-Sauvignon, Syrah, Merlot, Cariñena
Anzahl Flaschen pro Jahr: 30 000
Beste Jahrgänge: keine Angaben

Cellers Fuentes

Josep Maria Fuentes wuchs zwischen Reben auf und erwarb sich umfangreiche Kenntnisse vom Weinbau. 1995 entschloss er sich zur Gründung eines eigenen Unternehmens. Bellmunt del Priorat ist ein typisches Dorf dieser Region. Der Weinbau geht auf die Karthäusermönche von Scala Dei zurück.

Anbaugebiet: Priorato
Anbaufläche und Ort: 32 ha (insgesamt) in Bellmunt del Priorat
Rebsorten: Garnacha Negra (56%), Cariñena (35%), Cabernet-Sauvignon (9%)
Anzahl Flaschen pro Jahr: 25 000
Beste Jahrgänge: 1995, 1996, 1998, 2000

Bodegas Alvaro Palacios

Alvaro Palacios stammt aus einer großen Winzerfamilie aus dem Rioja. Nach dem Studium der Önologie in Bordeaux und einem Aufenthalt im Château Petrus kehrte er nach Spanien zurück, um 1989 im Priorato seinen eigenen Betrieb zu gründen. Seine Rotweine gehören mittlerweile zu den besten Spaniens.

Anbaugebiet: Priorato
Anbaufläche und Ort: 9 ha in Gratallops
Rebsorten: Garnacha Negra (55%), Cabernet-Sauvignon, Syrah, Merlot (45%)
Anzahl Flaschen pro Jahr: 20 000–25 000
Beste Jahrgänge: 1995, 1998, 2000

Miguel Torres

Die Familie Torres macht seit dem 17. Jahrhundert in Katalonien Wein. Die Geschichte des Hauses begann allerdings erst 1870, als Jaime Torres, der in Kuba ein Vermögen gemacht hatte, nach Barcelona zurückkehrte und Weingärten kaufte. Heute leitet Miguel A. Torres mit seinen Geschwistern in sechster Generation das inzwischen weltweit tätige Unternehmen.

Anbaugebiet: Penedès
Anbaufläche und Ort: 15 ha im Penedès
Rebsorten: Chardonnay (100%)
Anzahl Flaschen pro Jahr: rund 52 000
Beste Jahrgänge: keine Angaben

Die Weine des Penedès in Katalonien haben Anspruch auf die gleichnamige »Denominación de Origen« (D.O.).

Der Penedès

Die Weinregion Penedès liegt in Katalonien, unweit von Barcelona an der Mittelmeerküste. Weit von den übervölkerten Badeorten an den Ufern des Mittelmeers entfernt, kann man hier ein großes historisches Erbe kennen lernen, etwa das Kloster Montserrat, das Wahrzeichen Kataloniens.
Früher wurde im Anbaugebiet Penedès vorwiegend Weißwein von sehr mäßiger Qualität angepflanzt, heute ist Penedès eine sehr moderne Region, deren Dynamik auf ganz Spanien ausstrahlt. Miguel Torres steht als Synonym des Erfolges der gesamten Region. Er installierte riesige Edelstahlanlagen, führte modernste Kellertechniken ein und experimentiert mit den unterschiedlichsten Rebsorten.
In Katalonien werden ca. 100 Rebsorten angepflanzt, viele davon auch in Penedès. Im Tiefland bevorzugt man Garnacha, Monastrell, Macabeo und Carineña für Alltagsweine, in mittlerer Höhe Macabeo, Parellada, Xarel-lo, Cabernet-Sauvignon, Merlot und Tempranillo, im Hochland Chardonnay, Pinot Noir, Cabernet-Franc und andere. In den tiefer gelegenen Ebenen werden vorwiegend Alltagsweine mäßiger Qualitäten gewonnen, in den mittleren Lagen baut man die Grundweine für den Cava an.

Weitere Regionen

Wenn man Spanien von Norden nach Süden, von Navarra bis nach Andalusien, durchquert, ändern sich nicht nur die Landschaften, die Menschen und das Klima, sondern auch die Weine. Einige entsprechen so gar nicht dem Bild, das man bisher von spanischen Weinen hatte. Das gilt vor allem für Neuschöpfungen in den Anbaugebieten Mancha, Valdepeñas, Tarragona oder Jumilla.
Wenn man allerdings in den äußersten Süden der Iberischen Halbinsel reist, trifft man weiterhin auf die Tradition des Sherry. Der Sherry oder Jerez ist einer der besten alkoholverstärkten Weine der Welt. Es waren die Engländer, die seit dem 15. Jahrhundert den Ruf dieses Weines förderten. Man unterscheidet drei große Weinbauzentren: Jerez de la Frontera, Puerto de Santa Maria und Sanlucar de Barrameda an der Mündung des Guadalquivir. Erst wenn man weiß, dass die Hauptrebsorte des Sherry, der Palomino Blanco, nur einen nichts sagenden Tafelwein ergibt, kann man ermessen, was die Kunst der Vinifizierung und Lagerung vermag.
Nach der Gärung füllt man Eichenfässer zu zwei Dritteln mit Jungwein. Wenn sich an deren Oberfläche eine zentimeterdicke Schicht Flor (Hefeart) entwickelt, entsteht der typische Geschmack der leichteren Sherrys, die wir »Manzanillas«, »Finos« oder »Amontillados« nennen. Schwerere Weine bilden keine Florhaut und werden zu »Olorosos«, »Rayas« oder »Palos Cortados«. Allen Sherrys gemeinsam ist das Prinzip der Weiterverarbeitung: Sie werden mit Alkohol aufgespritet und einige Jahre in Fässern aus amerikanischer Eiche, den Criaderas, gelagert. Dann erfolgt eine Art Jahrgangsverschnitt im Solera-Verfahren. Dabei liegen mehrere Fassreihen übereinander, die miteinander verbunden sind: Wenn man unten Wein entnimmt, mischt sich jüngerer Wein mit älterem. Aus diesem Grund gibt es fast keine Jahrgangssherrys.
Finos sind trocken, leicht und hell, Amontillados viel intensiver und meist halbtrocken. Olorosos sind häufig bernsteinfarben und überwiegend süß. Der Manzanilla ist ein typisches Produkt aus Sanlucar de Barrameda, oft wasserhell mit leichtem Jodgeschmack.

Gonzales Byass

Seit seiner Gründung 1835 verfolgt dieses Weinhaus das Ziel, das der Gründer Manuel Maria Gonzalez vorgegeben hat: die Leidenschaft für die Qualität. Manche Weine ruhen über 30 Jahre lang in Fässern aus amerikanischer Eiche in den beiden Kellern La Constancia und Los Reyes. Diese »Kathedrale des Weins« wurde Mitte des 19. Jahrhunderts gebaut.

Anbaugebiet: Jerez
Anbaufläche und Ort: 8500 ha (insgesamt) in Jerez
Rebsorten: Palomino Fino (100%), Mazuelo (15%), Garnacha (6%), Graciano (1%)
Anzahl Flaschen pro Jahr: 5000
Beste Jahrgänge: 1902, 1962, 1983, 1992

Die Eleganz des Sherry

Wie der Schriftsteller Xavier Domingo schreibt, gehört der Sherry unumstößlich zum andalusischen Lebensgefühl. Lichtfülle, Pferde und Stiere, Gesänge und Tänze stehen in Harmonie mit den Dingen, die sich auf den Wein beziehen – den Botas (Trinkflaschen aus Leder), den Criaderas (Eichenfässern) und der Venencia, jenem langstieligen silbernen Gefäß, mit dem man den Wein aus dem Fass holt und gekonnt ins Glas gießt. Dies geschieht mit unnachahmlicher Eleganz, mit einer Art Suerte (eine der drei Phasen des Stierkampfes) oder einem Tanzschritt, den der Venenciador vorführt.

Marqués de Griñon

Malpica, in der Nähe von Toledo, ist die Heimat von Marqués de Griñon. Carlos Falcó y Fernández de Córdova baut erstklassige Rot- und Weißweine aus. Ihm zur Seite steht Star-Önologe Michel Rolland.

Anbaugebiet: La Mancha
Anbaufläche und Ort: 42 ha in Malpica de Tajo, Toledo
Rebsorten: Cabernet-Sauvignon (100%)
Anzahl Flaschen pro Jahr: 250 000
Beste Jahrgänge: 1997, 1998, 2000, 2001

Bodegas Lustau

Die Bodega wurde 1896 von Don José Ruiz-Berdejo y Veyan in Nuestra Señora de la Esperanza gegründet. Sein Schwiegersohn Emilio Lustau Ortega zog 1940 in das historische Viertel Santiago. In der alten Bodega lagern mehr als 20 000 Fässer Sherry unter besten Bedingungen.

Anbaugebiet: Jerez
Anbaufläche und Ort: Jerez de la Frontera
Rebsorten: Palomino Fino (100%)
Anzahl Flaschen pro Jahr: 800
Beste Jahrgänge: aufgrund des Produktionsverfahrens keine Jahrgänge

Bodegas Salvador Poveda

Salvador Poveda Corb gründete die Bodega im Jahre 1919. Die Weiterentwicklung erfolgte durch Salvador Poveda Luz. Heute wird sie von Salvador und Rafael Poveda geleitet. Es handelt sich um das größte Weinbauunternehmen in der D.O. Alicante. Der Fondillón ist ein sherryähnlicher Rotwein.

Anbaugebiet: Alicante
Anbaufläche und Ort: 4 ha in Monóvar
Rebsorten: Monastrell (100%)
Anzahl Flaschen pro Jahr: 6000
Beste Jahrgänge: 1958, 1968, 1975, 1980

Italien

Ein beständiges mediterranes Klima und eine seit frühesten Zeiten bestehende Weinbautradition: Das sind die beiden Faktoren, die die Bedeutung des Weins in Italien in wirtschaftlicher wie kultureller Hinsicht erklären. Italien ist in der Produktion und beim Export von Weinen die Nummer eins in der Welt.

Die Anfänge des Weinbaus in Italien gehen auf die Etrusker zurück. Zu Beginn des 20. Jahrhunderts änderte sich das Bild des italienischen Winzers, der seine Rebstöcke inmitten einer Obstkultur hegt und pflegt: Es machte dem des Önologen Platz, der mit den modernsten Techniken des Weinbaus und der Weinbereitung vertraut ist.

Diese Verbesserungen fanden in allen Weinbauregionen statt und wurden auch möglich, weil der Gesetzgeber mit den kontrollierten Ursprungsbezeichnungen DOC und DOCG (»Denominazione di Origine Controllata« und »Denominazione di Origine Controllata e Garantita«) einen Rahmen für Qualitätsweine aufstellte, der dem französischen System nicht unähnlich ist. Der gute Ruf der italienischen Weine beruht auch darauf, dass man typische regionale Rebsorten beibehielt, zum Beispiel im Piemont den Nebbiolo, aus dem der berühmte Barolo gekeltert wird.

Von der Schweizer Grenze bis zu den Hängen des Ätna und von Sardinien bis nach Apulien findet der Liebhaber Weine aller Geschmacksrichtungen. Der berühmteste unter ihnen bleibt aber wohl für alle Zeiten der Chianti, der zwischen Florenz und Siena erzeugt wird.

Der berühmteste Wein des Piemont ist nach dem Dorf Barolo benannt.

BAROLO

Piemont

Das Piemont ist, wörtlich übersetzt, die Region »am Fuß der Berge«. Gemeint sind die Alpen, die die Nordgrenze bilden. Die Ostgrenze bilden der Lago Maggiore und die Poebene, und im Süden erhebt sich der Apennin. Turin ist die Hauptstadt des Vermouth. Südlich davon liegen die wichtigsten Weinbaugebiete. Die Stadt Alba bildet das Zentrum der Langhe. An den Hängen dieser hügeligen Gegend wächst die große Traube Norditaliens, der Nebbiolo, auf einem tonig-kalkigen Boden. Aus ihm keltert man die beiden besten italienischen Rotweine, den Barolo und den Barbaresco, die als erste die »Denominazione di Origine Controllata e Garantita« (DOCG) erhielten.

Traditionsgemäß gilt der Barolo als robust, mächtig, viril, der Barbaresco als weich und harmonisch. Für beide ist ein erhöhter Tanningehalt typisch. Sie müssen daher mehrere Jahre in Eichenfässern lagern, um diese kratzigen Stoffe abzubauen. Die besten Weine werden in riesige Fässer aus vom Alter geschwärzter slowenischer Eiche gefüllt und lagern später in Flaschen, um die geforderte Weichheit zu entwickeln.

Der Barbaresco zeigt ein sehr dunkles Rot. Der Barolo hingegen erscheint fast schwarz, wenn man ihn ins Glas gießt. Im Kontakt mit Luft wird er oft heller, bis er einen so genannten »Zwiebelschalenton« erreicht. Die DOCG Barolo umfasst rund 1300 Hektar in der Umgebung der Orte Barolo, Castiglione und Monforte d'Alba.

Die DOCG Barbaresco ist sehr viel kleiner und liegt östlich von Alba.

Das zweite große Weinbaugebiet ist das Monferrato zwischen Turin und Genua. Von hier stammt zum Beispiel der Asti Spumante, ein schäumender Muskateller. Viel mehr Substanz haben die beiden autochthonen roten Rebsorten Barbera und Dolcetto. Beide ergeben trockene Weine.

Im Hügelgebiet der DOCG Barolo und Barbaresco gedeiht die Rotweinrebe Nebbiolo besonders prächtig.

Gianfranco Alessandria

Gianfranco Alessandria gehört zu einer Gruppe von Winzern aus dem DOC Langhe, die das Projekt »Insieme« ins Leben gerufen haben: »Gemeinsam«, wie das Wort schon sagt, vermarkten sie ihre individuellen Weine.

Anbaugebiet: Barolo
Anbaufläche und Ort: 1,4 ha in Monforte d'Alba
Rebsorten: Nebbiolo (100%)
Anzahl Flaschen pro Jahr: 4000–5000
Beste Jahrgänge: 1996, 1998, 1999, 2000

Enzo Boglietti

In La Morra, einem der besten Terroirs des Barolo, wo schon die Römer die Rebe kultivierten, legte Enzo Boglietti zusammen mit seinem Vater und seinem Bruder Gianni einen Weinberg an. 1991 entschied er sich, seinen Wein nicht mehr zu verkaufen, sondern selbst abzufüllen. Im gleichen Jahr kam sein erster Barolo Brunate auf den Markt.

Anbaugebiet: Barolo
Anbaufläche und Ort: La Morra
Rebsorten: Nebbiolo (100%)
Anzahl Flaschen pro Jahr: ca. 3000
Beste Jahrgänge: keine Angaben

Braida di Giacomo Bologna

Im kleinen Dorf Rocchetta Tanaro gründete Giacomo Bologna sein Weingut und nannte es »Braida« – sein Spitzname, als er noch ein bekannter Pallone-elastico-Spieler (eine Art Faustball) war. Als Giacomo Bologna den außergewöhnlichen Jahrgang 1989 seines Barbera kostete, rief er: »Ai suma!« (»Jetzt haben wir ihn!«). Und dieser Name ist ihm geblieben.

Anbaugebiet: Barbera d'Asti
Anbaufläche und Ort: Rocchetta Tanaro
Rebsorten: Barbera (100%)
Anzahl Flaschen pro Jahr: 15 000
Beste Jahrgänge: 1989, 1990, 1997, 2000

Tenuta Carretta

Carretta bedeutet nicht nur »kleiner Wagen«, sondern geht auch auf die alte Wurzel »car« für »Stein« zurück. Es bezeichnet einen Gipsaufschluss unweit des Weinguts, das seit dem 12. Jahrhundert existiert. Zu Beginn des 19. Jahrhunderts gehörte es den Grafen Roero.

Anbaugebiet: Barolo
Anbaufläche und Ort: keine Angaben
Rebsorten: Nebbiolo (100%)
Anzahl Flaschen pro Jahr: keine Angaben
Beste Jahrgänge: keine Angaben

Azienda Agricola del Bricco Rocche

In den 1930er-Jahren gründete Riccardo Ceretto in Alba den Winzerbetrieb Ceretto – die Keimzelle des heutigen Unternehmens. Seine Söhne Bruno und Marcello bauten den Betrieb aus, der heute international tätig ist.

Anbaugebiet: Barolo
Anbaufläche und Ort: 1,5 ha in Castiglione
Rebsorten: Nebbiolo (100%)
Anzahl Flaschen pro Jahr: 6000
Beste Jahrgänge: 1982, 1989, 1996, 1998

Domenico Clerico

Domenico Clerico ist ein leidenschaftlicher Winzer und war davon überzeugt, dass sein Terroir große Weine im Stil der Burgunder hervorbringen kann. Ende der 1980er-Jahre schuf er sich einen Namen, indem er seine kleinen Parzellen (»Ciabot Mentin«, »Ginestra« und »Pajana«) einzeln kelterte. Sein berühmter Wein »Arte« ist eine Cuvée aus Nebbiolo und einem kleinen Anteil Barbera.

Anbaugebiet: Barolo
Anbaufläche und Ort: Monforte d'Alba
Rebsorten: Nebbiolo (100%)
Anzahl Flaschen pro Jahr: 92 000
Beste Jahrgänge: keine Angaben

Poderi Aldo Conterno

Die Familie Aldo Conterno beschäftigt sich seit fünf Generationen mit der Produktion und Verfeinerung piemontesischer Weine. Noch heute werden ausschließlich Trauben der eigenen Weinberge in Bussa di Monforte d'Alba vinifiziert. Sie liegen im Herzen des DOCG-Gebiets Barolo.

Anbaugebiet: Barolo
Anbaufläche und Ort: 1,8 ha in Bussa di Monforte d'Alba
Rebsorten: Nebbiolo (100%)
Anzahl Flaschen pro Jahr: 9500
Beste Jahrgänge: 1999, 2000, 2001

Azienda Giacomo Conterno di Giovanni Conterno

Die Familie Conterno produziert seit dem 18. Jahrhundert Wein in Monforte d'Alba. Die Weinberge wurden unter den Brüdern Aldo und Giacomo aufgeteilt. Das erste Etikett des bekannten »Barolo Riserva Monfortino« stammt aus dem Jahre 1915.

Anbaugebiet: Barolo
Anbaufläche und Ort: eine Auswahl aus 9 ha in Serralunga d'Alba
Rebsorten: Nebbiolo (100%)
Anzahl Flaschen pro Jahr: ca. 7000
Beste Jahrgänge: 1955, 1978, 1990, 1996

Weitere große Weine …

Braida di Giacomo Bologna

Bricco dell'Uccellone
Anbaugebiet: Barbera d'Asti
Anbaufläche und Ort: Rocchetta Tanaro
Rebsorten: Barbera (100%)
Anzahl Flaschen pro Jahr: 40 000
Beste Jahrgänge: 1982, 1990, 1996, 1999

Azienda Agricola del Bricco Rocche

Anbaugebiet: Barolo
Anbaufläche und Ort: 5,6 ha in La Morra
Rebsorten: Nebbiolo (100%)
Anzahl Flaschen pro Jahr: 30 000
Beste Jahrgänge: 1978, 1989, 1997, 1998

Domenico Clerico

Barolo Mosconi Per Cristina Riserva
Anbaugebiet: Barolo
Anbaufläche und Ort: Rocchetta Tanaro
Rebsorten: Nebbiolo (100%)
Anzahl Flaschen pro Jahr: 92 000
Beste Jahrgänge: keine Angaben

Poderi Aldo Conterno

Barolo Cicala
Anbaugebiet: Barolo
Anbaufläche und Ort: 1,2 ha in Monforte d'Alba
Rebsorten: Nebbiolo (100%)
Anzahl Flaschen pro Jahr: 9500
Beste Jahrgänge: 1999, 2000, 2001

Bruno Giacosa

Asili
Anbaugebiet: Barbaresco
Anbaufläche und Ort: 3 ha in Barbaresco und Neive
Rebsorten: Nebbiolo (100%)
Anzahl Flaschen pro Jahr: 14 000
Beste Jahrgänge: 1990, 1996, 1997, 1998

Azienda Conterno Fantino

Das Weingut wurde 1982 von drei Freunden gegründet: Guido Fantino und den Brüdern Diego und Claudio Conterno. Alle drei stammen aus Familien, in denen der Weinbau seit mehreren Generationen Tradition ist. Das Herzstück Conterno Fantinos ist die berühmte Lage »Ginestra«, deren Ursprünge auf den Anfang des 19. Jahrhunderts zurückreichen.

Anbaugebiet: Barolo
Anbaufläche und Ort: 2,7 ha in Monforte d'Alba
Rebsorten: Nebbiolo (100%)
Anzahl Flaschen pro Jahr: 12 000
Beste Jahrgänge: 1982, 1990, 1997, 1999

Luigi Einaudi

Der Name Luigi Einaudi erinnert an die jüngere Geschichte Italiens, denn er war der erste Präsident der Republik. Das von ihm gegründete Weingut wird heute von seiner Enkelin Paola geleitet. Und es wächst weiterhin, wie der Kauf der renommierten Lage »Cannubi« im Januar 1998 beweist, die schon seit dem 18. Jahrhundert existiert.

Anbaugebiet: Barolo
Anbaufläche und Ort: 2,3 ha in Barolo
Rebsorten: Nebbiolo (100%)
Anzahl Flaschen pro Jahr: 9500
Beste Jahrgänge: 1997, 1998, 1999, 2000

Angelo Gaja

Die Familie Gaja verließ im 17. Jahrhundert Spanien und ließ sich im Piemont nieder. Das Weingut entstand 1859. Aber erst nachdem der Urenkel des Gründers in den 1960er-Jahren die Leitung des Unternehmens übernommen hatte, erlangte es durch eine Reihe von Innovationen – wie die Verwendung von Barriques aus französischer Eiche – seinen heutigen Ruf.

Anbaugebiet: Barbaresco
Anbaufläche und Ort: 4 ha in Barbaresco
Rebsorten: Nebbiolo (95%), Barbera (5%)
Anzahl Flaschen pro Jahr: 11 000–12 000
Beste Jahrgänge: 1982, 1996, 1999, 2000

Bruno Giacosa

Seit drei Generationen setzt das Weingut Bruno Giacosa eine Philosophie um, die auf Respekt vor der Tradition im Weinberg und im Keller beruht. Es besitzt Lagen im Bereich des Barbaresco (Neive) und des Barolo (Serralunga d'Alba). Die Bezeichnung »Bricco«, die man heute auf vielen piemontesischen Etiketten findet, bedeutet »Anhöhe eines Hügels«.

Anbaugebiet: Barbaresco
Anbaufläche und Ort: 3 ha in Barbaresco und Neive
Rebsorten: Nebbiolo (100%)
Anzahl Flaschen pro Jahr: 14 000
Beste Jahrgänge: 1990, 1996, 1997, 1998

Tenute Cisa Asinari dei Marchesi di Gresy

Im Jahre 1973 entschloss der damals erst 21-jährige Alberto di Gresy, die Weine seines Gutes selbst zu vinifizieren. Er besitzt drei Lagen in den Langhe und im Monferrato. »Martinenga« hieß zur Zeit der Römer »Villa Martis«. Die Lage erstreckt sich über elf Hektar. Der Hang ist genau nach Süden gerichtet und weist ein sehr günstiges Mikroklima auf.

Anbaugebiet: Barbaresco
Anbaufläche und Ort: Umgebung von Barbaresco
Rebsorten: Nebbiolo (100%)
Anzahl Flaschen pro Jahr: 10 000
Beste Jahrgänge: 1982, 1990, 1996, 1998

Barolo, Barbaresco und weiße Trüffel

Das Städtchen Alba liegt mitten in den Hügeln, an deren Hängen Barolo und Barbaresco wachsen. Die Anbaugebiete dieser beiden berühmten italienischen Weine grenzen in Alba aneinander. Das Barolo liegt nordwestlich und wird von den Orten Serralunga d'Alba, Monforte d'Alba La Morra und Gallo d'Alba umschlossen. Das Barbaresco befindet sich im Osten zwischen Treiso, Neive und Castagnole delle Lanze. Hier liegt auch die Hauptstadt eines kulinarischen Highlights: der weißen Trüffel des Piemont. »Tartufo bianco di Alba« wächst in Symbiose mit ca. fünfzig Pflanzen, wobei sie Eichen bevorzugt. Im Unterschied zur schwarzen Trüffel wird die weiße immer roh genossen: feinst gehobelt über einem Teller frisch zubereiteter Pasta, über Gnocchi oder einem Risotto.
Die weiße Trüffel verströmt einen unnachahmlichen und unvergesslichen Duft nach Humus, Moos und Unterholz mit einem Hauch Knoblauch und altem Parmesan. Weiße Trüffel passen besonders gut zu den eleganten und mächtigen Aromen eines Barolo oder Barbaresco.

Hastae

»Hastae« war der römische Name der Stadt Asti, allgemein als die Stadt des Weins bekannt. Hastae ist der Zusammenschluss von sechs Weingütern: Berta, Braida, Michele Chiarlo, Coppo, Prunotto und Vietti. Sie haben es sich zum Ziel gesetzt, den Barbera d'Asti besser bekannt zu machen. »Quorum« lautet der Name ihres Weins.

Anbaugebiet: Barbera d' Asti
Anbaufläche und Ort: La Morra und Monforte d'Alba
Rebsorten: Barbera (100%)
Anzahl Flaschen pro Jahr: keine Angaben
Beste Jahrgänge: keine Angaben

Azienda Agricola Mauro Veglio

»Insieme« (»gemeinsam«, »zusammen«) ist ein Zusammenschluss mehrerer Winzer der Langhe, die ihren Wein bekannt machen wollen. Sie einigten sich auf einen gemeinsamen Namen für den Wein: »Insieme«. Auf dem Etikett ist auch der Winzer genannt. Das Rebsortiment ist so beschaffen, dass der »Insieme« nur als roter Tafelwein bezeichnet werden darf.

Anbaugebiet: Langhe
Anbaufläche und Ort: La Morra und Monforte d'Alba
Rebsorten: Nebbiolo (40%), Barbera (30%), Cabernet-Sauvignon (30%)
Anzahl Flaschen pro Jahr: 2000
Beste Jahrgänge: 1997, 1998, 1999, 2000

Giuseppe Mascarello e Figlio

Die Familie Mascarello begann um 1881 mit dem Weinbau. Heute wird das Weingut von der vierten Generation geleitet. Im Laufe der Jahre ist es Mauro Mascarello gelungen, fast die gesamte Lage Monprivato in der Gemeinde Castiglione Falletto aufzukaufen.

Anbaugebiet: Barolo
Anbaufläche und Ort: 6 ha in Castiglione Falletto
Rebsorten: Nebbiolo (100%)
Anzahl Flaschen pro Jahr: 15 000–18 000
Beste Jahrgänge: 1970, 1989, 1995, 1997

Moccagatta

Das Weingut entstand 1881, als Pio Cesare Wein aus eigenen und fremden Trauben, die er von seinen Nachbarn im Hügelgebiet von Barolo und Barbaresco aufkaufte, zu produzieren begann. Die Leitung hat heute Pio Boffa inne, der Urenkel von Pio Cesare. Der Barbaresco des Gutes wird fast ausschließlich aus Trauben eines der Familie gehörenden Weinbergs im Dorf Treiso hergestellt.

Anbaugebiet: Barbaresco
Anbaufläche und Ort: 1,8 ha in Treiso
Rebsorten: Nebbiolo (100%)
Anzahl Flaschen pro Jahr: 8000
Beste Jahrgänge: 1990, 1996, 1999, 2001

Mauro Molino

Im Jahre 1985 produzierte Mauro Molino seinen ersten Wein aus Trauben, die der Weinberg seines Vaters lieferte. Erst seit 1992 arbeitet er als Vollzeitwinzer, während sein Sohn in Alba Önologie studiert. Von den zehn Hektar, die er in der Umgebung von Annunziata nutzt, gehören sechs ihm.

Anbaugebiet: Barolo
Anbaufläche und Ort: La Morra
Rebsorten: Nebbiolo (100%)
Anzahl Flaschen pro Jahr: 2600
Beste Jahrgänge: 1990, 1996, 1998, 1999

Azienda Montfalletto

Die Familie Cordero di Montezemolo besitzt das Weingut Monfalletto seit 1920. Es liegt auf Ländereien, die seit dem Mittelalter in Familienbesitz sind. Die Brüder Gianni und Enrico Cordero, die heutigen Besitzer, sind stolz darauf, von Pietrino Falletti abzustammen, der einst die Burg von Serralunga errichtete.

Anbaugebiet: Barolo
Anbaufläche und Ort: 14 ha in La Morra
Rebsorten: Nebbiolo Michet (85%), Nebbiolo Lampia (12%), Nebbiolo Rosé (3%)
Anzahl Flaschen pro Jahr: 50 000
Beste Jahrgänge: 1995, 1998, 2000, 2001

Weitere große Weine …

Insieme

Elio Altare
Anbaugebiet: Langhe
Anbaufläche und Ort: La Morra
Rebsorten: Nebbiolo, Barbera, Dolcetto, Cabernet-Sauvignon, Merlot
Anzahl Flaschen pro Jahr: 3500
Beste Jahrgänge: 1997, 1998, 1999, 2000

Parusso Armando di Parusso F.lli

Barolo Bussia Vigna Rocche
Anbaugebiet: Barolo
Anbaufläche und Ort: 1,5 ha in Monforte d'Alba
Rebsorten: Nebbiolo (100%)
Anzahl Flaschen pro Jahr: 3500
Beste Jahrgänge: 2000

Luigi Pira

Barolo Vigna Marenca
Anbaugebiet: Barolo
Anbaufläche und Ort: Serralunga d'Alba
Rebsorten: Nebbiolo (100%)
Anzahl Flaschen pro Jahr: 10 000
Beste Jahrgänge: 1996, 1997, 1998, 2000

Fratelli Revello

Barolo Vigna Giachini
Anbaugebiet: Barolo
Anbaufläche und Ort: 0,7 ha in La Morra
Rebsorten: Nebbiolo (100%)
Anzahl Flaschen pro Jahr: 4000
Beste Jahrgänge: 1996, 1997, 1999, 2000

Azienda Luciano Sandrone

Cannubi Boschis
Anbaugebiet: Barolo
Anbaufläche und Ort: 2 ha in Barolo
Rebsorten: Nebbiolo (100%)
Anzahl Flaschen pro Jahr: 12 500
Beste Jahrgänge: 1989, 1997, 1998, 2000

Andrea Oberto

Andrea Oberto setzt die Winzertradition der Familie seines Vaters fort. Er baute den Keller aus und vergrößerte die Rebflächen, indem er neue Weinberge anlegte. Heute erstrecken sich die Weinberge über acht Hektar in den Gemeinden La Morra und Barolo.

Anbaugebiet: Barolo
Anbaufläche und Ort: 8 ha in La Morra und Barolo
Rebsorten: Nebbiolo (100%)
Anzahl Flaschen pro Jahr: keine Angaben
Beste Jahrgänge: keine Angaben

Parusso Armando di Parusso F.lli

Auf einem Hügel, der den Namen »Bricco Rovella« trägt, zwischen Castiglione Falletto und Monforte d'Alba hat das Weingut Parusso seinen Sitz. Es verfügt über 20 Hektar, verstreut über mehrere Gemeinden. Marco und Tiziana Parusso setzen das Werk von vier Winzergenerationen fort, denen es ein Anliegen war, in ihren Weinen die Persönlichkeit des Terroirs zum Ausdruck zu bringen.

Anbaugebiet: Barolo
Anbaufläche und Ort: 0,8 ha in Bussia
Rebsorten: Nebbiolo (100%)
Anzahl Flaschen pro Jahr: 3000
Beste Jahrgänge: 2000

Azienda Paitin di Pasquero Elias & Figli

Das Gut wurde 1796 von Benedetto Elia Paitin gegründet. Er kaufte damals zwei Hektar Weinberg in Bricco di Neive im Hügelgebiet der Langhe. Mit dem piemontesischen Wort »Bricco« bezeichnet man eine Anhöhe. Im Laufe der Zeit wuchs das Gut und exportiert bis in die Vereinigten Staaten und nach Argentinien.

Anbaugebiet: Barbaresco
Anbaufläche und Ort: 6,3 ha in Neive
Rebsorten: Nebbiolo (100%)
Anzahl Flaschen pro Jahr: 25 000
Beste Jahrgänge: 1982, 1989, 1996, 1999

Luigi Pira

Alle Weine mit der Bezeichnung »Barolo« und »Barbaresco« werden aus der Nebbiolo-Traube gekeltert. Sie fallen zunächst tanninreich aus und können bis zu 25 Jahre lagern. Der Barolo »Vigna Rionda« von Luigi Pira passt am besten zu gebratener Ente, Osso Buco, Coq au Vin, zu Steinpilzen und natürlich zu Gerichten mit den wundervollen weißen Trüffeln von Alba.

Anbaugebiet: Barolo
Anbaufläche und Ort: Serralunga d'Alba
Rebsorten: Nebbiolo (100%)
Anzahl Flaschen pro Jahr: 3500
Beste Jahrgänge: 1997, 1998, 1999, 2000

Prunotto

Alfredo Prunotto gründete den Betrieb in den 1920er-Jahren und spezialisierte sich auf Assemblagen der besten Weine der Region. Nach dem Rückzug des Gründers 1956 übernahmen die Brüder Colla das Gut und verfolgten dieselbe Strategie. 1989 kaufte es das berühmte toskanische Weinhaus Antinori und verlieh ihm einen neuen Impuls durch den Erwerb von sieben Hektar in der Lage Bussia.

Anbaugebiet: Barolo
Anbaufläche und Ort: Bussia, Monforte d'Alba
Rebsorten: Nebbiolo (100%)
Anzahl Flaschen pro Jahr: 20 000
Beste Jahrgänge: 1982, 1990, 1996, 1997

Fratelli Revello

In den vergangenen 30 Jahren sind die Preise für Barolo in extreme Höhen geklettert, und es entstanden richtige »Starweingüter«. Doch jede Parzelle in diesem Terroir besitzt ihre eigene Geschichte und erzeugt einen Wein, der sich von der der Nachbarparzellen unterscheidet. Neben den großen Namen produzieren aber auch kleine Winzer ihren Barolo, der viel Zeit braucht, um heranzureifen.

Anbaugebiet: Barolo
Anbaufläche und Ort: 0,2 ha in La Morra
Rebsorten: Nebbiolo (100%)
Anzahl Flaschen pro Jahr: 1000
Beste Jahrgänge: 1996, 1997, 1999, 2000

Bruno Rocca

Die Familie Rocca aus Barbaresco ist seit jeher im Weinbau tätig. Nach dem Tod seines Vaters erbte Bruno Rocca 1978 das Unternehmen und entschied, seinen Wein von nun an selbst abzufüllen. Heute erstreckt sich sein Gut über acht Hektar, fünf davon im Herzen der berühmten, nach Südwesten exponierten Lage Rabaja.

Anbaugebiet: Barbaresco
Anbaufläche und Ort: 2,5 ha in Neive und Treiso
Rebsorten: Nebbiolo (100%)
Anzahl Flaschen pro Jahr: 10 000
Beste Jahrgänge: 1996, 1998, 1999, 2001

Azienda Luciano Sandrone

Die Geschichte von Luciano Sandrone hat auf wenigen Zeilen Platz: Zusammen mit seinem Bruder Luca betreibt er Weinbau mit Leidenschaft. Nach dem Kauf des ersten Weinbergs mitten in der DOCG Barolo erntete er 1978 zum ersten Mal. Seine Vinifizierung spiegelt den Wunsch nach Innovation bei allem Respekt vor der Tradition wider.

Anbaugebiet: Barolo
Anbaufläche und Ort: 5 ha in Monforte d'Alba, Barolo und Novello
Rebsorten: Nebbiolo (100%)
Anzahl Flaschen pro Jahr: 20 000
Beste Jahrgänge: 1990, 1996, 1998, 1999

Mauro Sebaste

Das Unternehmen wurde 1991 gegründet. Sylla Sebaste war eine der ersten Winzerinnen der Langhe. Ihr Sohn Mauro, der Önologe ist, verfolgt dasselbe Ziel wie seine Mutter und verwendet ausschließlich die besten Reben.

Anbaugebiet: Barolo
Anbaufläche und Ort: 0,8 ha in Serralunga d'Alba
Rebsorten: Nebbiolo (100%)
Anzahl Flaschen pro Jahr: 3000
Beste Jahrgänge: 1997

Sottimano

Andrea Sottimano repräsentiert die dritte Generation der Winzerfamilie. Er bearbeitet 14 Hektar im Hügelgebiet der Langhe in der Gemeinde Neive. Seit Beginn der 1990er-Jahre ist er zu biologischem Anbau übergegangen. Die Hälfte der Produktion wird in Italien verkauft, 20 Prozent in Frankreich, der Rest in Japan und den Vereinigten Staaten.

Anbaugebiet: Barbaresco
Anbaufläche und Ort: 1,5 ha in Neive
Rebsorten: Nebbiolo (100%)
Anzahl Flaschen pro Jahr: keine Angaben
Beste Jahrgänge: keine Angaben

Vietti

Die Familie Vietti erzeugt seit vier Generationen Wein in Castiglione Falletto, einem mittelalterlichen Ort mitten im Kerngebiet der Langhe. Alfredo Curro hat in Alba Önologie studiert und heiratete 1989 Luciana Vietti. Sohn Luca, Önotechniker, tritt in die Fußstapfen seiner Eltern.

Anbaugebiet: Barolo
Anbaufläche und Ort: 1 ha in Castiglione Falletto
Rebsorten: Nebbiolo (100%)
Anzahl Flaschen pro Jahr: 5000
Beste Jahrgänge: 1982, 1990, 1996, 1999

Auf der Anhöhe eines Hügels blickt man von einem alten Bauernhaus über die Weinberge von Monteciano in der Toskana (folgende Doppelseite).

Toskana

Die Toskana ist ohne Zweifel die berühmteste Region Italiens – aufgrund der Schönheit ihrer Landschaften, ihres kulturellen Reichtums und der kulinarischen Genüsse. Auch beim Weinbau nimmt sie eine Sonderstellung ein.
Der Chianti ist der im Ausland bekannteste Wein Italiens. Er war ursprünglich ein eher leichter, mitunter spritziger Rotwein und meilenweit von dem entfernt, was wir uns heute unter einem guten Chianti vorstellen – einen eher üppigen kräftigen Rotwein. Zum Chianti Classico gehören die neun Gemeinden Barberino, Greve, San Casciano und Tavernelle (Provinz Florenz), Castellina (Provinz Chianti) sowie Gaiole, Radda, Castelnuovo Berardenga und Poggibonsi (Provinz Siena). Das Markenzeichen des Chianti-Classico-Gebietes ist der »Gallo nero«, der schwarze Hahn. Der Chianti wächst auf unterschiedlichen schieferigen, kalkigen oder schotterigen Böden und wird aus fünf Rebsorten gekeltert, unter denen Sangiovese dominiert. Diese Sorte ergibt auch einen der besten Rotweine Italiens, der mit den größten Weinen der Welt mithalten kann, den Brunello di Montalcino. Er entstand im 19. Jahrhundert durch die Begeisterung und Zähigkeit eines Mannes namens Ferruccio Biondi-Santi. Er wollte seinem Land einen Wein schenken, der es mit den größten französischen Vorbildern aufnehmen konnte. Zuvor hatte man im Hügelgebiet südlich von Siena einen eher leichten Chianti produziert. Jahrelang selektionierte er hartnäckig Sangiovese-Reben und gab der neuen Spielart schließlich den Namen »Brunello«.
Für den Weinliebhaber gibt es in der Toskana viel zu entdecken: zum Beispiel den »Vin Santo«, einen ursprünglich trockenen, heute durchweg süßen Dessertwein, der aus teilgetrockneten Trauben gekeltert wird, sodass der Most einen erhöhten Zuckergehalt aufweist.
Eine besondere Erwähnung ist auch der »Vino Nobile di Montepulciano« wert, der auf den tonigen Hügeln um die gleichnamige Stadt wächst. Nicht wenige Weingüter in der Toskana bauen auch neu eingeführte Reben an, vor allem Cabernet-Sauvignon und Merlot. So entstanden einige berühmte Weine, etwa der »Sassicaia« südlich von Livorno oder der »Solaia« bei Florenz.

Um San Gimignano wächst vor allem ein bekannter Weißwein.

Sangiovese: die Farbe Italiens

Wie der Tempranillo charakteristisch ist für Spanien, so stellt Sangiovese die für Italien typische Rebsorte dar. Sie bildet die Grundlage für den bekanntesten italienischen Wein, den Chianti, und auch in zahlreichen Tafelweinen ist sie vertreten. Wo man sie mit größter Sorgfalt kultiviert, ergeben die dickschaligen Trauben mit den vielen Kernen wunderbare Weine wie den reinsortigen »Brunello di Montalcino«. Die Sangiovese stellt, meist unter der Bezeichnung »Prugnolo Gentile«, auch die Hauptrebe des »Vino Nobile di Montepulciano«.

Azienda Altesino

Das Unternehmen, das unter der Leitung von Claudio Basia steht, besitzt in Ne di Montalcino 65 Hektar. Die Weinberge nehmen rund 23 Hektar in verschiedenen Lagen ein. Eine davon heißt »Montosoli«. Verantwortlich für die Vinifizierung ist Piero Rivella.

Anbaugebiet: Brunello di Montalcino
Anbaufläche und Ort: 5 ha in Montosoli
Rebsorten: Sangiovese (100%)
Anzahl Flaschen pro Jahr: 26 000
Beste Jahrgänge: 1990, 1995, 1997

Piero Antinori

Im Jahre 1365 begann Giovanni di Piero Antinori mit dem Weinhandel. Auch sechs Jahrhunderte später sind die Grafen Antinori dieser Tradition treu geblieben. Piero Antinori gilt als eine der Triebfedern zur Erneuerung des Chianti Classico. 1978 erntete er den ersten Jahrgang eines Rotweins überwiegend aus Cabernet-Sauvignon-Trauben, den »Solaia«.

Anbaugebiet: Toscana IGT
Anbaufläche und Ort: 10 ha in Santa Cristina
Rebsorten: Cabernet-Sauvignon (75%), Sangiovese (20%), Cabernet Franc (5%)
Anzahl Flaschen pro Jahr: 84 000 (1998)
Beste Jahrgänge: wird nicht jedes Jahr produziert

Avignonesi Fattoria Le Capezzine

Im Jahre 1309 siedelte Papst Klemens V. von Rom nach Avignon über. 1377 kehrte Papst Gregor XI. mit einigen Familien nach Rom zurück. Eine darunter trug den Namen Avignonesi. Ein Zweig dieser Familie ließ sich in Montepulciano nieder und baute dort ein Schloss mit Kelleranlagen.

Anbaugebiet: Montepulciano
Anbaufläche und Ort: Auslese der besten Trauben von 18 ha in Montepulciano
Rebsorten: Prugnolo Gentile (85%), Cabernet-Sauvignon (15%)
Anzahl Flaschen pro Jahr: 50 000
Beste Jahrgänge: 1993, 1995, 1997, 1999

Fattoria dei Barbi Stefano Cinelli Colombini

Die Familie Colombini besitzt seit 1352 Ländereien in Montalcino, und seit 1790 gehört ihr die Fattoria dei Barbi. Die Weinberge umfassen rund 35 Prozent des Gesamtbesitzes. Die Lage »Vigna del Fiore« liegt in einer Höhe von rund 360 Metern, ist nach Süden exponiert und weist einen kiesig tonigen Boden auf. Die »Riserva« wird nur in den besten Jahren produziert.

Anbaugebiet: Brunello di Montalcino
Anbaufläche und Ort: 5,7 ha in Montalcino
Rebsorten: Sangiovese (100%)
Anzahl Flaschen pro Jahr: 10 000
Beste Jahrgänge: 1985, 1990, 1995, 1997

Poderi Boscarelli

Poderi Biscarelli ist ein kleines, 1962 gegründetes Weingut. Besitzer sind Paula Corradi und ihr Mann Ippolito De Ferrari, die beide den authentischen Geschmack des Vino Nobile wiederfinden wollten. Das Gut umfasst 18 Hektar im Hügelgebiet von Cervognano, das seit jeher als das beste Terroir für die Produktion des Vino Nobile gilt.

Anbaugebiet: Montepulciano
Anbaufläche und Ort: Cervognano di Montepulciano
Rebsorten: Sangiovese (85%), Merlot (10%), Mammolo (5%)
Anzahl Flaschen pro Jahr: 12 000
Beste Jahrgänge: 1991, 1995, 1997, 1999

Capanelle

Der italienische Weinpionier Raffaele Rossetti gründete 1975 dieses Gut. 1997 übernahm es James Sherwood, der Gründer und Präsident der Orient Express Ltd. Die Gebäude des Weingutes liegen über dem Dorf Gaiole in Chianti. Man produziert natürlich auch einen Chianti Classico sowie ein sehr gutes Olivenöl.

Anbaugebiet: Toscana IGT
Anbaufläche und Ort: 14 ha in Gaiole in Chianti
Rebsorten: Sangiovese, Malvasia Nera
Anzahl Flaschen pro Jahr: 12 000
Beste Jahrgänge: 1997

Case Basse Gianfranco Soldera

Gianfranco Soldera gehört zur zweiten Generation jener italienischen Winzer, die sich seit Beginn der 1970er-Jahre mit der Produktion des Brunello beschäftigen. Seine Weinberge liegen östlich des Dorfes Tavernelle, das eine zentrale Lage in der Ursprungsbezeichnung »Brunello di Montalcino« einnimmt. Hier lässt das trockene warme Klima die Trauben schnell reifen.

Anbaugebiet: Brunello di Montalcino
Anbaufläche und Ort: 6,5 ha in Tavernelle
Rebsorten: Sangiovese (100%)
Anzahl Flaschen pro Jahr: 8000–17 000
Beste Jahrgänge: keine Angaben

Ciacci Piccolomini d'Aragona

Aus einem 1672 errichteten Bischofspalast in Castelnuovo dell'Abate ging das Weingut der Seneser Familie Ciacci Piccolomini d'Aragona hervor. 1985, nach dem Tod der letzten Vertreterin der Familie, übernahm es der Verwalter Giuseppe Bianchini. Von den 200 Hektar des Gutes stehen 35 Hektar unter Reben und 40 Hektar unter Oliven.

Anbaugebiet: Brunello di Montalcino
Anbaufläche und Ort: 9 ha in Castelnuovo dell'Abate, Montalcino
Rebsorten: Sangiovese (100%)
Anzahl Flaschen pro Jahr: 30 000
Beste Jahrgänge: 1988, 1990, 1995, 1997

Dei

Das Gut, das die Familie Dei 1985 gründete, liegt im Herzen des Montepulciano. Es hat die Lagen: Martiena, Bossona, La Ciarliana und Piaggia. Außer Vino Nobile und Rosso di Montepulciano produziert man eine besondere Cuvée, Sancta Catharina.

Anbaugebiet: Montepulciano
Anbaufläche und Ort: 2 ha in Montepulciano, Lage Martiena
Rebsorten: Sangiovese (30%), Syrah (30%), Cabernet-Sauvignon (30%), Petit Verdot (10%)
Anzahl Flaschen pro Jahr: 5000
Beste Jahrgänge: 1994, 1997, 1998, 2001

Castello di Fonterutoli

Das Weingut der Familie Mazzei gibt es seit 1435 in Castellina in Chianti. Der Wein trägt eine »Indicazione Geografica Tipica« (IGT). Diese neue Bezeichnung wurde für Qualitätsweine geschaffen, die nicht in die DOC aufgenommen werden können, aber deutlich mehr Klasse haben als die Tafelweine (VdT – »Vino da Tavola«).

Anbaugebiet: Toscana IGT
Anbaufläche und Ort: 5 ha in Fonterutoli, Castellina in Chianti
Rebsorten: Sangiovese (50%), Merlot (50%)
Anzahl Flaschen pro Jahr: 32 000
Beste Jahrgänge: 1995, 1997, 2000

Tenuta dell'Ornellaia

Im Jahre 1981 gründete der Marchese Ludovico Antinori dieses Weingut. Er träumte davon, aus dem Land, das er von seiner Mutter geerbt hatte, ein außergewöhnliches Weingut zu schaffen. Das Gut liegt zu Füßen des Dorfes Bolgheri, südlich von Livorno. 2002 wurde es an Mondavi (Kalifornien) und Frescobaldi verkauft, die es gemeinschaftlich betreiben.

Anbaugebiet: Bolgheri
Anbaufläche und Ort: 85 ha in Bolgheri
Rebsorten: Merlot, Cabernet-Sauvignon, Cabernet Franc
Anzahl Flaschen pro Jahr: ca. 153 000
Beste Jahrgänge: 1998, 2001

Podere Il Palazzino

Die Gebäude dieses Gutes stammen aus dem Jahre 1793. Damals führte Großherzog Leopold von Lothringen, Herr über die Toskana, eine Agrarreform durch, und diese Art großes Landhaus mit einem Turm heißt denn auch »Leopoldina«. Seit dem 19. Jahrhundert ist das Weingut im Besitz der Familie Sderci, und seither investiert sie in den Weinberg und in den Keller.

Anbaugebiet: Chiantio Classico
Anbaufläche und Ort: Monti in Chianti
Rebsorten: Sangiovese (95%), andere (5%)
Anzahl Flaschen pro Jahr: 20 000
Beste Jahrgänge: keine Angaben

Castello dei Rampolla Azienda Santa Lucia in Faulle

Im Jahre 1972 entschloss sich Alcei Di Napoli, in den Weinbergen seines Gutes in Panzano auch Cabernet-Sauvignon zu pflanzen. Er wollte zusammen mit dem Önologen Giacomo Tachis einen berühmten Wein schaffen, den »Sammarco«. Heute führen sein Sohn Luca und seine Tochter Maurizia das Weingut.

Anbaugebiet: Toscana IGT
Anbaufläche und Ort: 30 ha in Panzano in Chianti
Rebsorten: Cabernet-Sauvignon (90%), Sangiovese
Anzahl Flaschen pro Jahr: 35 000
Beste Jahrgänge: 1990, 1994, 1997, 1999

Terrabianca

Das erste Dokument, das Terrabianca – »weiße Erde«, wegen des hohen Kalkgehalts – im Herzen der Chianti Classico-Region erwähnt, geht ins Jahr 1085 zurück. Roberto Guldener, ein Schweizer mit italienischer Abstammung, kaufte das Gut 1988 und entschied sich zur Produktion charaktervoller Weine. Er wird dabei von seiner Frau, seiner Tochter und dem Önologen Vittorio Fiore unterstützt.

Anbaugebiet: Toscana IGT
Anbaufläche und Ort: 55 ha
Rebsorten: Sangiovese (75%), Cabernet-Sauvignon
Anzahl Flaschen pro Jahr: 120 000
Beste Jahrgänge: keine Angaben

Azienda Uccelliera

Die Fattoria Uccelliera liegt inmitten von bewaldeten Hügeln und verdankt ihren Namen den vielen Vögeln (»uccello«), die hier nisten. Das Gut produziert nicht nur mehrere renommierte Weine wie diesen Brunello di Montalcino, sondern auch ökologisch angebautes Olivenöl und Honig. Darüber hinaus betreibt man Forstwirtschaft.

Anbaugebiet: Brunello di Montalcino
Anbaufläche und Ort: 6 ha in Castelnuovo dell'Abate, Montalcino
Rebsorten: Sangiovese (100%)
Anzahl Flaschen pro Jahr: 12 000–20 000
Beste Jahrgänge: 1995, 1997, 1998, 1999

Weitere Regionen

Venetien ist die drittgrößte Weinbauregion in Italien. Sie erstreckt sich vom Gardasee bis nach Venedig, von Belluno bis zur Mündung des Po. Von hier stammen viele in Deutschland beliebte fein duftende Weißweine, vor allem Prosecco und Soave, der keinesfalls lieblich oder süß ausfällt. Ein leicht süßer Soave wird aber aus teilgetrockneten Trauben gekeltert, der »Recioto di Soave«.
Zwei Rotweine Venetiens sind fast jedem ein Begriff, der »Valpolicella« und der »Bardolino«. Der Valpolicella wächst im Hügelgebiet nördlich von Verona. Nur der Classico-Bereich bringt Spitzenweine hervor. Auch hier wird aus teilgetrockneten Trauben ein Recioto erzeugt, der, wenn er trocken ausfällt, »Amarone« heißen darf. Der Bardolino hat seinen Namen vom gleichnamigen Dorf am Ostufer des Gardasees. Das östlich anschließende Friaul (Friuli-Venezia Giulia) ist vor allem für seine Weißweine berühmt, doch auch die Rotweine aus autochthonen Reben sind immer mehr im Kommen.
Der bekannteste Wein der Emilia-Romagna ist der »Lambrusco di Sorbara«, ein schäumender, trockener Roter, nur in seltenen Fällen ein Spitzenwein. Der bekannteste Wein der gebirgigen Region Umbrien heißt »Orvieto« und wird aus mehreren weißen Rebsorten gekeltert. Er lagert in Kellern, die tief in den Tuff gegraben wurden, erreicht aber kaum je Spitzenqualität. Die Region Abruzzen erzeugt vor allem den mächtigen roten »Montepulciano d'Abruzzo«. Er verdankt seinen Namen der Rebsorte und hat mit dem »Vino Nobile di Montepulciano« aus der Toskana nichts zu tun.
Zu Zeiten der Römer galt ein Wein der Campania Felix als ein wahres Wunder, der »Falerner«. Horaz und Plinius priesen ihn. Heute ist er beinahe unbekannt. Trotz einiger Spitzenweine aus einheimischen und eingeführten Reben, etwa dem »Montevetrano«, liegt die Region noch im Dornröschenschlaf.
Sizilien ist da schon deutlich weiter. Auf dieser Insel, die einst von Griechen, Römern, Byzantinern, Arabern, Normannen und Spaniern beherrscht wurde, hat eine Handvoll Güter die Rolle der Vorreiter übernommen, etwa das Weingut des Grafen Tasca d'Almerita; sie dient jüngeren Winzern als Vorbild. Der einst berühmteste Wein Siziliens war der »Marsala«. Dieser alkoholverstärkte dunkle Süßwein findet heute fast nur noch in der Küche Verwendung.

Das Weingut Maculan produziert Cabernet, Merlot und Chardonnay.

Allegrini

Seit dem 16. Jahrhundert spielt die Familie Allegrini in der Geschichte des Valpolicella eine entscheidende Rolle. Im 20. Jahrhundert entschloss sich Giovanni Allegrini zu einer Rationalisierung der Produktion mit dem Ziel der Qualitätssteigerung. Seine drei Kinder Walter, Franco und Marilisa führen heute das in Fumane gelegene Weingut.

Anbaugebiet: Valpolicella Classico
Anbaufläche und Ort: Auslese aus 70 ha in Fumane
Rebsorten: Corvina (75%), Rondinella (20%), Molinara (5%)
Anzahl Flaschen pro Jahr: keine Angaben
Beste Jahrgänge: 1990, 1993, 1995, 1997

Azienda Bussola Tommaso

Anfang der 1990er-Jahre kaufte Tommaso Bussola einen Weinberg und einen Keller, obwohl er bis dahin keinerlei Erfahrung als Winzer hatte. Das Gebiet des Valpolicella Classico umfasst drei Täler, unter denen das von Negrar als der beste Bereich gilt. Zusammen mit dem süßen Recioto ist der trockene Amarone einer der großen Weine des Valpolicella.

Anbaugebiet: Valpolicella Classico
Anbaufläche und Ort: Negrar
Rebsorten: Corvina und Corvinone (75%), Rondinella (20%), andere (5%)
Anzahl Flaschen pro Jahr: 9000
Beste Jahrgänge: 1997

Azienda Barone Cornacchia

Das Weingut gründete 1994 Giacomo Spadoni, der es noch heute leitet und dabei von dem Önologen Guido Garelli unterstützt wird. Doch schon zu Beginn der 1980er-Jahre produzierte G. Spadoni einfach aus Freude am Weinbau hervorragende Weine in geringer Menge. Sie waren für enge Freunde bestimmt.

Anbaugebiet: Montepulciano d'Abruzzo
Anbaufläche und Ort: 3,5 ha
Rebsorten: Montepulciano (100%)
Anzahl Flaschen pro Jahr: 35 000
Beste Jahrgänge: 1985, 1992, 1998, 2000

Azienda Dal Forno Romano

Das Weingut gehört seit vier Generationen derselben Familie und befindet sich in Illasi, in einem Tal an den Ausläufern der Lessinischen Berge im Osten von Verona. Die heutige Gestalt des Gutes geht auf Luigi Dal Forno zurück, den Großvater des jetzigen Besitzers. Seit 1983 wurden 19 Jahrgänge Amarone produziert.

Anbaugebiet: Valpolicella
Anbaufläche und Ort: 12 ha in Illasi
Rebsorten: Corvina (60%), Rondinella (20%), Croatina (10%), andere (10%)
Anzahl Flaschen pro Jahr: keine Angaben
Beste Jahrgänge: 1995, 1997, 1998

Azienda Agricola Gini

Die Winzerfamilie Gini lebt seit dem 17. Jahrhundert in Monteforte d'Alpone. Der Soave Classico wächst an Kalkhängen und ist eindeutig besser als der einfache Soave der Ebene. Die Hauptrebe des Soave ist die Garganega, und in diesem Wein von Sandro und Claudio Gini ist sie zu 100 Prozent vertreten.

Anbaugebiet: Soave
Anbaufläche und Ort: 5 ha in Monteforte d'Alpone
Rebsorten: Garganega (100%)
Anzahl Flaschen pro Jahr: 25 000
Beste Jahrgänge: 1985, 1993, 1997, 2000

Lamborghini La Fiorita

Im Jahre 1971 kaufte Ferruccio Lamborghini, der Vater des heutigen Besitzers, dieses Weingut in Umbrien. Es liegt beim Lago Trasimeno, der heute in der Weinwelt einen guten Klang hat. Ferruccio Lamborghini entschloss sich, neben örtlichen Rebsorten auch Cabernet-Sauvignon und Merlot anzupflanzen.

Anbaugebiet: Umbria IGT
Anbaufläche und Ort: 15 ha in Panicale
Rebsorten: Sangiovese (50%), Merlot (50%)
Anzahl Flaschen pro Jahr: ca. 40 000
Beste Jahrgänge: 1997, 1999

Conte Loredan Gasparini

Die Nachkommen des venezianischen Dogen Leonardo Loredan bauten in Venegazzù del Montello, nördlich von Treviso, einen Palazzo im Stil Palladios. Um 1950 gab Piero Loredan den Anstoß zur Produktion von Spitzenweinen. Die Cuvée »Capo di Stato« erhielt ihren Namen zu Ehren von General de Gaulle.

Anbaugebiet: Colli Trevigiani IGT
Anbaufläche und Ort: 80 ha in Venegazzù del Montello
Rebsorten: Cabernet-Sauvignon, Cabernet Franc, Merlot, Malbec
Anzahl Flaschen pro Jahr: 50 000
Beste Jahrgänge: 1990, 1997

Ein kleiner Schatten

Der Prosecco ist in Italien ein sehr beliebter Perlwein, der mittlerweile auch weit über die Landesgrenzen hinaus bekannt ist.
Die gleichnamige, spät reifende weiße Rebe wird vor allem in Venetien, in den Bergen um Treviso, angebaut.
In Venedig trinkt man Prosecco gern zu Meeresfrüchten. Er wird in eine Karaffe dekantiert, damit er die überschüssige Kohlensäure verliert.
Bei einem Streifzug durch die »Serenissima« sollte man unbedingt eine der vielen Osterien besuchen und sich, wie die Venezianer, »un ombra di vino« und eine Auswahl »Cicheti« – kleine Köstlichkeiten, vergleichbar den spanischen »Tapas« – gönnen.
Mit »ombra« (wörtlich: »Schatten«) ist ein kleines Glas Weißwein oder Prosecco gemeint, das die Venezianer oft zur Mittagszeit mit Freunden und Kollegen genießen. Der Begriff soll auf die Weinhändler zurückgehen, die auf der Piazza San Marco ihren Wein feilboten und im Laufe des Tages mit dem Schatten des Campanile ihren Standort wechselten.
Egal, woher der Begriff nun kommen mag, ein »ombra« gehört in Venedig zum täglichen Leben.

Weitere große Weine …

Tommaso Bussola

Recioto della Valpolicella Classico
Anbaugebiet: Valpolicella
Anbaufläche und Ort: Negrar
Rebsorten: Corvina und Corvinone (60%), Cabernet Franc (15%), Rondinella (10%), Cindarella (7%), weitere alte Reben (5%), Croatina (3%)
Anzahl Flaschen pro Jahr: 1800
Beste Jahrgänge: 1997

Davide Moschioni

Pignolo
Anbaugebiet: Colli Orientali del Friuli
Anbaufläche und Ort: Cividale del Friuli
Rebsorten: Pignolo (100%)
Anzahl Flaschen pro Jahr: 3800
Beste Jahrgänge: 1996, 1999, 2000, 2001

Maculan

Seit drei Generationen stellt die Familie Maculan im Bereich von Breganze Spitzenweine her. Die Hochfläche von Asiago wirkt schützend und sorgt für ein mildes Klima, das den Reben und den Oliven gut bekommt. In diesem Gebiet hielten sich früher gern venezianische Adlige in ihren Landvillen zur Sommerfrische auf.

Anbaugebiet: Venetien IGT
Anbaufläche und Ort: Breganze
Rebsorten: Vespaiolo, Garganega und weitere lokale Sorten
Anzahl Flaschen pro Jahr: 3000
Beste Jahrgänge: 1990, 1998

Azienda Montevetrano di Silvia Imparato

Die Geschichte dieses Rotweins aus dem Hügelgebiet von Salerno beginnt mit eher spielerischen Pfropfexperimenten im Jahre 1985. Sechs Jahre später gingen die ersten Flaschen Montevetrano daraus hervor. Der Önologe Riccardo Cotarella vervollkommnete zusammen mit der Besitzerin Silvia Imparato den Wein und wurde damit berühmt.

Anbaugebiet: Colli di Salerno IGT
Anbaufläche und Ort: 5 ha in San Cipriano Picentino
Rebsorten: Cabernet-Sauvignon (60%), Merlot (30%), Aglianico (10%)
Anzahl Flaschen pro Jahr: 22 000
Beste Jahrgänge: 1992, 1997, 1999, 2000

Morgante

Das Weingut, das sich seit fünf Generationen im Besitz der Familie Morgante befindet, liegt in Grotte in der Provinz Agrigente auf Sizilien. Im Jahre 1994 entschlossen sich Antonio Morgante und seine beiden Söhne, ihre eigenen Weine zu keltern. Dabei entschieden sie sich für eine typisch sizilianische Rebsorte, die Nero d'Avola.

Anbaugebiet: Sicilia IGT
Anbaufläche und Ort: 10 ha in Grotte
Rebsorten: Nero d'Avola (100%)
Anzahl Flaschen pro Jahr: 35 000
Beste Jahrgänge: 2002

Beeindruckende Berge umgeben die im Tal liegenden Weingärten Südtirols.

Moschioni

Die Moschionis sind Winzer in der vierten Generation im kleinen Ort Gagliano, unweit von Cividale del Friuli in der Region Friaul-Julisch Venetien. Die Weine haben Anspruch auf die DOC Colli Orientali del Friuli. Der heutige Besitzer ist Davide Moschioni. Er wird bei seiner Arbeit vom Önologen Michele unterstützt, der vor allem für den Anbau der Reben verantwortlich ist.

Anbaugebiet: Colli Orientali del Friuli
Anbaufläche und Ort: Cividale del Friuli
Rebsorten: Merlot (50%), Cabernet-Sauvignon (50%)
Anzahl Flaschen pro Jahr: 8500
Beste Jahrgänge: 1999, 2001

Tasca d'Almerita

Caltanissetta liegt im Herzen von Sizilien, Palermo an der Nordküste. Zwischen diesen beiden Polen befindet sich das Weingut des Grafen Tasca d'Almerita, das seit langem Weine von Weltklasse produziert. Im Ausland am bekanntesten ist der weiße Regaleali, am besten aber der reinsortige Cabernet-Sauvignon.

Anbaugebiet: Sicilia IGT
Anbaufläche und Ort: Vallelunga Pratameno, Lagen San Francesco (8,1 ha) und Cozzo Ginestre (4,25 ha)
Rebsorten: Cabernet-Sauvignon (100%)
Anzahl Flaschen pro Jahr: 30 000
Beste Jahrgänge: 1989, 1993, 1998, 1999

San Patrignano

Die Weinberge des Gutes San Patrignano erstrecken sich über die Hügel von Coriano – in der Nähe von Rimini an der Adria. Das Weingut bietet ehemaligen Drogensüchtigen und deren Familien eine Heimstatt. Für die Vinifizierung des »Avi« aus streng selektionierten Sangiovese-Klonen ist der bekannte Önologe Riccardo Cotarella verantwortlich.

Anbaugebiet: Sangiovese di Romagna
Anbaufläche und Ort: 2 ha in Coriano
Rebsorten: Sangiovese (100%).
Anzahl Flaschen pro Jahr: 3000
Beste Jahrgänge: 1997, 1999, 2000

Tenuta San Leonardo

Die Familie Guerrieri Gonzaga besitzt dieses Weingut seit mehr als zwei Jahrhunderten. San Leonardo war in den beiden letzten Weltkriegen von strategischer Bedeutung: von 1914 bis 1918 als Kommandostelle für das 29. italienische Armeekorps und von 1939 bis 1940 als Sitz der deutschen Gegenspionage.

Anbaugebiet: Trentino IGT
Anbaufläche und Ort: 16 ha in Borghetto all'Adige
Rebsorten: Cabernet-Sauvignon (60%), Cabernet Franc (30%), Merlot (10%)
Anzahl Flaschen pro Jahr: 90 000
Beste Jahrgänge: 1988, 1990, 1993, 1997

Sportoletti

Erst ab 1979 spielt der Weinbau in diesem Familienunternehmen aus Spello in der Provinz Perugia eine entscheidende Rolle. Die beiden Brüder Ernesto und Remo halten sich an die Ratschläge des Önologen Riccardo Cotarella und produzieren darüber hinaus ein sehr bekanntes Olivenöl.

Anbaugebiet: Umbria IGT
Anbaufläche und Ort: 6 ha in Spello
Rebsorten: Merlot (70%), Cabernet-Sauvignon (20%), Cabernet Franc (10%)
Anzahl Flaschen pro Jahr: ca. 20 000
Beste Jahrgänge: 1999

Zenato

Sergio Zenato ist Erbe einer langen Weinbautradition und Besitzer des Gutes. Er ist Traditionalist. Der Ripassa beispielsweise ist eine alte Form des Valpolicella. Man erhält ihn durch eine zweite Gärung des Jungweins zusammen mit den abgepressten Schalen der teilgetrockneten Beeren, die man für die Produktion des Amarone braucht.

Anbaugebiet: Valpolicella
Anbaufläche und Ort: Sant'Ambrogio di Valpolicella
Rebsorten: Corvina (80%), Rondinella (10%), Sangiovese (10%)
Anzahl Flaschen pro Jahr: 70 000
Beste Jahrgänge: 1995, 1997, 1998, 1999

Auch im wilden und gebirgigen Kalabrien wächst Wein. Bekannt ist vor allem der Cirò, den es als Weiß-, Rosé- und Rotwein gibt (folgende Doppelseite).

Portugal

Die Gleichung zwischen Portugal und Portwein, dem berühmtesten alkoholverstärkten Wein der Welt, stimmt so nicht. Portugal hat über das ganze Land verstreut mehrere Bereiche mit kontrollierter Ursprungsbezeichnung und erzeugt viele Rot- und Weißweine sowie Rosés. Außerhalb Portugals sind sie jedoch kaum bekannt – am ehesten kennt man den Madeira und den Moscatel de Setubal.

Nach portugiesischem Weingesetz ist der Portwein (Porto) ein Weiß- oder Rotwein vom oberen Dourotal, der während der Gärung mit Branntwein aus derselben Region versetzt und dann in die den Namen gebende Stadt Porto transportiert wird. Früher war dieser Wein ziemlich herb und vertrug den Transport schlecht. Als die Engländer enge geschäftliche Beziehungen zu den Portugiesen aufnahmen, wollten sie diesen Wein importieren und zögerten nicht, ihn mit Branntwein zu versetzen: Der Restzucker machte ihn angenehmer, und der Alkohol ließ ihn den Transport besser vertragen.

Der Portwein verdankt seine Klasse den Schieferböden, auf denen die Reben wachsen. Es ist den englischen Händlern zu verdanken, dass er weltweit bekannt wurde. In den Lagerhäusern wird Fass für Fass degustiert und je nach Qualität in verschiedene Kategorien eingeteilt. Nur in außergewöhnlichen Jahren erzeugt man einen Jahrgangsport oder Vintage – er braucht mindestens 15 Jahre, manchmal 50 Jahre, um zur vollen Reife zu gelangen. Der größte Teil des Portweins kommt jedoch als Verschnitt in den Handel. Man unterscheidet dabei vor allem den jüngeren und helleren »Ruby« vom älteren dunkleren »Tawny«.

Das obere Dourotal wird von terrassenförmigen Weinbergen gesäumt. Dazwischen liegen leuchtend helle Dörfer.

Croft

Das Weinhaus war ursprünglich unter dem Namen seiner beiden Gründer, Phayre & Bradley, bekannt. Seinen heutigen Namen bekam es, als es von John Croft, Mitglied einer Weinhändlerfamilie aus Yorkshire, übernommen wurde. Heute ist es im Besitz zweier traditioneller Portwein-Familien: Yeatman und Fladgate.

Anbaufläche und Ort: 90 ha im Bereich Cima Côrgo, Dourotal
Rebsorten: Touriga Nacional,Tinto Roriz, Tinto Barroca, Tinto Cão, Tinto Amarela
Anzahl Flaschen pro Jahr: keine Angaben
Beste Jahrgänge: 1945, 1970, 1994, 2000

Dow's

Das Weinhaus Dow's existiert seit 1798 und besitzt zwei wundervoll gelegene Güter, die Quinta de Bomfim und die Quinta de Senhora de Ribeira. Die Quinta de Bomfim ist die berühmtere und liegt im Zentrum des Bereichs Cima Côrgo an den Abhängen über Pinhão. An der Spitze des Weinguts stehen heute Paul und Peter Symington.

Anbaufläche und Ort: Pinhão
Rebsorten: keine Angaben
Anzahl Flaschen pro Jahr: 120 000
Beste Jahrgänge: 1975, 1991, 1997, 2000

Fonseca Guimaraens

Die Firma wurde 1822 gegründet, als Manuel Pedro Guimaraens die Leitung der Firma Fonseca & Monteiro übernahm. Die ursprünglich brasilianische Familie Fonseca verkaufte ihre Anteile an Guimaraens nur unter der Bedingung, dass ihr Name stets in der Firmenbezeichnung genannt würde.

Anbaufläche und Ort: 45 ha im Bereich Távora-Cima Côrgo; 20 ha im Bereich Pinhão-Cima Côrgo
Rebsorten: Touriga Nacional, Touriga Francesca, Tinto Roriz, Tinto Barroca, Tinto Cão, Tinto Amarela
Anzahl Flaschen pro Jahr: keine Angaben
Beste Jahrgänge: 1927, 1963, 1997, 2000

Graham's

Das 1820 gegründete Haus Graham's besitzt mehrere Quintas im Dourotal. Die älteste davon, die Quinta dos Malvedos, wurde 1890 gekauft. Der Name erinnert an die gefährlichen Stromschnellen des Douro, die es vor dem Bau der Staudämme gab.

Anbaufläche und Ort: 98 ha Quinta do Malvedos. 137 ha Quinta da Velha. 158 ha Quinta da Vale de Malhadas. 64 ha Quinta das Lages
Rebsorten: Touriga Nacional (28%), Touriga Francesca (33%), Vinha Velha (21%), Tinto Barroca (18%)
Anzahl Flaschen pro Jahr: 120 000
Beste Jahrgänge: 1975, 1985, 1997, 2000

Quinta do Noval

Die Firma liegt unweit von Pinhão und ist ungefähr hundert Jahre alt. Dem Vorbild von Schlossbetrieben im Bordeaux folgend, lagert sie die Weine selbst und füllt sie an Ort und Stelle ab. Die Leitung hat heute Jean Michel Cazes – im Auftrag der Versicherungsgruppe AXA – inne. Es gibt eine gewisse Tendenz, dass die Franzosen die Engländer im Dourotal ablösen.

Anbaufläche und Ort: Pinhão
Rebsorten: Touriga Francesca, Tinto Roriz, Touriga Nacional
Anzahl Flaschen pro Jahr: 10 000
Beste Jahrgänge: 1995, 1998, 1999

Taylor's

Das Weinhaus Taylor's ist als einziges in Porto seit den Anfängen unabhängig geblieben. Die Geschichte dieses Familienunternehmens reicht drei Jahrhunderte zurück. Es gehörte zu den Ersten, das Wein in eigenen Weinbergen erzeugte. Zu ihnen zählt die 164 Hektar große berühmte Quinta de Vargellas, die das Haus zwischen 1893 und 1896 erstand.

Anbaufläche und Ort: 70 ha im oberen Dourotal. 110 ha im Bereich Pinhão-Cima Côrgo
Rebsorten: Touriga Nacional, Touriga Francesca, Tinto Roriz, Tinto Barroca, Tinto Cão, Tinto Amarela
Anzahl Flaschen pro Jahr: keine Angaben
Beste Jahrgänge: 1927, 1945, 1992, 2000

Schweiz

Angesichts ihrer Dimensionen und ihres Reliefs hat die Schweiz viel Land unter Reben stehen, insgesamt ca. 14 989 Hektar. Sie produziert überwiegend Weißwein, vor allem Fendant. Zu den besten Schweizer Weinen gehören aber auch einige rote.

In der überwiegend deutschsprachigen Nordschweiz sind die Weinberge aus topografischen Gründen extrem aufgesplittert. Es überwiegt der Weißwein, vor allem Müller-Thurgau. Die einzigen Klasseweine sind dunkle volle Blauburgunder (Pinot Noir) aus der Bündner Herrschaft nördlich von Chur. Überwiegend fruchtige weiche Rotweine aus der importierten Merlotrebe produziert man auch im italienischsprachigen Kanton Tessin (Ticino). Der weitaus größte Teil der Schweizer Weine ist weiß und stammt aus der Westschweiz, in der überwiegend französisch gesprochen wird.
Die beiden wichtigsten Kantone sind Wallis (Valais) und Waadt (Vaud). Die oft sehr steilen Rebberge liegen im Wallis am Nordufer der Rhône, schön nach Süden exponiert, in der Waadt am Nordufer des Genfer Sees. Die wichtigste Rebe ist die Chasselas, auf Deutsch »Gutedel«. Im Wallis nennt man sie »Fendant«, in der Waadt »Dorin«. Es gibt in beiden Kantonen zahlreiche berühmte Lagen, doch hier seien nur Dézaley und Féchy genannt.
Das Wallis produziert auch Spezialitäten aus autochthonen Rebsorten sowie einen hochklassigen Rotwein, den Dôle, heute meist ein reiner Blauburgunder. Die Weinberge des kleinen Kantons Genf umgeben die Stadt hufeisenförmig.

Vevey am Ufer des Genfer Sees ist berühmt für seine Weißweine mit der Bezeichnung »Lavaux«.

Louis Bovard

Das Nordufer des Genfer Sees zwischen Montreux und Lausanne heißt Lavaux und ist eine ausgeprägt touristische Region. Hier wachsen delikate raffinierte Weißweine, die man unbedingt jung trinken sollte. Berühmte Provenienzen sind Dézaley und Saint-Saphorin. Der Sauvignon, den Louis Bovard in Cully produziert, gehört in diese Gruppe leichter wundervoller Weißweine.

Anbaugebiet: Villette
Anbaufläche und Ort: 2 ha in Cully
Rebsorten: Sauvignon Blanc (100%)
Anzahl Flaschen pro Jahr: 3000
Beste Jahrgänge: 1998, 2000

Jean-René Germanier

Im Jahre 1896 kelterte Urbain Germanier in Balavaud nahe Vétroz im Wallis seine ersten Weine. Seither widmet sich die Familie Germanier dem Weinbau. Heute setzen Jean-René Germanier und Gilles Besse von der dritten bzw. vierten Generation die Tradition fort. Beide sind Önologen.

Anbaugebiet: Valais
Anbaufläche und Ort: 2,5 ha in Vétroz
Rebsorten: Amigne (100%)
Anzahl Flaschen pro Jahr: 20 000 halbe Flaschen
Beste Jahrgänge: 1994, 1998, 2001

Grognuz

Dieser Syrah des Weinhauses Grognuz Frères et Fils in La-Tour-de-Peilz stammt von der berühmten Appellation Lavaux im Kanton Waadt (Vaud). Das Etikett erinnert mit seiner Farbe an die Rebsorte: dunkelrot mit violetten Reflexen – Zeichen einer Ernte in vollreifem Zustand und einer gekonnten Vinifizierung.

Anbaugebiet: Saint-Saphorin
Anbaufläche und Ort: 0,2 ha in Saint-Saphorin, Waadt
Rebsorten: Syrah (100%)
Anzahl Flaschen pro Jahr: 1200
Beste Jahrgänge: 1990, 1995, 1998, 2000

Vinattieri

Im italienischsprachigen Tessin sind die einheimischen, meist aus Norditalien stammenden Rebsorten weitgehend verschwunden und wurden durch den Merlot ersetzt. Das Klima ist überwiegend mediterran geprägt und teilweise feucht. Die Merlots des Tessin gelten mit als die besten Rotweine der Schweiz.

Anbaugebiet: Tessin
Anbaufläche und Ort: 1,5 ha
Rebsorten: Merlot (100%)
Anzahl Flaschen pro Jahr: keine Angaben
Beste Jahrgänge: 1997, 2000

Die Entdeckung des Wallis

Der Kanton Wallis (Valais) ist das größte Weinbaugebiet der Schweiz. Die Hauptrebe ist die weiße Chasselas, die man hier »Fendant« nennt. Aber im Wallis baut man noch zahlreiche weitere Rebsorten an, zum Beispiel Blauburgunder (Pinot Noir), Gamay, Silvaner, »Johannisberg« genannt, Ruländer oder Malvoisie und als einheimische Sorten Arvine, Amigne, Humagne, Haida und Landroten (Rouge du Pays).
Die Weinberge liegen am rechten Rhôneufer und sind nach Süden exponiert. Als inneralpines Trockental verzeichnet das Wallis verhältnismäßig wenig Niederschläge. Deswegen gibt es seit jeher ein Bewässerungssystem, das zum Teil heute noch an den Felswänden des Tals entlangführt. An manchen Stellen sind die Weinberge extrem steil. Im Dorf Visperterminen liegt auf 1100 Metern Höhe der höchste Weinberg Europas.

Die malolaktische Gärung

Wein entsteht, wenn süßer Traubenmost zu gären beginnt. Gärung bedeutet in diesem Zusammenhang, dass Hefen den Zucker im Most in Alkohol und Kohlendioxid umwandeln. Man spricht dabei auch von der »alkoholischen Gärung«. Das gasförmige Kohlendioxid verlässt den gärenden Most und bildet dabei Blasen. Völlig durchgegorene Weine enthalten praktisch keinen Zucker mehr und sind trocken.
Die meisten Rotweine – aber nicht die Weißweine – machen nach der alkoholischen Gärung noch eine zweite malolaktische Gärung durch, einen biologischen Säureabbau. Dabei wird die aggressivere Apfelsäure in die mildere Milchsäure umgewandelt. Die Schweizer lassen die meisten Weißweine ebenfalls die malolaktische Gärung durchlaufen. Sie verlieren dadurch an Säure und bekommen einen ganz typischen Duft. Sie schmecken sehr angenehm, aber gelegentlich auch etwas langweilig.

Weitere Länder

Wer hätte gedacht, dass auch in England Wein angebaut wird und durchaus nicht nur als Kuriosität? Die Slowakei und Ungarn, die Länder des ehemaligen Jugoslawien, Rumänien , Bulgarien und Griechenland produzieren viel Wein, und manche Gebiete sind auf dem besten Weg, Spitzenweine zu erzeugen.

Die belgische Produktion hat nur Ausnahmecharakter, aber die Weinproduktion Bulgariens ist seit der Antike ganz erheblich. Zur Zeit der Türkenherrschaft lag sie zwar im Dornröschenschlaf, doch seit den 1950er-Jahren wurde sie belebt. Auf Zypern keltert man seit 4000 Jahren Wein. Die Insel wurde auch nie von der Reblaus heimgesucht. Im antiken Griechenland spielte der Weinbau eine entscheidende Rolle, und heute produziert das Land eine ganze Palette wirklich hervorragender Weiß- und Rotweine.

Einer der berühmtesten Weine der Welt kam einst aus Ungarn, der süße Tokaier.

Auch Rumänien, das ungefähr auf der gleichen geografischen Breite liegt wie Frankreich, hat im Weinbau eine große Vergangenheit – und eine Zukunft. Besonders gute Aussichten, in Zukunft in die Gruppe der Spitzenerzeuger aufzusteigen, hat wohl die Slowakische Republik. Slowenien hat diesen Sprung schon fast geschafft, auch wenn die Weine im Ausland noch wenig bekannt sind.

Wo es das Klima und die Topografie in Europa zulassen, wächst Wein – er gehört zum gemeinsamen europäischen Erbe.

LUXEMBURG
Domaine Alice Hartmann

Die Weinberge Luxemburgs liegen, von Obsthainen unterbrochen, in einem kompakten Band am Nordufer der Mosel zwischen Remich und Wasserbillig im Süden des Großherzogtums. Die luxemburgischen Weine sind fast alle weiß und tragen den Namen der Rebsorte. Am besten schmecken die Rieslinge.

Anbaugebiet: Mosel, Luxemburg
Anbaufläche und Ort: 3,5 ha in Wirmeldange, Lage Koeppchen
Rebsorten: Riesling (100%)
Anzahl Flaschen pro Jahr: 15 000
Beste Jahrgänge: 1993, 1996, 1998, 1999

SERBIEN-MONTENEGRO
Rubin

Der Weinbau in Zentralserbien hat eine lange Tradition. Die Firma Rubin wurde 1955 in Kruševac gegründet und war zusammen mit einigen kroatischen Betrieben einer der wichtigsten Weinproduzenten des ehemaligen Jugoslawien. Die Firma stellt zwei Klasseweine her, darunter auch einen berühmten Riesling.

Anbaugebiet: Paraćin, Ražanj
Anbaufläche und Ort: Dobričevo und Licina
Rebsorten: Cabernet-Sauvignon (100%)
Anzahl Flaschen pro Jahr: 200 000
Beste Jahrgänge: keine Angaben

UNGARN
Royal Tokaji Wine Company

Das Unternehmen entstand 1989 als Joint Venture zwischen einer dänischen Investorengruppe und 63 ungarischen Produzenten. Den Deal hatte der Bürgermeister von Mád über den dänischen Besitzer des Château de Landiras in Graves eingefädelt. Die Firma ist heute britisch und produziert nur Tokaji Aszú.

Anbaugebiet: Tokaji
Anbaufläche und Ort: 11,3 ha 6 km nordwestlich von Tokaji
Rebsorten: Furmin, Harslevelü, Muscat de Lunel
Anzahl Flaschen pro Jahr: 1800
Beste Jahrgänge: 1993, 1996, 1999

Weitere Kontinente

Südafrika

In den meisten Weinbauländern verliert sich die Spur der ersten Winzer im Dunkel der Geschichte. Nicht in Südafrika: Dort begann alles im Jahre 1655, und zwar mit einer Schiffsladung Setzlingen aus Frankreich ...

Die hatte der Kommandant der neu gegründeten Station der Niederländischen Ostindien-Kompanie am Kap bestellt. Jan van Riebeeck kelterte vier Jahre später, 1659, den ersten Wein.

Die ersten Siedler am Kap waren Seeleute und Abenteurer. Dass aus einigen von ihnen richtige Winzer wurden, dafür sorgten mit ihrer Weinbauerfahrung hugenottische Einwanderer, die Ludwig XIV. aus Frankreich vertrieben hatte. Der Name des Anbaugebiets Franschhoek erinnert an sie. Bedeutend war die Pionierleistung des Gouverneurs Simon van der Stel. Er gründete nicht nur die Stadt Stellenbosch, sondern auch das Weingut Constantia, das zu einem weltweit bekannten Weinbegriff wurde.

1885 breitete sich die verheerende Reblaus aus; um die Jahrhundertwende gab es eine ebenso verhängnisvolle Überproduktion. Um den wirtschaftlichen Folgen zu begegnen, schlossen sich die Winzer 1918 zu der ersten Genossenschaft zusammen, »Kooperatieve Wijnbouwers Vereniging van Zuid Afrika« (KWV).

Erst das Ende der Apartheid 1993/94 brachten der Weinwirtschaft den Aufschwung.

Die besten Weine stammen aus den Anbaugebieten Stellenbosch, Paarl, Worcester und Robertson.

Blick über die Weinberge der Region Nordkap bei Upington (Ward Lower Orange).

Hamilton Russell

Das Weingut liegt in der Nähe von Hermanus und genießt dadurch die kühlen Winde des Atlantik, besänftigt durch die dazwischenliegende Hügelkette. Der Chardonnay ist ausgezeichnet balanciert in Frucht, Holz und Säure.

Anbaugebiet: Overberg, Walker Bay
Anbaufläche und Ort: 52 ha (insgesamt), Hemel-en-Aarde Valley
Rebsorten: Chardonnay (100%)
Anzahl Flaschen pro Jahr: 78 000
Beste Jahrgänge: 1991, 1995, 1997, 2001

Klein Constantia

Klein Constantia ist eines der berühmtesten Weingüter Südafrikas und liegt auf der schmalen Kaphalbinsel 20 Kilometer von Kapstadt entfernt. Angebaut werden 70 Prozent weiße und 30 Prozent rote Sorten. Berühmt ist das Gut wegen seiner süßen weißen Dessertweine.

Anbaugebiet: Constantia
Anbaufläche und Ort: 4,5 ha in Klein Constantia
Rebsorten: Muscat de Frontignan (100%)
Anzahl Flaschen pro Jahr: 18 000
Beste Jahrgänge: 1986, 1991, 1995, 1997

Meerlust

Das historische Gut in Stellenbosch befindet sich seit 1756 in den Händen der Familie Myburgh: Es verdankt einen großen Teil seines Rufes Nico Myburgh, dem Vater des heutigen Besitzers, der das Gut 1950 renovierte. Giorgio dalla Cia war seit 1978 für die Weinbereitung zuständig und machte seinem jungen Assistenten Chris Williams Platz.

Anbaugebiet: Stellenbosch
Anbaufläche und Ort: 18,7 ha, 15 km von Stellenbosch und 5 km von False Bay entfernt
Rebsorten: Chardonnay (100%)
Anzahl Flaschen pro Jahr: 60 000
Beste Jahrgänge: 1995, 1996, 1998, 1999

Rustenberg

Die Geschichte des Gutes Rustenberg in Stellenbosch reicht bis ins Jahr 1682 zurück, als Roelof Pasman es leitete. Die Produktion blühte bis 1892, doch dann folgte der Konkurs. Schließlich rettete es John Merriman, der künftige Premierminister, und am Ende kauften es Peter und Pamela Barlow, die dem Gut seine ursprüngliche Einheit zurückgaben.

Anbaugebiet: Stellenbosch
Anbaufläche und Ort: 1,9 ha in Simonsberg, Stellenbosch
Rebsorten: Cabernet-Sauvignon (100%)
Anzahl Flaschen pro Jahr: 9540
Beste Jahrgänge: 1999, 2001, 2002

Klein Constantia: eine dreifache Wiedergeburt

In der Fracht, die Schiffe der Niederländischen Ostindien-Kompanie 1657 zum ersten Mal nach Südafrika beförderten, befanden sich auch einige Rebschösslinge. Zwei Jahre später wurde aus einem Rebstock nahe am Kap der erste Wein gekeltert. Im Jahre 1684 pflanzte der spätere Gouverneur Simon van der Stel den berühmtesten Weinberg des Landes, »Groot Constantia«. Der Wein galt lange Zeit als Nektar mit dem einzigen Fehler, dass es nicht genug davon gab. Dann geriet der Weinberg in Vergessenheit.

1778 erweckte ihn Hendrik Cloete wieder zum Leben. Der französische Bürgerkönig Louis-Philippe, Napoleon und auch Bismarck waren so begeistert, dass der Wein schließlich den Tokajer, den Madeira und den Château d'Yquem überflügelte. Napoleon fand in seinem Exil auf St. Helena Trost in diesem Wein. Dann folgte die Reblaus-Katastrophe. 1980 kaufte Duggie Jooste, dessen Familie seit vier Generationen im südafrikanischen Weinbau tätig ist, den Weinberg, der sich in traurigem Zustand befand. Er hatte eine Vision: Er wollte dort Muscat de Frontignan pflanzen und dem Wein seine Größe wiedergeben. Dies gelang ihm mit dem »Vin de Constance«.

In der Region Westkap und im Bereich Paarl ist der Ward von Franschhoek am berühmtesten.

Stellenzicht

Stellenzicht liegt zwischen dem Atlantik und Stellenbosch, der für ihre majestätischen Alleen berühmten Hauptstadt des südafrikanischen Weinbaus. Das Terroir zeigt unterschiedliche Böden, die den Anbau der edelsten Rebsorten zulassen. Die besten Ergebnisse zeitigt hier die Syrahrebe.

Anbaugebiet: Stellenbosch
Anbaufläche und Ort: 2,97 ha in Helderberg, Stellenbosch
Rebsorten: Syrah (100%)
Anzahl Flaschen pro Jahr: 15 000
Beste Jahrgänge: 1994, 1998, 1999

Vergelegen

Die Ursprünge dieses Weinguts reichen ins Jahr 1685 zurück. Mit der Familie Theunissen erlebte der Weinberg seinen ersten Aufstieg. Dann wurde er zerstört und 1941 erneut bepflanzt, nachdem Charles und Cynthia Barlow das Gut gekauft hatten. 1987 übernahm es die Anglo-American Farms Ltd., die den Weinberg restrukturierte und modernisierte.

Anbaugebiet: Stellenbosch
Anbaufläche und Ort: 120 ha in Somerset West
Rebsorten: Cabernet-Sauvignon (62%), Merlot (30%), Cabernet Franc (8%)
Anzahl Flaschen pro Jahr: 600 000
Beste Jahrgänge: 1998, 2000, 2001

Warwick

Das Weingut Warwick besteht seit 1770 und liegt an den Hängen des Simonsberges bei Stellenbosch. Dank der Arbeit von Stan und Norma Ratcliffe erlebte es seit 1964 einen neuen Aufschwung. Die beiden entschlossen sich in den 1980er-Jahren, Weine im Bordeaux-Stil zu produzieren. Ihr Sohn Michael ist heute der verantwortliche Leiter.

Anbaugebiet: Stellenbosch
Anbaufläche und Ort: 17,4 ha in Simonsberg bei Stellenbosch
Rebsorten: Cabernet-Sauvignon (100%)
Anzahl Flaschen pro Jahr: ca. 9000
Beste Jahrgänge: 1986, 1990, 1998, 1999

In Südafrika liegen die Weingärten nie weit von den Bergen entfernt, wie hier in Stellenbosch.

Der Begriff »Ward«

Auf dem Gebiet des Weinbaus kam in den 1990er-Jahren ein neuer Begriff auf, der aus der Alten Welt importiert und von dem des »Terroir« inspiriert wurde. Es ging um das Bestreben, für eine bestimmte Lage die richtigen Rebsorten zu finden. Dazu muss man die topografischen Bedingungen genau studieren. Diese heute festgelegten »Wards« entsprechen kleinen Zonen, die durch die Natur des Bodens, die traditionellen Anbauverfahren, die traditionellen Bezeichnungen, die klimatischen Bedingungen usw. definiert werden.

Boden, Klima und die Arbeit des Winzers – das sind heute die Kriterien zur Bestimmung von Wards, Weinbergen und Weinen. Im Distrikt Stellenbosch identifizierte man fünf Wards, besonders Simonsberg, zwei in Paarl, darunter den berühmten Franschhoek.

Argentinien

Argentinien ist mit ca. 270 000 Hektar Anbaufläche das größte Wein produzierende Land Südamerikas. Es beliefert vor allem den Binnenmarkt mit gewöhnlichen Tafelweinen. Seit einigen Jahren haben sich aber die Verfahren der Weinbereitung stark verbessert, sodass einige Spitzenweine entstanden sind.

Die Geschichte des argentinischen Weinbaus beginnt im 16. Jahrhundert mit der Ankunft der ersten Eroberer und Missionare. Die wichtigste Weinbauregion ist die Provinz Mendoza östlich der Anden. Dort pflanzten die Jesuiten 1556 die ersten Stöcke einer Rebsorte namens »Criolla Chica«. Sie ist eine hellere Variante jener historischen Sorte, die in Kalifornien »Mission« genannt wird.

Die ersten Siedler fingen das Schmelzwasser auf und bewässerten damit den Boden. Als in der zweiten Hälfte des 19. Jahrhunderts die Eisenbahnstrecke von Buenos Aires nach Mendoza fertig gestellt wurde, kamen zahlreiche Einwanderer aus Frankreich, Spanien, Italien und Deutschland. Sie brachten ihre europäischen Reben und ihre Weinbautechniken mit. Heute ist nahezu die Hälfte der Provinz Mendoza mit Reben bestockt. Drei Viertel des argentinischen Weins stammen von hier.

Der beste argentinische Wein ist ein Malbec, der sogar den Cabernet-Sauvignon überflügeln kann. Er stammt aus dem Nordwesten der Region. Wärme und Trockenheit für die Reifung, aber auch Kälte im Winter für die Ruhe der Rebe stellen gute Bedingungen dar. Die zweite Weinbauregion liegt nördlich von Mendoza, in der Provinz San Juan.

Die Anden bilden den majestätischen Hintergrund für die Weinberge von Catena Zapata in Mendoza.

Catena Zapata

Im Jahre 1902 pflanzte der italienische Einwanderer Nicola Catena seine ersten Reben in Argentinien; unweit von Mendoza am Fuß der Anden. Das Gut ist seit drei Generationen in den Händen der Familie. Heute wird es von Nicola Catena Zapata geleitet. Er ließ einen neuen Keller bauen, der sich an der präkolumbianischen Architektur orientiert.

Anbaugebiet: Mendoza, Luján de Cuyo
Anbaufläche und Ort: 105 ha in Agrelo
Rebsorten: Cabernet-Sauvignon
Anzahl Flaschen pro Jahr: 150 000
Beste Jahrgänge: 1993, 1996, 1997, 1999

Fabre-Montmayou

Das Weingut Fabre-Montmayou wurde 1908 in Mendoza im Gebiet von Luján de Cuyo in 1000 Metern Höhe gegründet. Das gilt dort als die beste Lage für die Produktion von Qualitätsweinen. Es ist der erste handwerklich geprägte Betrieb einer französischen Gruppe aus dem Bordeaux unter der Leitung von Hervé Joyaux-Fabre.

Anbaugebiet: Mendoza
Anbaufläche und Ort: 14 ha in Vistalba, Luján de Cuyo
Rebsorten: Malbec (85%), Cabernet-Sauvignon (10%), Merlot (5%)
Anzahl Flaschen pro Jahr: 19 000
Beste Jahrgänge: 1994, 1995, 1999, 2001

Trapiche

Im Jahre 1883 gründete Tiburcio Benegas dieses Weingut mit 250 Hektar in San Vincente. Sein Schwiegervater Eusebio Blanco war ein Pionier des Weinbaus und schrieb ein für jene Zeit sehr fortschrittliches Werk über die Weinberge von Mendoza. Trapiche ist heute das Schmuckstück von Penaflor, dem größten Weinbauunternehmen des Landes.

Anbaugebiet: Mendoza
Anbaufläche und Ort: San Vincente
Rebsorten: Merlot, Malbec
Anzahl Flaschen pro Jahr: keine Angaben
Beste Jahrgänge: keine Angaben

Die Weinberge von Tupungato liegen in 1500 Metern Höhe unter dem gleichnamigen Vulkan.

Jenseits von Mendoza

Die Provinz Mendoza am Fuß der Anden stellt das bei weitem wichtigste Weinbaugebiet Argentiniens dar. Darüber sollte man aber auch einige andere Regionen nicht vergessen, beispielsweise San Juan, La Rioja, Rio Negro und Catamarca.

Die meist gepflanzte Rotweinrebe ist der Malbec. Die Rebe kommt gut mit dem kontinentalen warmen Klima zurecht. Sie verleiht den Weinen einen großen Reichtum an Aromen und einen Duft nach Gewürzen und roten Früchten. Manche meinen, der Malbec erreiche hier bessere Ergebnisse als in Europa.

Weiter im Norden, jenseits der Region um San Juan, gelangt man zunächst nach Catamarca, wo ein Weinberg auf 2000 Metern Höhe angepflanzt wurde, und zur Bergstation Cafayate. Sie liegt isoliert in einer fast wüstenartigen Zone. Die kühlen Bedingungen hier sind ideal für eine weiße Rebsorte namens »Torrontés«. Sie wurde zur Spezialität von Salta, dem Weinbaugebiet, das auch Cafayate, unweit der bolivianischen Grenze, umfasst.

Diese Weine verströmen einen ganz besonderen Duft.

Australien

Auf dem fünften Kontinent entwickelt sich der Weinanbau optimal; mittlerweile werden viele Weine von Weltklasse angebaut. Die besten Weinbaugebiete befinden sich im Süden des Landes. Dort gibt es zahlreiche verschiedene Mikroklimate. Man unterscheidet nicht weniger als 32 verschiedene Weinanbaugebiete.

Im Jahre 1788 pflanzte ein englischer Kapitän dort einige Rebstöcke, wo sich heute der Botanische Garten von Sydney erstreckt. Seither hat der australische Weinbau einen erheblichen Aufschwung genommen. Seine erstaunliche Geschichte ist mit den Namen mehrerer Pioniere verbunden: John McArthur legte den ersten Weinberg in Camden Park an. Gregory Blaxland wagte es als Erster, australischen Wein nach London zu exportieren, und James Busby, ein schottischer Einwanderer, war von der Idee besessen, Australien sei ein Eldorado für Wein.

Er ließ in der ersten Hälfte des 19. Jahrhunderts die besten Rebsorten aus Europa kommen, um sie auf seinem Grundstück im Hunter Valley anzupflanzen. Er unterzeichnete ein Abkommen mit seinen Landsleuten und überließ all jenen Rebstöcke, die sich als Winzer niederlassen wollten.

Australien baut heute alle möglichen Rebsorten an. Die trockenen Weißweine stammen in der Regel von der Chardonnayrebe. Das Klima des Landes ist ideal für den Merlot. Die Syrahrebe, »Shiraz« genannt, ergibt hervorragende Rotweine. Anfänglich produzierten die Australier sehr viele durch Alkoholzugabe stumm gemachte Süßweine. Heute zeigt ihr Angebot das klassische europäische Profil.

Die Terra Rossa von Coonawarra eignet sich besonders für den Anbau von Reben.

Südaustralien

In Südaustralien ist das Klima mediterran geprägt und wird zusätzlich von einer kalten Meeresströmung aus der Antarktis gemäßigt. Aus Südaustralien stammt der weitaus größte Teil der australischen Weine. Die Weinberge reichen von Clare, etwa 100 km nördlich von Adelaide, bis nach Coonawarra im äußersten Südosten des Staates, rund 400 km von Adelaide entfernt. Hier liegt das Königreich des Cabernet-Sauvignon, und hier scheint er tatsächlich das Beste zu geben, was er vermag. Die australischen Weinbauern sind große Flächen gewohnt: Ein Weinberg von 40 Hektar, der nach europäischem Maßstab schon als ganz beachtlich zu betrachten ist, gilt hier als bescheidener Besitz.

Coonawarra liegt im kühlsten Teil Australiens; die Trauben reifen daher langsam. Hier findet man die berühmte »Terra Rossa« – eine fruchtbar, rote Erde über einem Kalklager. Darunter sorgt eine Grundwasserschicht für Feuchtigkeit. Unter diesen Bedingungen entstehen Rotweine von einzigartiger Feinheit. Man baut hier allerdings auch Chardonnay an.

Im Norden von Adelaide liegt das Barossa Valley, in dem sich im 19. Jahrhundert in großer Zahl deutsche Siedler niederließen. Der Shiraz, manchmal von sehr alten Rebstöcken, ergibt hier besonders dichte Weine, die nach einer relativ langen Lagerung verlangen. Das Klima in diesem Tal ist eher frisch – günstige Bedingungen für den Anbau von Riesling, der mit ultramodernen Verfahren vinifiziert wird. Die Rieslinge von Clare Valley und Eden Valley entsprechen einem etwas anderen Typ, als wir ihn von Deutschland her gewohnt sind. Der Schriftsteller Oz Clarke schreibt über die australischen Weine: »Die Cabernets von Coonawarra passen am Mittag am besten zu einer Lammkeule mit Knoblauch und Rosmarin. Der kräftige Shiraz aus Barossa ist eher zum Abendessen angesagt. Die Rieslinge von Clare und Eden sollte man vielleicht in der Dämmerung trinken. Die Grenache können Sie genießen, wenn Ihnen danach zumute ist.«

Syrah oder Shiraz: die Eroberung der Welt

Die Syrahrebe verlangt viel Sonne und ergibt sehr dunkle kräftige Rotweine. Sie liebt insgesamt ein trockenes warmes Klima und arme kiesige Böden. Diese Bedingungen sind im nördlichen Bereich des Rhônetals gegeben. Die einzelnen Beeren erscheinen blauschwarz, das Fruchtfleisch ist saftig und schmelzend. Die Syrahrebe bringt die besten Ergebnisse, wenn man ihre Erträge begrenzt. Das zeigt sich besonders in den besten Lagen des Rhônetals wie Hermitage, Cornas und Saint-Joseph. Woher die Rebe stammt, weiß man nicht, vielleicht aus dem Vorderen Orient oder aus Syrakus. Mittlerweile hat sie aber fast die ganze Welt erobert: Südafrika, Chile, Argentinien und ganz besonders Australien, wo sie »Shiraz« genannt wird. Die Trockenheit und Wärme dieses Kontinents bekommen ihr besonders gut.

Coriole

Das Weingut wurde 1967 von der Familie Lloyd gegründet. Es liegt auf den Hügeln über dem Golf von Saint-Vincent im Süden Adelaides in einer der ältesten Weinbauregionen Australiens, dem McLaren Vale. Die Region entging glücklicherweise der Urbanisierung. Der erste Weinberg von Coriole geht auf das Jahr 1920 zurück. Ende der 1960er-Jahre und nach 1990 wurde er vergrößert.

Anbaugebiet: McLaren Vale
Anbaufläche und Ort: 0,93 ha in Chaffeys Road
Rebsorten: Shiraz (100%)
Anzahl Flaschen pro Jahr: 9000
Beste Jahrgänge: 1990, 1994, 1998, 1999

Elderton

Das Weingut Elderton liegt südlich von Nuriootpa im Zentrum des Barossa Valley, das zwischen 1840 und 1850 von schlesischen Lutheranern besiedelt wurde. Die Gründung des Gutes geht auf Samuel Elderton Tolley in den ersten Jahren des 20. Jahrhunderts zurück. 1979 kaufte die Familie Ashmead das Gut, modernisierte es und produzierte 1984 den ersten Command Shiraz.

Anbaugebiet: Barossa Valley
Anbaufläche und Ort: 3,4 ha in Nuriootpa
Rebsorten: Shiraz (100%)
Anzahl Flaschen pro Jahr: ca. 10 000
Beste Jahrgänge: 1988, 1995, 1997, 1998

Fox Creek

Als Jim und Helen Watts 1984 die 32 Hektar ihres künftigen Weingutes Fox Creek kauften, riet man ihnen noch davon ab, Reben zu pflanzen, da der Boden zu schwer und zu tonig sei. Er hatte als Schafweide gedient. Der erste Shiraz von Fox Creek aus dem Jahre 1994 gewann ein Jahr später den ersten Preis der McLaren Vale Wine Show.

Anbaugebiet: McLaren Vale
Anbaufläche und Ort: 15 ha in McLaren Vale
Rebsorten: Shiraz (100%)
Anzahl Flaschen pro Jahr: 12 000–15 000
Beste Jahrgänge: 1996, 1998

Grosset

Der Diplomönologe und Landwirt Jeffrey Grosset machte zunächst Erfahrungen in Australien und Europa und entschied sich dann im Alter von 23 Jahren, ein eigenes Weingut zu gründen. Das geschah 1981 in Auburn, dem Tor zum Clare Valley. Es ist berühmt für sein frisches Klima, das erstaunlicherweise dem Shiraz genauso gut bekommt wie dem Riesling.

Anbaugebiet: Clare Valley
Anbaufläche und Ort: 7 ha in Clare Valley
Rebsorten: Riesling (100%)
Anzahl Flaschen pro Jahr: 30 000
Beste Jahrgänge: 1982, 1990, 1996, 1999

Hardys

Dieses altehrwürdige Gut gründete der junge Engländer Thomas Hardy aus Gittisham im Jahre 1853. Er kaufte Boden im McLaren Vale und gilt als Pionier des australischen Weinbaus. Der beste Jahrgangsshiraz ist Eileen Hardy gewidmet, der »Matriarchin«, die zwischen 1938 und 1975 beträchtlichen Einfluss ausübte.

Anbaugebiet: McLaren Vale
Anbaufläche und Ort: McLaren Vale, Frankland River
Rebsorten: Shiraz (100%)
Anzahl Flaschen pro Jahr: keine Angaben
Beste Jahrgänge: keine Angaben

Henschke & Co

Die Familie Henschke ist eine der ältesten im Barossa Valley, das überwiegend von Deutschen besiedelt wurde. Johann Christian Henschke floh vor religiösen Verfolgungen in seiner Heimat Schlesien und kaufte hier 1861 ein Landgut. Sieben Jahre später verkaufte er seinen ersten Jahrgang. Den berühmten »Hill of Grace« verdanken wir seit 1958 Cyril Alfred.

Anbaugebiet: Barossa Valley
Anbaufläche und Ort: Gnadenberg Road, Moculta
Rebsorten: Shiraz (100%)
Anzahl Flaschen pro Jahr: keine Angaben
Beste Jahrgänge: 1962, 1982, 1990, 1996

Katnook

Mitten im Coonawarra-Gebiet liegt das Weingut Katnook: 330 Hektar auf der berühmten Terra Rossa, einem der hervorragendsten Bodentypen für den Weinbau in ganz Australien. Die besten Lagen weisen eine dünne braunrote Bodenschicht direkt über kalkigem Muttergestein auf.

Anbaugebiet: Coonawarra
Anbaufläche und Ort: Coonawarra
Rebsorten: Cabernet-Sauvignon (100%)
Anzahl Flaschen pro Jahr: 6000
Beste Jahrgänge: 1994, 1996, 1998

Kay Brothers Amery

Das Weingut Amery liegt 40 km südlich von Adelaide am Golf von Saint-Vincent und verdankt seinen Namen dem ersten Besitzer: ein Engländer, der in Amery Farm in Hampshire geboren wurde. 1890 kauften die Brüder Herbert und Frederick Kay das Gut und bauten dort Reben an. Die ersten Trauben kelterten sie 1895. Heute steht das Gut unter der Leitung von Colin Kay.

Anbaugebiet: McLaren Vale
Anbaufläche und Ort: 0,45 Hektar in Kays Road
Rebsorten: Shiraz (100%)
Anzahl Flaschen pro Jahr: 10 000
Beste Jahrgänge: 1982, 1989, 1992, 1999

Ein legendäres Vorbild

Die ersten Reben in Australien verdanken wir Kapitän Arthur Philip, der 1788 nach Sydney kam. Er pflanzte sie dort, wo sich heute der Botanische Garten befindet. Er war überzeugt davon, dass die Weine Australiens eines Tages alle Rekorde brechen würden. Einige Pioniere gaben ihm Recht. Einer von ihnen war Max Shubert (1915–1994), der ab 1930 bei Penfolds in der Weinbereitung arbeitete. In den 1950er-Jahren erkannte er, welches Lagerungspotenzial die großen Rotweine des Medocgebietes aufwiesen. Ihm ging es nun darum, die möglichst vollkommene Übereinstimmung zwischen seiner Lieblingsrebe, der australischen Shiraz, und dem Terroir von Magill am Rand von Adelaide zu finden.

»Grange Hermitage« ist heute in der Tat einer der größten Weine der Welt: »Grange« als Erinnerung an das Landgut seines Begründers und »Hermitage« als Erinnerung an den großen französischen Rotwein, der ihm als Vorbild diente. Heute sagt man einfach »Grange«, und die gesamte Geschichte dieses legendären Weins ist auf dem Etikett zu lesen.

Knappstein Lenswood

Im Jahre 1981 legte Tim Knappstein in Lenswood, im Hügelgebiet von Adelaide, Weinberge in einem Gebiet an, in dem man zuvor nur Äpfel angebaut hatte. Er besaß schon erhebliche Erfahrungen, die er in einem eigenen Gut im Clare Valley gesammelt hatte. Doch 1995 verkaufte er es, um sich ganz dem Potenzial seines neuen Gutes widmen zu können.

Anbaugebiet: Adelaide Hills
Anbaufläche und Ort: 7,45 ha in Adelaide Hills
Rebsorten: Sauvignon Blanc (100%)
Anzahl Flaschen pro Jahr: 12 000
Beste Jahrgänge: 1994, 1995, 1997, 2000

Noon Winery

Das kleine Unternehmen trägt den Namen der Gründerfamilie. Bis 1996 hatte Drew Noon die Leitung inne. Das Gut beschäftigt sich nur mit dem Anbau von Rotweinen. Es liegt im McLaren Vale und verfügt über 30 bis 70 Jahre alte Reben, von denen die meisten nicht bewässert werden.

Anbaugebiet: McLaren Vale
Anbaufläche und Ort: 16 ha in Langhorne Creek
Rebsorten: Shiraz (100%)
Anzahl Flaschen pro Jahr: 6000
Beste Jahrgänge: 1998, 2001

Penley Estate

Die Gründung von Penley Estate erfolgte 1988 durch Kom Tolley. Mütterlicherseits gehört er zur Familie Penfold, väterlicherseits zu den Tolleys, und das sind zwei ganz große Namen in der australischen Weinbaugeschichte. Er entschied sich für ein eigenes Gut in Coonawarra, um die Tradition der großen Rotweine fortzusetzen.

Anbaugebiet: Coonawarra
Anbaufläche und Ort: 4,1 Hektar in McLeans Road
Rebsorten: Cabernet Sauvignon
Anzahl Flaschen pro Jahr: 18 000
Beste Jahrgänge: 1991, 1994, 1996, 1998

Der Weinberg von Penfolds in Nuriootpa im Barossa Valley erstreckt sich fast bis zum Horizont.

Pikes Wines

Das 1984 gegründete Familienunternehmen wählte sich als Symbol den Hecht (englisch »pike«). Es hat seinen Sitz im Clare Valley, südöstlich von Clare im Bereich des Flusses Polish Hill. Vor kurzem hat sich Pikes Wines mit Joyson Orchards aus Lenswood zusammengetan, um ihre Produkte unter der gemeinsamen Marke »Pike & Joyce« zu vertreiben.

Anbaugebiet: Clare Valley
Anbaufläche und Ort: Polish Hill River
Rebsorten: Shiraz (100%)
Anzahl Flaschen pro Jahr: 6000
Beste Jahrgänge: 1994, 1995, 1996, 1998

Weitere große Weine …

Fox Creek

Reserve Cabernet-Sauvignon
Anbaugebiet: McLaren Vale
Anbaufläche und Ort: 10 ha im McLaren Vale
Rebsorten: Cabernet-Sauvignon (100%)
Anzahl Flaschen pro Jahr: 12 000–15 000
Beste Jahrgänge: 1996, 1998

Noon Winery

Reserve Cabernet
Anbaugebiet: Langhorne Creek
Anbaufläche und Ort: 1,2 ha in Langhorne Creek
Rebsorten: Cabernet-Sauvignon (100%)
Anzahl Flaschen pro Jahr: 4800
Beste Jahrgänge: 1998, 1999, 2000

Eine australische Erfolgsgeschichte

Im Barossa Valley nördlich von Adelaide wachsen einige der ältesten Rebstöcke der Erde. Dort schufen sich schlesische Lutheraner eine neue Heimat, und auch Siedler aus dem angelsächsischen Raum ließen sich dort vor langer Zeit nieder.
Eines der ältesten Weingüter des Tales ist Yalumba, gegründet von Samuel Smith aus Dorset. Er ließ sich 1849 mit seiner Frau und seinen vier Kindern in Angaston nieder. Erst war er Brauer, dann wurde er Winzer, nachdem er als Goldsucher in Victoria zu etwas Geld gekommen war und davon einige Hektar Land kaufen konnte. Nach seinem Tod 1889 übernahm sein Sohn Sidney das Gut und führte wiederum mit seinen Söhnen Walter und Percival das Werk des Vaters fort. Er baute den prächtigen Keller aus Marmor, heute noch der Stolz vom Yalumba. Dann übernahm Walter das Ruder und machte die Weine des Gutes bekannt. Dazu trug auch seine Heirat mit Ida Hill aus einer bekannten Adelaider Familie bei.
Sidney Smith Hill widmete seine ganze Energie dem Weinbau, kam aber bei einem Flugzeugunglück ums Leben. 1939 übernahm Wyndham Smith Hill Yalumba. Bis 1985 stand Mark Smith Hill in dessen Nachfolge. Heute wird Yalumba von Robert Smith Hill geleitet, dem jüngsten Geschäftsführer im australischen Weinbau.

Primo Estate Winery

Um dieses Weingut in den Adelaide Plains kümmern sich Joe Grilli und seine Frau Dina. Die Trauben werden nach der Ernte teilweise eingetrocknet und erst später gekeltert. Sie stammen von zwei Weinbergen, der eine in McLaren Vale, der andere in Clarendon.

Anbaugebiet: Verginia
Anbaufläche und Ort: 4 ha in McLaren Vale; Clarendon
Rebsorten: Cabernet-Sauvignon, Merlot
Anzahl Flaschen pro Jahr: 30 700
Beste Jahrgänge: 1991, 1994, 1996, 1998

Rusden

Christian Canute entstammt einer Familie mit langer Weinbautradition im Barossa Valley. Die Weinberge oben im Tal wurden zu Beginn der 1970er-Jahre in unmittelbarer Nähe zu Penfolds angelegt. Die Trauben wurden zunächst zur Winzergenossenschaft gebracht. Heute vinifiziert Canute seine Weine selbst.

Anbaugebiet: Barossa Valley
Anbaufläche und Ort: 16 ha in Marananga, Koonunga Hill, Moppa, Greenock
Rebsorten: Shiraz (97%), Viognier (3%)
Anzahl Flaschen pro Jahr: keine Angaben
Beste Jahrgänge: 1998, 2000, 2002

Scarpantoni Estates

Domenico Scarpantoni stammt ursprünglich aus den Abruzzen, wanderte aber 1952 nach Australien aus und ließ sich im McLaren Vale nieder. Dort arbeitete er erst für die Weinfirma Tintara und kaufte dann 1958 etwas mehr als fünf Hektar. Jahr für Jahr wurde sein Gut größer. Mithilfe seiner beiden Söhne Michael und Filippo baute er auch einen Keller.

Anbaugebiet: McLaren Vale
Anbaufläche und Ort: McLaren Vale
Rebsorten: Shiraz (100%)
Anzahl Flaschen pro Jahr: 30 000
Beste Jahrgänge: 1980, 1988, 1996, 1998

Veritas Winery Rolf Binder

Der Name des Weinguts geht auf das Zitat Plinius' des Älteren zurück: »In vino veritas«. Die Wahrheit des Weins liegt allerdings in den Reben, die am Fuß des Berges Afton wachsen. Das Gut wird von den Geschwistern Christa Deans und Rolf Binder geleitet.

Anbaugebiet: Barossa Valley
Anbaufläche und Ort: 2 ha
Rebsorten: Shiraz (100%)
Anzahl Flaschen pro Jahr: 4200
Beste Jahrgänge: 1994, 1996, 1998

Yalumba

Geburtsjahr dieses Weingutes ist 1849. Damals entschloss sich der englische Brauer Samuel Smith, der mit seiner Familie emigriert war, sich dem Wein zu widmen. Er benannte sein Gut nach einem Begriff der Aborigines: »Yalumba« (»das ganze Land in der Umgebung«). Seit 1985 leitet Robert Smith Hill, ein Vertreter der fünften Generation, das Unternehmen.

Anbaugebiet: Barossa Valley
Anbaufläche und Ort: Barossa Valley
Rebsorten: Shiraz (100%)
Anzahl Flaschen pro Jahr: keine Angaben
Beste Jahrgänge: keine Angaben

Diese Rebzeilen mit Chardonnaystöcken wachsen im Piccadilly Valley in den Adelaide Hills (folgende Doppelseite).

Weitere Regionen

Der Bundesstaat New South Wales produziert ungefähr ein Viertel der australischen Weinernte. Hier liegt das berühmte Hunter Valley, das durch sein frisches Klima wohl unbestritten beste Gebiet. Die Witterungsschwankungen erklären die oft erheblichen Unterschiede zwischen zwei Jahrgängen. In diesem legendären Tal, rund 180 km nördlich von Sydney, wurden 1828 erstmals Rebberge angelegt. Der außergewöhnlich reiche, goldgelbe Weißwein war als »Honig von Hunter« berühmt. Aus den Rebsorten Chardonnay und Sémillon kelterte man damals wahre Meisterwerke.

Ende des 19. Jahrhunderts gab es dort über 100 Weingüter. Die Wirtschaftskrise von 1929 überlebte gerade eine Handvoll. Die heutige Begeisterung für Essen und Trinken, insbesondere für Wein, führt dazu, dass neue Weingüter entstehen. Weitere wichtige Weinanbaubereiche sind Mudgee mit den höchsten Rebbergen Australiens und Riverina, wo ertragsstarke Sorten wachsen, die permanent bewässert werden.

Auch Westaustralien produziert eine ganze Palette bemerkenswerter Weine. Man unterscheidet dabei mehrere Regionen. Margaret River, Great Southern und Pemberton haben ein eher frisches Klima, das ganz besondere Weine hervorbringt, während die Reben im Swan District deutlich mehr Wärme bekommen.

Am meisten Überraschungen bietet der Staat Victoria, der einst für seine Goldminen bekannt war. Hier findet man Weintypen, denen man sonst kaum begegnet. Zum Beispiel alkoholverstärkte Süßweine, die mit Portwein und Sherry in Konkurrenz treten können. Die Pinots Noirs des frischen Yarra Valley vergleichen manche Kenner mit großen Burgundern. Auch Glenrowan und das für seine Muskateller berühmte Rutherglen sind erwähnenswert. Um Melbourne herum liegen mehrere kleinere Weinbaugebiete.

Je weiter man nach Norden in die Nähe der großen Ebenen kommt, umso wärmer und kräftiger werden die Weine. Die subtilsten findet man in den frischeren Terroirs im südlichen Hügelgebiet.

Das üppige Yarra Valley östlich von Melbourne hat ein frisches Klima, und die Trauben reifen dort langsam.

Brokenwood

Die Geschichte dieses Gutes, das 1970 im Hunter Valley gegründet wurde, begann mit einem Spaß unter Freunden. Der ursprüngliche Weinberg sollte einem Cricketplatz weichen. Die erste Ernte transportierte man im Kofferraum eines Bentley zur Genossenschaft. Als neue Teilhaber dazustießen, wuchs das Gut, sodass man 1978 die berühmte Lage Gravyard Vineyard kaufen konnte.

Anbaugebiet: Hunter Valley
Anbaufläche und Ort: 14 ha in Pokolbin
Rebsorten: Shiraz (100%)
Anzahl Flaschen pro Jahr: 8400
Beste Jahrgänge: keine Angaben

Howard Park

Jeff und Amy Burch kauften 1986 dieses Landgut in der Nähe der kleinen Stadt Cowaramup, wo vor 50 Jahren die berühmte Weinbauregion Margaret River entstand. Zu Beginn war das Gut nur eine Schafzucht. Der Weinberg wurde mit den edelsten Rebsorten angelegt, denn das Ziel sind nur geringe Erträge.

Anbaugebiet: Margaret River
Anbaufläche und Ort: 3 ha in Mount Baker, 1,7 ha in Margaret River
Rebsorten: Cabernet-Sauvignon, Merlot, Cabernet Franc
Anzahl Flaschen pro Jahr: 12 000
Beste Jahrgänge: keine Angaben

Leeuwin Estate

Denis Horgan kaufte 1972 die Ländereien, auf denen sich das Weingut heute befindet. Erst wollte er dort Vieh züchten, dann pflanzte er auf Anregung von Robert Mondavi ab 1975 Reben. Die Weine der besten Parzellen bilden die berühmte »Art Series«, deren Etiketten von zeitgenössischen Künstlern entworfen werden.

Anbaugebiet: Margaret River
Anbaufläche und Ort: 141 ha in Margaret River
Rebsorten: Chardonnay
Anzahl Flaschen pro Jahr: 800 000
Beste Jahrgänge: 1982, 1995, 1997, 2000

Moss Wood

Das Zentrum der Weinbauregion Margaret River ging aus Weinbergen hervor, die australische Ärzte auf Anregung von Dr. Gladstones anlegten. Er verglich diese Region mit dem Bordeaux. Das war auch bei Bill Pannell der Fall, der 1969 in Wilyabrup dieses Gut gründete. Heute gehört es Keith und Claire Mugford.

Anbaugebiet: Margaret River
Anbaufläche und Ort: 10 ha in Wilyabrup
Rebsorten: Cabernet-Sauvignon, Cabernet Franc, Petit Verdot, Merlot
Anzahl Flaschen pro Jahr: 30 000
Beste Jahrgänge: 1975, 1983, 1991, 1999

Mount Langi Ghiran

Der Name dieses Gutes geht auf die Aborigines zurück und bedeutet: »Berg, wo der schwarze Kakadu mit dem gelben Schwanz wohnt«. Den Weinberg legten die Brüder Fratin 1963 an. Dann kaufte es 1987 Trevor Mast, der sich bis dahin um die Weinbereitung gekümmert hatte. Er verkaufte es 2002 an die Familie Rathbone, blieb aber weiter mit der Vinifizierung betraut.

Anbaugebiet: Victoria
Anbaufläche und Ort: Warrak Road
Rebsorten: Shiraz, Cabernet-Sauvignon
Anzahl Flaschen pro Jahr: 600 000
Beste Jahrgänge: 1989, 1993, 1996, 1999

Nicholson River Winery

Das Familienunternehmen im Staat Victoria begann als Hobby: Ken und Juliet Eckersley bepflanzten 1978 25 Hektar. Boden und Klima erwiesen sich als hervorragend, sodass 1985 Weingut und Keller offiziell gegründet wurden.

Anbaugebiet: Victoria
Anbaufläche und Ort: 8 ha in Gippsland
Rebsorten: Chardonnay (100%)
Anzahl Flaschen pro Jahr: 20 000–30 000
Beste Jahrgänge: keine Angaben

Stanton & Killeen

Timothy Stanton wanderte 1855 aus Suffolk ein und kaufte in Rutherglen ein Landgut mit Weinbergen. Der Kauf begründete die Weinbautradition der Familie. Als Norman Stanton ein Mädchen aus dem Hause Killeen heiratete, erhielt das Weingut seinen heutigen Namen. Die Leitung liegt jetzt in den Händen von Chris, Normans Sohn.

Anbaugebiet: Rutherford Glen
Anbaufläche und Ort: 36 ha in Jacks Road, Rutherglen
Rebsorten: Muscat à Petits Grains Rouge (100%)
Anzahl Flaschen pro Jahr: 15 000
Beste Jahrgänge: 1986, 1992, 1998, 2000

Warrenmang Vineyard

Das Weingut Warrenmang entstand 1974 im Staat Victoria in der Weinbauregion Pyrenees. Im Lauf der Jahre wuchs das Gut: erst kam ein zweiter Weinberg in Moonambel dazu, dann ein dritter in der Nähe von Avoca. Die insgesamt 25 Hektar gehören heute Luigi und Athalie Bazzani.

Anbaugebiet: Victoria
Anbaufläche und Ort: 23,5 ha in Moonambel
Rebsorten: Shiraz (100%)
Anzahl Flaschen pro Jahr: 11 000
Beste Jahrgänge: 1997, 1998, 2000

Wild Duck Creek Estate

Das Weinbaugebiet Heathcote liegt im Staat Victoria, nördlich von Melbourne. Den Traum vom eigenen Weinkeller realisierten Diana und David »Duck« Anderson 1980. Damals entschlossen sich die beiden Autodidakten, die ersten Reben zu pflanzen. Sie benannten sie nach Davids Vater, der bei ihrem Vorhaben sehr behilflich war.

Anbaugebiet: Victoria
Anbaufläche und Ort: 0,5 ha in Heathcote
Rebsorten: Cabernet-Sauvignon, Merlot, Malbec, Cabernet Franc, Petit Verdot, Shiraz
Anzahl Flaschen pro Jahr: keine Angaben
Beste Jahrgänge: 1986, 1997, 1998, 2000

Chile

In Chile wachsen mit die besten Weine Südamerikas, und das aus verschiedenen Gründen: Der Boden ist leicht und fruchtbar, das ozeanische Klima gemäßigt. Die Sonne scheint reichlich, und da die Reben nie vom Mehltau oder der Reblaus befallen wurden, wird ausschließlich wurzelechter Anbau betrieben.

Lange Zeit gab es in Chile nur Weinberge in der Umgebung der Klöster der spanischen Missionare. Dann dehnten sie sich so weit aus, dass Chile Mitte des 19. Jahrhunderts zum größten Weinproduzenten in Südamerika aufrückte. In jener Zeit führte man im Valle Central, wo heute noch die weitaus besten Terroirs liegen, die edelsten französischen Rebsorten ein, etwa Cabernet-Sauvignon, Pinot Noir, Sauvignon Blanc, Sémillon und Merlot. Als die Bordelaiser Winzer ihre von der Reblaus zerstörten Weinberge wieder aufbauen wollten, reimportierten sie diese Rebsorten aus Chile.

Von Norden nach Süden unterscheidet man drei große Weinbaugebiete. Sie sind von natürlichen Grenzen umgeben, etwa den Anden, der Küstenkordillere und der Atacama-Wüste. Der Weinbau konzentriert sich auf vier Regionen: Cognimbo, Aconcagua, Valle Central und Valle Sur – mit ihren jeweiligen Sub-Regionen.

Als bestes Anbaugebiet gilt Maipo, 100 Kilometer südlich von Santiago de Chile. Die besten Weißweine kommen aus der Region Casablanca nahe der pazifischen Küste.

In den Weinbergen der Region Casablanca, nahe des Pazifiks, wachsen vor allem Weißweine.

Casa Lapostolle

Dieses Weingut im Tal von Colchagua entstand 1994. Dazu taten sich die chilenische Familie Rabat und die französische Familie Marnier-Lapostolle zusammen. Die Marnier-Lapostolle stammen ursprünglich aus dem Loiretal, und man kennt sie vor allem als Gründer eines der bekanntesten Liköre der Welt, des Grand-Marnier.

Anbaugebiet: Colchagua
Anbaufläche und Ort: 49 ha in Colchagua (insgesamt)
Rebsorten: Merlot (100%)
Anzahl Flaschen pro Jahr: 180 000
Beste Jahrgänge: 1995, 1997, 1999, 2000

Cousino-Macul

Das 1856 gegründete Weingut Cousino-Macul ist das Einzige in Chile, das seit dem 19. Jahrhundert in den Händen derselben Familie verblieben ist. Der Name verbindet den des Gründers, Matias Cousino, mit dem der Region im Maipotal, nämlich Macul. Das Quechua-Wort bedeutet »rechte Hand«.

Anbaugebiet: Maipo-Tal
Anbaufläche und Ort: Maipo-Tal
Rebsorten: Cabernet-Sauvignon (100%)
Anzahl Flaschen pro Jahr: 2 500 000
Beste Jahrgänge: keine Angaben

Viña Los Vascos Domaines Barons de Rothschild (Lafite)

Um 1850 pflanzte Miguel Echenique Tagle die ersten französischen Rebsorten im Caneten-Tal. Von 1947 an rationalisierte man die Produktion. Die Besitzerfamilie wurde 1970 enteignet, bekam die 220 Hektar Rebberge 1980 aber wieder zurück und überließ sie Lafite-Rothschild. Die Rebfläche beträgt heute 580 Hektar.

Anbaugebiet: Colchagua
Anbaufläche und Ort: 500 ha in Colchagua
Rebsorten: Cabernet-Sauvignon (100%)
Anzahl Flaschen pro Jahr: 500 000
Beste Jahrgänge: 1995, 1997, 1999, 2000

Ernte im Weingut Caliterra des Curicó-Tales südlich von Santiago de Chile.

Veramonte

Der Weinberg von Veramonte ist der größte zusammenhängende in ganz Chile (über 350 Hektar). 1990 wählte Agustin Huneeus ihn wegen seines Bodens und seines Mikroklimas: Die Verhältnisse sind ähnlich wie im kalifornischen Napa Valley. Der Keller und die Gebäude sind das Werk des chilenischen Architekten Jorge Swinburn.

Anbaugebiet: Casablanca
Anbaufläche und Ort: Casablanca
Rebsorten: Carmenère (60%), Cabernet-Sauvignon (30%), Merlot (10%)
Anzahl Flaschen pro Jahr: 180 000
Beste Jahrgänge: keine Angaben

Der Einfluss des Klimas

Aufgrund seiner extremen Längsausdehnung verfügt Chile über unterschiedliche Klimazonen. Das schmale Band zwischen den Anden und der Küste, in dem Wein angebaut wird, misst zwischen Copiapó im Norden und Mulchén im Süden rund 1200 Kilometer.
Es gibt keinen Weinberg, der vom Meer oder von den Anden mehr als 100 Kilometer entfernt wäre. Das Klima schwankt von Ost nach West mehr als von Nord nach Süd. Nehmen wir als Beispiel die zentrale Ebene mit den Tälern von Maipó und Rapel. Die hier herrschenden günstigen Bedingungen mit frischen Nächten und warmen Tagen kann man mit dem Humboldtstrom erklären. Er fließt von Süden nach Norden und bringt kaltes Meerwasser aus der Antarktis mit sich. An der Westküste Südamerikas trifft er in der Nähe der Küstenkordillere auf wärmere Luft. So entstehen frische Morgennebel, die bis in die zentrale Ebene hineinreichen. Nachts fließt kalte Luft von den Gipfeln der Anden nach unten und trifft auf diese Morgennebel.
Kalte Nächte und warme Tage haben günstige Auswirkungen auf den Säuregehalt der Trauben. Die Fruchtaromen konzentrieren sich, der Geschmack wird stärker, die Farbe dunkler. Die vielen Flussläufe am Abhang der Anden erleichtern zusätzlich die Bewässerung.
Chile war übrigens das einzige Land, das nie unter der Reblaus zu leiden hatte.

USA und Kanada

Von kleinen kanadischen Gütern, die wenige Flaschen Eiswein keltern, bis zu den riesenhaften kalifornischen Weinbergen, die mehr produzieren als das Bordeaux und Burgund zusammengenommen: Nordamerika zeigt eine erstaunlich kontrastreiche Palette von Weinen und kann dabei, was Kraft und Raffinesse anbelangt, mit den besten europäischen Lagen mithalten.

Der nordamerikanische Weinbau war lange Zeit ein Schmelztiegel aller Weinbaukulturen der Alten Welt. An der Ostküste schlugen mehrere Versuche fehl, Reben dort heimisch zu machen. An der Westküste war dank der Missionstätigkeit der Spanier der Erfolg größer. Doch dann machten sich die Reblaus und die Prohibition auf grausame Weise bemerkbar. Man musste das Ende des Zweiten Weltkriegs abwarten, damit die Amerikaner das alte Europa, den Geschmack guter Weine und die Lust, sie zu trinken und selbst zu produzieren, kennen lernten. Innerhalb von ungefähr 30 Jahren erreichten einige kalifornische Weine aus Chardonnay und Cabernet-Sauvignon eine mindestens so hohe Qualität wie die entsprechenden Weine aus dem Bordeaux und dem Burgund. Kalifornien zählt heute mit dem berühmten Napa Valley und dem Sonoma Valley sowie den Bereichen Santa Clara und Santa Cruz zu den führenden Weinbauregionen der Welt. Entscheidende Faktoren sind die Natur des Bodens und das Klima, aber auch die Existenz eines kenntnisreichen Publikums sowie passionierter Winzer. Man darf aber nicht vergessen, dass es auch andere, von der Sonne nicht so verwöhnte Weinbauregionen an der Pazifikküste gibt – mit anderen Rebsorten.

Dank der Bewässerung erstrecken sich Rebflächen im Central Valley über weite Strecken.

Kalifornien

Vielfältige natürliche Gegebenheiten, eine ultramoderne Technik, ein ungewöhnliches Know-how, eine alles verzehrende Leidenschaft für den Wein: Das sind die Gründe für den spektakulären Erfolg der kalifornischen Weine im 20. Jahrhundert. Hier herrschen aufgrund mehrerer Gebirgsketten längs der Küste zahlreiche verschiedene Mikroklimate. Am besten für den Weinbau eignen sich die frischesten Lagen im Norden. Im Jahre 1983 stellten die Amerikaner mit den AVAs (American Viticultural Areas) eine gewisse Klassifikation auf. Es handelt sich dabei aber nur um Ursprungsbezeichnungen ohne eine Reglementierung.

Manche Gegenden eignen sich besonders für bestimmte Rebsorten und damit auch Weinstile. Das etwa 40 Kilometer lange Napa Valley nördlich von San Francisco ist in dieser Hinsicht die berühmteste Region in Kalifornien. Hier liegen die bekanntesten Produzenten dicht nebeneinander. Sie keltern vor allem Cabernet-Sauvignon, besonders in den Bereichen Stag's Leap und Rutherford, sowie hochklassige Merlots. Sonoma County liegt dem Pazifik etwas näher und bietet eine größere Vielfalt an Böden, Mikroklimaten und somit auch Weinen – ebenso gute weiße wie rote. Erwähnt seien hier zum Beispiel die Bereiche Dry Creek Valley und Russian River Valley, wo der Zinfandel, eine typisch kalifornische Rebsorte, mit einem trockenen, nach Gewürzen duftenden Rotwein seinen Höhepunkt erreicht. Etwas weiter südlich liegt die Region Los Carneros, wo häufiger Nebel auftreten. Sie ist für ihren Chardonnay ebenso bekannt wie für den Pinot Noir. Mendocino County im Norden ist das kühlste der kalifornischen Weinbaugebiete, und man pflanzt dort überwiegend Weißweinreben an.

Im Süden von San Francisco bis nach Los Angeles folgen an der Küste mehrere große Weinbaugebiete aufeinander. Die wichtigsten sind Santa Cruz und Santa Clara. Dann folgen Monterey County, San Luis Opispo County und schließlich Santa Barbara County.

Im kühleren Gebiet von Sonoma Coast wachsen die Reben zu Füßen kleiner Hügel.

Araujo Estate

Dieses Landgut liegt östlich von Calistoga im Napa Valley und produziert auch Olivenöl und Honig. Besonders bekannt ist es aber für seinen Weinberg namens »Eisele«. Er existiert seit über 120 Jahren und ist seit 1964 mit Cabernet-Sauvignon bestockt. Der Wein gilt so viel wie ein Premier Cru aus dem Bordeaux.

Anbaugebiet: Napa Valley
Anbaufläche und Ort: 12 ha in Calistoga
Rebsorten: Cabernet-Sauvignon, Cabernet Franc, Merlot, Petit Verdot
Anzahl Flaschen pro Jahr: 20 000
Beste Jahrgänge: 1994, 1995, 1999

Clos Pegase Winery

Im äußersten Norden des Napa Valley, bei Calistoga, liegt der Clos Pegase, gegründet von Jan Shrem. Nachdem er im japanischen Verlagswesen, wo er auch seine Frau Mitsuko kennen lernte, ein Vermögen gemacht hatte, widmete er sich dem Wein und der Kunst. 1987 ließ er ein spektakuläres Gebäude errichten: Keller, Museum, Wohnhaus und Bühne in einem.

Anbaugebiet: Napa Valley
Anbaufläche und Ort: 170 ha in Carneros, Calistoga
Rebsorten: Cabernet-Sauvignon
Anzahl Flaschen pro Jahr: 540 000
Beste Jahrgänge: 1990, 1994, 1997

Robert Craig

Das kleine handwerklich geprägte Weingut im Napa Valley, gegründet 1992, hat sich auf die Produktion von Cabernetweinen spezialisiert. Die Philosophie des Unternehmens beruht auf dem Konzept »Zwei Berge und ein Tal«. Das entspricht drei außergewöhnlichen, limitierten Cabernet-Sauvignons: »Affinity«, »Mt. Veeder« und »Howell Mountain«.

Anbaugebiet: Napa Valley
Anbaufläche und Ort: Howell Mountain, östlich von Santa Elena
Rebsorten: Cabernet-Sauvignon (100%)
Anzahl Flaschen pro Jahr: 7800
Beste Jahrgänge: 1994, 1997, 1999, 2000

Diamond Creek Vineyards

Al Brounstein, der das Burgund und seine Weine sehr liebt, gab seinen Posten in einer großen Pharmafirma auf und baute sich in Calistoga, am Ende des Napa Valley, ein Weingut auf. Jede einzelne Parzelle ergibt hier einen anderen Wein. Volcanic Hill ist eines von vier Terroirs von Diamond Creek.

Anbaugebiet: Napa Valley
Anbaufläche und Ort: 3,2 ha in Diamond Mountain
Rebsorten: Cabernet-Sauvignon (88%), Merlot (8%), Cabernet Franc (2%), Petit Verdot (2%)
Anzahl Flaschen pro Jahr: keine Angaben
Beste Jahrgänge: keine Angaben

Dominus

Christian Moueix entschied sich 1982, von Robert Mondavi darauf aufmerksam gemacht, einen Weinberg namens »Napanook« zu kaufen. Dort wird schon seit einem Jahrhundert Merlot angebaut. Die ersten Jahrgänge zeigten auf dem Etikett Moueix' Porträt; jedes Mal von einem anderen Künstler gezeichnet. Seit 1991 genügt seine Unterschrift.

Anbaugebiet: Napa Valley
Anbaufläche und Ort: 48 ha in Yountville
Rebsorten: Cabernet-Sauvignon (80%), Cabernet Franc (10%), Merlot (7%), Petit Verdot (3%)
Anzahl Flaschen pro Jahr: 70 000
Beste Jahrgänge: 1991, 1994, 1996, 1999

Grace Family Vineyards

Das Landgut entstand in den 1970er-Jahren als Zeitvertreib einer Familie, die sich auf dem Land niedergelassen hatte. Unter dem Einfluss von Dick und Ann Grace nahm dessen Bedeutung und Wert jedoch zu. Heute werden sie von ihrem Sohn Kirk unterstützt, der das Weingut im Napa Valley biodynamisch bewirtschaftet.

Anbaugebiet: Napa Valley
Anbaufläche und Ort: nördlich von Santa Elena
Rebsorten: Cabernet-Sauvignon (100%)
Anzahl Flaschen pro Jahr: 3500
Beste Jahrgänge: keine Angaben

Die Weinberge des Russian River Valley heben sich im Herbst vom Grün der Nadelwälder ab.

Der Zinfandel: eine kalifornische Spezialität

Diese rote Rebsorte gelangte im 19. Jahrhundert an die amerikanische Westküste. Wahrscheinlich stammt sie von einer süditalienischen Sorte ab, dem Primitivo. Im Norden Kaliforniens gewinnt man aus dem Zinfandel sowohl körperreiche, trockene Rotweine als auch Rosés, die als »White Zinfandel« bezeichnet werden und süß sind.

Am besten gedeiht der Zinfandel in einem verhältnismäßig frischen Klima unter nicht allzu starker Bewässerung. Die Trauben alter Rebstöcke wie im Russian River Valley ergeben einen intensiven aromatischen Rotwein voller Frucht- und Gewürzaromen. Außerhalb Kaliforniens wächst der Zinfandel auch in Südamerika, Südafrika und Australien.

Grgich Hills Cellar

Im Jahre 1956 verließ der Winzersohn Miljenko Grgich Kroatien und ließ sich mit ein paar Dollar in der Tasche in Rutherford im Napa Valley nieder. Mittlerweile gehört er zu den besten Winzern des Napa Valley.

Anbaugebiet: Napa Valley
Anbaufläche und Ort: 146 ha (insgesamt) in Carneros, Yuntville, Rutherford und Calistoga
Rebsorten: Cabernet-Sauvignon (ca. 90%), Merlot (ca. 8%), Cabernet Franc (ca. 2%)
Anzahl Flaschen pro Jahr: 100 000
Beste Jahrgänge: 1995, 1997, 1999, 2000

Hartford Family Winery

Das Familiengut hat seinen Sitz in Forest Hill im Russian River Valley, Sonoma County. Don und Jennifer Hartford gründeten es 1993 und suchten sich dazu die kühlsten Lagen im Bereich des Green Valley aus. Sie eigenen sich ideal für drei Rebsorten: Chardonnay, Pinot Noir und Zinfandel.

Anbaugebiet: Sonoma Country
Anbaufläche und Ort: 3,2 ha im Russian River Valley
Rebsorten: Pinot Noir (100%)
Anzahl Flaschen pro Jahr: 3600
Beste Jahrgänge: 1994, 1999, 2001, 2002

Kistler Vineyards

Das Landgut, das den Namen von Steve und Mark Kistler trägt, wurde 1979 gegründet und befindet sich im Russian River Valley, Sonoma County, nördlich von San Francisco. Hier wächst der Chardonnay besonders gut. Das Weinbereitungsverfahren ist wie im Burgund, allerdings unter Einsatz modernster Technik.

Anbaugebiet: Sonoma Country
Anbaufläche und Ort: Russian River Valley
Rebsorten: Chardonnay (100%)
Anzahl Flaschen pro Jahr: 140 000
Beste Jahrgänge: keine Angaben

Kunde Estate Winery

Die Ursprünge dieses Gutes reichen ins Jahr 1884 zurück. Damals wanderte Louis Kunde aus Deutschland aus und ließ sich in Kalifornien nieder. 1904 kaufte er von James Haw den Weinberg Wildwood, der 1879 angelegt worden war. Heute wird das Weingut von der fünften Generation geleitet.

Anbaugebiet: Sonoma Country
Anbaufläche und Ort: 320 ha in Kenwood (insgesamt)
Rebsorten: Chardonnay; Sauvignon Blanc, Zinfandel, Viognier
Anzahl Flaschen pro Jahr: 120 000
Beste Jahrgänge: 1995, 1997, 2000, 2001

Landmark Vineyards

Das kleine Familienunternehmen wurde 1974 in Windsor, Sonoma County, gegründet. Auf Initiative von Damaris Deere Ethridge zog man nach Keenwood um. Damaris ist die Ururenkelin von John Deere, der 1838 den Stahlpflug erfand. Sie wünschte sich eine Lage, die einen Weltklasse-Chardonnay liefern würde.

Anbaugebiet: Sonoma Country
Anbaufläche und Ort: 4 ha in Santa Rosa
Rebsorten: Chardonnay (100%)
Anzahl Flaschen pro Jahr: 3600
Beste Jahrgänge: 1998, 1999, 2000

Laurel Glen Vineyard

Patrick und Faith Campbell übernahmen Laurel Glen 1977. Die Rebstöcke des Cabernet-Sauvignon wurden 1968 gepflanzt und wurzeln in einem steinigen vulkanischen Boden im gebirgigen Teil des Sonoma County. Das Weingut besitzt einen weiteren Weinberg in der Region Lodi im Central Valley sowie einen dritten in Argentinien.

Anbaugebiet: Sonoma Country
Anbaufläche und Ort: 16 ha in Sonoma Mountain
Rebsorten: Cabernet-Sauvignon (100%)
Anzahl Flaschen pro Jahr: 10 000
Beste Jahrgänge: 1985, 1991, 1999, 2001

In Carneros ergeben das frische Klima und die tonigen Böden sehr gelungene Merlots (folgende Doppelseite).

Der Pinot Noir gedeiht in Sonoma, oberhalb von 400 Metern und damit über der Nebeldecke, sehr gut.

Die ältesten Weinberge am nördlichen Küstenabschnitt wurden gegen Ende des 19. Jahrhunderts von Italienern angelegt.

Matanzas Creek Winery

Das Weingut wurde 1977 an der Stelle eines alten Milchbetriebes im Bennett Valley zwischen Santa Rosa und Kenwood, Sonoma County, gegründet. Schon 1980 machte das Gut von sich reden. Die Gründer Sandra und Bill MacIver übergaben den Betrieb im Jahre 2000 ihren Freunden Barbara Banke und Jess Jackson.

Anbaugebiet: Sonoma Country
Anbaufläche und Ort: 32 ha im Bennett Valley
Rebsorten: Merlot (100%)
Anzahl Flaschen pro Jahr: keine Angaben
Beste Jahrgänge: 1992, 1994, 1996, 1997

Weitere große Weine …

Araujo Estate

Syrah »Eisele Vineyard«
Anbaugebiet: Napa Valley
Anbaufläche und Ort: 2 ha in Calistoga
Rebsorten: Syrah (100%)
Anzahl Flaschen pro Jahr: 5000
Beste Jahrgänge: 1994, 1995, 1999

Hartford Family Winery

Hartford Vineyard Zinfandel
Anbaugebiet: Sonoma Country
Anbaufläche und Ort: 3,2 ha
Rebsorten: Zinfandel (100%)
Anzahl Flaschen pro Jahr: 3600
Beste Jahrgänge: 1994, 1999, 2000, 2001

Chateau Montelena Winery

Im Januar 1882 entschloss sich Alfred L. Tubbs, Ländereien im Norden von Calistoga zu Füßen des Mount Saint Helena zu kaufen. Sie haben einen kiesigen, gut wasserdurchlässigen Boden – ideal für den Weinbau. Das Chateau wurde in den folgenden Jahren errichtet. Die Renaissance des Weingutes geht auf James Barrett und das Jahr 1972 zurück.

Anbaugebiet: Napa Valley
Anbaufläche und Ort: 48 ha in Calistoga, 12 ha im Oak Knoll District
Rebsorten: Cabernet-Sauvignon, Zinfandel
Anzahl Flaschen pro Jahr: 420 000
Beste Jahrgänge: 1978, 1991, 1997, 1999

Mount Eden Vineyards

Die Entstehung dieses Gutes geht auf Paul Masson zurück, der 1878 das Burgund verließ und sich in Kalifornien niederließ. Martin Ray, der Gründer des heutigen Weingutes, kaufte ihm das Landgut ab, gab es weiter und gründete ein neues Unternehmen. 1942 pflanzte er seine ersten Chardonnay-Reben auf der Anhöhe des Mount Eden.

Anbaugebiet: Santa Cruz Mountains
Anbaufläche und Ort: 8 ha in den Santa Cruz Mountains
Rebsorten: Chardonnay (100%)
Anzahl Flaschen pro Jahr: 16 000
Beste Jahrgänge: 1981, 1987, 1992, 1999

Newton

Dieses 1977 gegründete Weingut liegt auf spektakulären terrassenförmigen Hügeln in der AVA »Spring Mountain District«, Napa Valley. Das Gut erinnert an chinesische Landschaften und englische Gärten: Peter Newton ist ursprünglich Brite, seine Frau Su Hua Newton, die sich auch um die Weinbereitung kümmert, stammt aus China.

Anbaugebiet: Napa Valley
Anbaufläche und Ort: Carneros, Napa Valley
Rebsorten: Chardonnay (100%)
Anzahl Flaschen pro Jahr: 48 000
Beste Jahrgänge: 1982, 1994, 1997, 1999

Die Klassifizierung der Weine

Als die amerikanischen, vor allem die kalifornischen Weine zu Beginn der 1980er-Jahre eine internationale Rolle zu spielen begannen, wurde eine Reglementierung notwendig. Bis zu jenem Zeitpunkt hatte man sich begnügt, auf den Etiketten eventuell den Distrikt (County) anzugeben. Schon die Rebsorte wurde oft nicht genannt. So entstand 1983 das von den französischen »Appellations Contrôlées« inspirierte System der AVAs, der »American Viticultural Areas«. Über die AVAs wacht die amerikanische Bundesbehörde für Alkohol, Tabak und Feuerwaffen. Für die Grenzziehung der AVAs waren topografische und klimatische, nicht bodenkundliche Faktoren ausschlaggebend. Heute zählt man in den USA über 160 AVAs, über die Hälfte davon in Kalifornien. Auf dem Etikett ist in der Regel die dominierende Rebsorte angegeben. In diesem Fall muss der Wein zu 75 Prozent aus Trauben dieser Sorte bestehen.

Im Unterschied zu den Verhältnissen in Europa stellen die Angaben aber keine Qualitätsgarantie dar. Die einzige Garantie ist der Name des Produzenten. Dies verlangt vom Konsumenten eine erhebliche Kenntnis des Marktes.

Neyers Vineyards

Bruce und Barbara Neyers gründeten das Weingut 1992 und zogen 1999 um in einen renovierten Keller auf den Hügeln über Rutherford im Napa Valley. Um die Vinifizierung kümmert sich Ehren Jordan, der zwei Jahre in Frankreich, in Cornas, zubrachte und Erfahrungen bei Jean-Luc Colombo sammelte.

Anbaugebiet: Napa Valley
Anbaufläche und Ort: Carneros
Rebsorten: Syrah (100%)
Anzahl Flaschen pro Jahr: ca. 9000
Beste Jahrgänge: keine Angaben

Niebaum-Coppola Estate Winery

Das alte Weingut, das Gustave Niebaum 1879 gründete, kaufte 1975 Francis Ford Coppola. Es liegt im oberen Napa Valley. Der erste Rubicon kam 1978 auf den Markt. Er wurde nach Anleitung von André Tchelistcheff gekeltert, dem schon zu Lebzeiten (1901–1994) legendären Önologen.

Anbaugebiet: Napa Valley
Anbaufläche und Ort: Garden, Gio und Cask
Rebsorten: Cabernet-Sauvignon (94%), Merlot (3%), Cabernet Franc (3%)
Anzahl Flaschen pro Jahr: 5700
Beste Jahrgänge: keine Angaben

Sonoma hat unter allen Countys im Norden von San Francisco – dank der frischen Meeresbrisen – das kühlste Klima.

Die »Châteaux« erinnern hier nicht an das Bordeaux, sondern an die Zeit der Pioniere.

Opus One

Opus One ist die Frucht der einzigartigen Verbindung zwischen dem Bordeaux und dem Napa Valley. Bei diesem Wein arbeiteten Philippe de Rothschild und Robert Mondavi zusammen. Mondavi gründete das Weingut 1966. 1979 kam Opus One erstmals heraus: mit 24 000 Flaschen.

Anbaugebiet: Napa Valley
Anbaufläche und Ort: Oakville
Rebsorten: Cabernet-Sauvignon (97%), Merlot (2%), Cabernet Franc (1%)
Anzahl Flaschen pro Jahr: keine Angaben
Beste Jahrgänge: keine Angaben

Joseph Phelps Vineyards

Das Weingut, das Joseph Phelps 1972 gründete, liegt in der Nähe von St. Helena im Spring Valley. Phelps führte mehrere bemerkenswerte Neuerungen ein. Zu ihnen zählt auch der Insignia-Jahrgang 1974, der 1978 auf den Markt kam. Er war die erste Assemblage im Bordelaiser Stil, die unter dem Namen des Besitzers verkauft wurde.

Anbaugebiet: Napa Valley
Anbaufläche und Ort: Yountville, St. Helena
Rebsorten: Cabernet-Sauvignon, Merlot, Petit Verdot, Malbec, Cabernet Franc (manchmal)
Anzahl Flaschen pro Jahr: 180 000
Beste Jahrgänge: 1994,1997, 1999, 2001

Bien Nacido Vineyards

Das Weingut liegt im Anbaugebiet Santa Barbara County, drei Autostunden von Los Angeles entfernt. Es war eines der ersten Güter in Kalifornien, die aus den für das Rhônetal typischen Rebsorten hervorragende Weine kelterten. Der »Qupé« beispielsweise ist ein sortenreiner Syrah.

Anbaugebiet: Santa Barbara
Anbaufläche und Ort: 44 ha in Santa Maria (insgesamt)
Rebsorten: Syrah (100%)
Anzahl Flaschen pro Jahr: 12 000 (insgesamt)
Beste Jahrgänge: 1999, 2001

A. Rafanelli Winery

Die Familie Rafanelli lebt seit vier Generationen im Dry Creek Valley (Sonoma Valley). Im Erdbebenjahr 1906 kam Albert Rafanelli mit seiner Frau Letizia nach San Francisco. Als Zimmermann fand er sofort Arbeit und verdiente genug, um sich später als Winzer niederlassen zu können.

Anbaugebiet: Sonoma Valley
Anbaufläche und Ort: 34 ha im Dry Creek Valley, Sonoma County
Rebsorten: Zinfandel (100%)
Anzahl Flaschen pro Jahr: 120 000
Beste Jahrgänge: 1995, 1997, 1999

Weitere große Weine …

Newton

Merlot Unfiltered
Anbaugebiet: Napa Valley
Anbaufläche und Ort: Napa Valley
Rebsorten: Merlot, Cabernet Franc (geringer Prozentsatz)
Anzahl Flaschen pro Jahr: 156 000
Beste Jahrgänge: 1982, 1994, 1999, 2001

Joseph Phelps Vineyards

Cabernet-Sauvignon
Anbaugebiet: Napa Valley
Anbaufläche und Ort: 8,6 ha in Oakville
Rebsorten: Cabernet-Sauvignon (100%)
Anzahl Flaschen pro Jahr: 12 000
Beste Jahrgänge: 1994, 1995, 1997, 1999

Vérité

La Muse
Anbaugebiet: Sonoma County
Anbaufläche und Ort: Bennett Valley, Knights Valley, Alexander Valley
Rebsorten: Merlot, Cabernet-Sauvignon, Cabernet Franc
Anzahl Flaschen pro Jahr: 6000
Beste Jahrgänge: 1998, 1999, 2000, 2001

Vérité

La Joie
Anbaugebiet: Sonoma County
Anbaufläche und Ort: Bennett Valley, Knights Valley, Alexander Valley
Rebsorten: Cabernet-Sauvignon, Merlot, Cabernet Franc
Anzahl Flaschen pro Jahr: 6000
Beste Jahrgänge: 1998, 1999, 2000, 2001

Chateau St. Jean

Das Chateau St. Jean liegt eine Autostunde nördlich von San Francisco und wurde 1920 als Sommerresidenz für Ernest Goff und seine Familie gebaut. Das Weingut wurde 1973 gegründet und gehört zu Beringer Blass Wine Estates.

Anbaugebiet: Sonoma Valley
Anbaufläche und Ort: Sonoma Valley
Rebsorten: Cabernet-Sauvignon (76%), Merlot (16%), Malbec (5%), Cabernet Franc (2%), Petit Verdot (1%)
Anzahl Flaschen pro Jahr: keine Angaben
Beste Jahrgänge: keine Angaben

Scherrer Winery

Das kleine, handwerklich geprägte Gut von Fred Scherrer ist bekannt für seinen Pinot Noir und seinen Chardonnay vom Russian River. Sein Stil der Weinbereitung ist sehr kalifornisch. Der Zinfandel stammt von alten Rebstöcken im Alexander Valley. Hier lernte Fred Scherrer unter der Anleitung des Vaters sein Handwerk.

Anbaugebiet: Alexander Valley
Anbaufläche und Ort: 11 ha in Alexander Valley
Rebsorten: Zinfandel, Cabernet-Sauvignon, Chardonnay
Anzahl Flaschen pro Jahr: 60 000
Beste Jahrgänge: 1993, 1999

Die Lagerung in Eichenfässern ist ein wichtiger Faktor bei der Entstehung eines großen Weines.

Shafer Vineyards

Das Weingut im Napa Valley ist vor allem für seinen Cabernet-Sauvignon Hillside Select aus dem Stags Leap District bekannt: eine der Bastionen der kalifornischen Cabernets. Seine Qualität verdankt er unter anderem dem Meeresklima in der Bucht von San Pablo, das die Trauben langsam reifen lässt.

Anbaugebiet: Napa Valley
Anbaufläche und Ort: 74 ha im Napa Valley, 22 ha im Stags Leap District
Rebsorten: Cabernet-Sauvignon (100%)
Anzahl Flaschen pro Jahr: 384 000
Beste Jahrgänge: keine Angaben

Siduri Wines

»Siduri« heißt die Göttin des Weins in der babylonischen Mythologie. Diesen Namen wählten Dianna und Adam Lee, die sich in Wein allgemein und den Pinot Noir im Besonderen verliebt haben. Sie gründeten ihr Weingut 1994. Ihr bester Weinberg heißt »Pisoni« und liegt in den Hügeln von Santa Lucia nahe Monterey.

Anbaugebiet: Santa Lucia
Anbaufläche und Ort: 1,6 ha in den Santa Lucia Highlands
Rebsorten: Pinot Noir (100%)
Anzahl Flaschen pro Jahr: 4000
Beste Jahrgänge: 1999, 2000

Sine Qua Non

Dieser Ausdruck bedeutet so viel wie »unerlässlich« und bezieht sich hier auf Qualitätsweine. Manfred Krankl suchte solche Weine für seine Restaurants in Los Angeles. Um den eigenen Anspruch zu befriedigen, gründete er seinen eigenen kleinen Weinbaubetrieb, in dem er so genannte »Garagenweine« produziert: hochwertige, innovative Gewächse.

Anbaugebiet: Santa Barbara
Anbaufläche und Ort: 8,8 ha in Santa Ynez Valley
Rebsorten: Syrah, Grenache, Roussanne
Anzahl Flaschen pro Jahr: 35 000
Beste Jahrgänge: 1994, 1997, 2000

Stag's Leap Wine Cellars

Das Weingut verdankt seinen Namen einer indianischen Legende. Ihr zufolge soll ein Hirsch (»stag«) seinen Verfolgern durch einen einzigen Satz (»leap«) über einen Canyon entkommen sein. Das Renommee des Gutes geht auf Warren Winiarski zurück. Er gab seine Professur zugunsten des Weinbaus auf.

Anbaugebiet: Napa Valley
Anbaufläche und Ort: 14,4 ha in Fay, 25,6 ha im Stags Leap District
Rebsorten: Cabernet-Sauvignon und geringe Anteile von Petit Verdot und/oder Merlot
Anzahl Flaschen pro Jahr: keine Angaben
Beste Jahrgänge: keine Angaben

Philip Togni Vineyard

Im Jahre 1983 lernte Philip Togni seine Frau kennen und entschied sich, in Spring Mountain im Napa Valley, wo er zwei Jahre zuvor seine ersten Rebstöcke gepflanzt hatte, eine eigene Kellerei aufzubauen. Die Weinbereitung hatte er bei Emile Peynaud gelernt. Die ganze Familie arbeitet mit, und das Schmuckstück ist dieser Cabernet-Sauvignon.

Anbaugebiet: Napa Valley
Anbaufläche und Ort: Spring Mountain
Rebsorten: Cabernet-Sauvignon, Cabernet Franc, Merlot, Petit Verdot, Black Hamburg
Anzahl Flaschen pro Jahr: 24 000
Beste Jahrgänge: 1990, 1994, 1997, 1999

Vérité

Diese Kellerei kauft die besten Trauben aus unterschiedlichen Lagen des Sonoma County und stellt daraus drei Arten von Weinen her, deren Vorbild im Bordeaux angesiedelt ist: Pomerol, Pauillac und Saint-Emilion. Der französische Name des Unternehmens soll Authentizität vermitteln.

Anbaugebiet: Sonoma Valley
Anbaufläche und Ort: Bennett Valley, Knights Valley, Alexander Valley
Rebsorten: Merlot, Cabernet Franc, Cabernet-Sauvignon
Anzahl Flaschen pro Jahr: 6000
Beste Jahrgänge: 2000, 2001, 2002

Viader Vineyards & Winery

Delia Viader stammt ursprünglich aus Argentinien, ließ sich aber in Kalifornien nieder, wo ihr Vater ein Grundstück oberhalb von St. Helena im Napa Valley gekauft hatte. Die Anfänge des Unternehmens liegen im Jahr 1989, und die Assemblage ist im Stil von Saint-Emilion gehalten. Diesem Weintyp will sich Delia Viader ganz widmen.

Anbaugebiet: Napa Valley
Anbaufläche und Ort: 14 ha in Deer Park
Rebsorten: Cabernet-Sauvignon, Cabernet Franc, Petit Verdot, Syrah
Anzahl Flaschen pro Jahr: bis 55 000
Beste Jahrgänge: 1991, 1995, 1998, 1999

Chateau Woltner

Im Jahre 1877 bauten zwei Franzosen in Howell Mountain ein Weingut auf. 1981 übernahmen es Francis Dewavrin und seine Frau Françoise Woltner, deren Familie das Château La Mission-Haut Brion besaß. Unter den Parzellen des Gutes, die strahlenförmig um einen Hügel herum liegen, ist die nach Süden exponierte Lage Titus am wertvollsten.

Anbaugebiet: Napa Valley
Anbaufläche und Ort: Carneros und Howell Mountain
Rebsorten: Chardonnay (100%)
Anzahl Flaschen pro Jahr: 6000
Beste Jahrgänge: keine Angaben

Auf fruchtbaren und produktiven Böden tragen ausgewählte Schnittverfahren zur Qualität der Trauben bei.

Washington, Oregon und Kanada

Die Staaten Washington und Oregon bilden den pazifischen Nordwesten der USA. Der Weinbau ist hier noch jüngeren Datums und begann erst in den 1970er-Jahren. Die klimatischen Bedingungen sind stellenweise schwieriger als in Kalifornien, doch die Produktion von Qualitätsweinen ist durchaus möglich.

Das Klima ist gemäßigt, und die Sonnenscheindauer im Sommer sorgt für eine gute Reifung der Trauben. Parallel zur Küste verläuft das Gebirge der »Cascades«. In Oregon liegen die Weinberge im Wesentlichen westlich davon und sind mit Pinot Noir bepflanzt. Obwohl diese Rebsorte empfindlich ist und sich außerhalb des Burgund, ihrer Heimat, nur schwer anpasst, keltert man in Oregon daraus typische, ehrgeizige Weine. Unter den Weißweinreben Oregons sind vor allem Pinot Gris, Pinot Blanc und Chardonnay zu nennen.

Die meisten Weinberge im Staat Washington liegen östlich des Kaskadengebirges. Vor allem das Yakima Valley liegt so sehr im Regenschatten, dass die Reben weitgehend auf Bewässerung angewiesen sind. Die Weine dieses Bundesstaates gelten als reich und intensiv. Der Pinot Noir macht hier dem Cabernet-Sauvignon und dem Merlot Platz. Unter den Weißweinreben nutzt man Chardonnay, Sémillon, Sauvignon Blanc und auch Riesling. Beide Staaten in dieser wenig bekannten pazifischen Region verfügen über besonders gute Terroirs. In Oregon zum Beispiel die Dundee Hills im Willamette Valley und in Washington das Walla Walla Valley.

Nach Meinung von Kennern hängt die Weinqualität jedoch mehr vom Produzenten als von der Herkunftsregion ab. Weine aus Oregon sind stets verhältnismäßig teuer, weil ein intensiver Anbau dort nicht möglich ist.

Im frischen feuchten Tal von Willamette bringt der Pinot Noir gute Ergebnisse.

Cristom

Der Bundesstaat Oregon ist für seinen Pinot Noir bekannt. Die Ähnlichkeiten mit dem Burgund reichen aber noch weiter. Das Klima ist frisch und verhältnismäßig regnerisch. Die Winzerbetriebe sind meist kleine Familienunternehmen. Das gilt auch für Cristom, gegründet von Paul und Eileen Gerrie. Sie benannten ihr Weingut nach ihren beiden Kindern Christine und Tom.

Anbaugebiet: Willamette Valley
Anbaufläche und Ort: 3 ha in Eloa Hills
Rebsorten: Pommard, Wadensville
Anzahl Flaschen pro Jahr: 6000
Beste Jahrgänge: 1994, 1996, 1999

Leonetti Cellar

Garry Figgins benannte sein Weingut nach seinen Großeltern mütterlicherseits, den italienischen Einwanderern Frank und Rose Leonetti, die sich im Columbia Valley niederließen. Seine ersten Weine kelterte er 1978. Als Autodidakt will er nur kleine Mengen produzieren.

Anbaugebiet: Walla Walla Valley
Anbaufläche und Ort: 16 ha im Walla Walla Valley
Rebsorten: Cabernet-Sauvignon (80–90%), Merlot (5–20%), Cabernet Franc (0–10%), Petit Verdot (0–8%)
Anzahl Flaschen pro Jahr: 7000
Beste Jahrgänge: 1980, 1989, 1996, 1998

Panther Creek

Die meisten und besten Weine in Oregon stammen vom Willamette Valley, das sich von Eugene im Süden bis nach Portland im Norden erstreckt. Die Kellerei Panther Creek in McMinnville, gegründet von Ron und Linda Kaplan, ist für ihren Pinot Noir bekannt. Er stammt von einem einzelnen Weinberg, der die ersten Flaschen 1986 ergab.

Anbaugebiet: Willamette Valley
Anbaufläche und Ort: 25 ha im Willamette Valley
Rebsorten: Pinot Noir (100%)
Anzahl Flaschen pro Jahr: 90 000
Beste Jahrgänge: 1994, 1998, 1999, 2000

Wein aus einer Wüste

Die Landschaft im Norden des Staates Washington, an der kanadischen Grenze, sieht wüstenhaft, unwirtlich, fast wie auf dem Mond aus. Zunächst scheint sie dem Weinbau kaum die richtigen Bedingungen zu bieten. Ohne Eingriff des Menschen würde man nur ein Trockental erkennen, das von erodierten Hügelzügen umgeben ist und von zwei Flüssen durchquert wird: dem Yakima und dem Columbia. Erst die Bewässerung verwandelte das Yakima Valley in eine Region für den Obst- und Gemüseanbau und vor allem in eine Weinbauregion. Die sandigen Böden, die Wasser kaum zurückhalten, machen eine Bewässerung absolut notwendig. Die Weinberge liegen auf verhältnismäßig niedrigen Anhöhen, an Südhängen oder in Flussnähe. Die Kälte des Winters macht den Reben mehr zu schaffen als die Hitze des Sommers. Bei den Rotweinsorten spielen Syrah, Merlot, Cabernet-Sauvignon und Sangiovese die Hauptrollen. Gut angepasst hat sich auch die ursprünglich württembergische Sorte Lemberger. Bei den Weißweinen erzielt man die besten Ergebnisse mit Riesling. Mengenmäßig allerdings überwiegt Chardonnay, gefolgt von Sauvignon. Eine Sorte aus dem Rhônetal holt allerdings auf, der Viognier.

Chateau Ste Michelle

Das 1934 gegründete Weingut ist das älteste Unternehmen dieser Art im Staat Washington. In verschiedenen Bereichen leistete es Pionierarbeit: bei den Kulturverfahren ebenso wie bei neuen Methoden der Vinifizierung. Hier wurden zum ersten Mal die Abläufe bei der Bereitung des Weißweins (Chardonnay) und des Rotweins (Cabernet-Sauvignon) vollständig voneinander getrennt.

Anbaugebiet: Colombia Valley
Anbaufläche und Ort: Colombia Valley
Rebsorten: Chardonnay (100%)
Anzahl Flaschen pro Jahr: keine Angaben
Beste Jahrgänge: keine Angaben

Ken Wright Cellar

Das Willamette Valley liegt gut geschützt zwischen dem Küstengebirge im Westen und den Cascade Range im Osten. Im Norden des Tales liegen vorzügliche Terroirs mit idealem Mikroklima für den Anbau von Pinot Noir. Ken Wright pflanzte hier Ende der 1980er- und zu Beginn der 1990er-Jahre Reben im Yamhill County.

Anbaugebiet: Willamette Valley
Anbaufläche und Ort: 41 ha im Willamette Valley
Rebsorten: Pinot Noir (85%), Chardonnay (10%), Pinot Blanc (5%)
Anzahl Flaschen pro Jahr: 90 000
Beste Jahrgänge: 1994, 1998, 1999, 2000

An den Ufern des kanadischen Lake Okanagan reichen die Reben des Weingutes Quail's Gate bis ans Ufer.

Kanada: Newcomer im internationalen Weinbau

Wenn ein neues Land auf der internationalen Szene reüssieren will, muss es irgendwelche Trümpfe in der Hand haben, die anderen Ländern in dieser Form fehlen: etwa eine Rebsorte, die besonders gut gedeiht, oder ein einzigartiges Vinifizierungsverfahren usw.

In Kanada erlauben es die natürlichen Verhältnisse, einen sehr seltenen und extrem teuren Wein herzustellen, der unvergleichlich schmeckt, wenn er gut gelungen ist, den berühmten Eiswein. In der Nähe der Niagarafälle, weit von jedem Ort entfernt, den man normalerweise mit Weinbau in Verbindung bringt, und wo der Winter ein halbes Jahr dauern kann, widerstehen die Rebstöcke gut der Kälte. Durch die enormen Wassermassen der Großen Seen werden die Temperaturextreme gemildert, was den Weinbau möglich macht.

Vier Fünftel der kanadischen Rebfläche liegen auf den fruchtbaren alluvialen Böden der Niagarahalbinsel. Die Winter sind hier nicht zu kalt, die Niederschläge eher bescheiden und die Sommer warm. Von hier stammt der Eiswein von Inniskillin. Das Verfahren zur Herstellung solcher Süßweine aus sehr reifen, gefrorenen Trauben stammt ursprünglich aus Deutschland bzw. Österreich. Die Weinernte findet dort im Dezember oder Januar nachts oder frühmorgens statt. Die Trauben gelangen noch gefroren zur Kelterung. Der stark zuckerhaltige Saft, der dabei entsteht, braucht zur Gärung mehrere Monate.

Inniskillin Wines

Das Herstellungsverfahren für diesen Süßwein kennt Karl Kaiser aus seiner früheren Heimat Österreich. Er gründete zusammen mit J. P. Ziraldo dieses Weingut auf der Niagarahalbinsel. Die Ernte findet im Dezember oder Januar ganz früh am Morgen statt, wenn die Beeren der Hybridsorte Vidal noch gefroren sind.

Anbaugebiet: Ontario
Anbaufläche und Ort: Niagarahalbinsel
Rebsorten: Vidal (100%)
Anzahl Flaschen pro Jahr: keine Angaben
Beste Jahrgänge: keine Angaben

Neuseeland

Australien, Südafrika, Chile und Neuseeland pflanzen als einzige Länder auf der Südhalbkugel Reben zwischen dem 30. und 40. Breitengrad an. Die Weinlese findet dort im Februar und März statt.

Der Beginn des Weinbaus geht auf einen englischen Missionar zurück, der 1815 auf der Nordinsel die ersten Reben pflanzte. Charles Darwin fand sie bei seinem Besuch 1835 in guter Gesundheit vor. James Busby, der schon den australischen Weinbau begründet hatte, legte um 1830 einen Weinberg bei Waitangi an und kelterte den ersten Wein. Ein französischer Missionar brachte erstmals Reben in die Region der Hawke's Bay. Doch alle diese Anstrengungen wurden von der Reblaus zunichte gemacht. Der italienische Önologe Romeo Bragato half beim Wiederaufbau. Aber die eigentliche Renaissance des neuseeländischen Weinbaus geht auf den Zweiten Weltkrieg zurück, als die Insel nur ihre eigenen Ressourcen hatte. Die meisten Weingüter liegen auf der Südinsel, wo das frische Klima und die Sommerregen die Produktion von Weißwein begünstigen. Die Sonnenscheindauer reicht aber auch aus, um Rebsorten wie den Cabernet-Sauvignon mit hervorragenden Ergebnissen zu kultivieren.

Die Südinsel gilt mit Ausnahme weniger Abschnitte als zu kühl für Reben. Der noch junge neuseeländische Weinbau macht von modernsten Verfahren Gebrauch, die trotz der Witterungsschwankungen eine sehr regelmäßige Produktion erlauben.

Die Weinberge der Chalk Farm in der Nähe von Queenstown sind die südlichsten auf der ganzen Welt.

Cloudy Bay

Das 1985 gegründete Weingut trägt den Namen, den Captain Cook der Bucht am Ostende des Wairau-Tales 1770 verlieh. Der Sauvignon macht fast die Hälfte aller Reben in dieser Region aus. Einer der berühmtesten ist der Cloudy Bay, der zum ersten Mal 1985 gekeltert wurde.

Anbaugebiet: Marlborough
Anbaufläche und Ort: 100 ha in Marlborough
Rebsorten: Sauvignon Blanc (100%)
Anzahl Flaschen pro Jahr: 720 000
Beste Jahrgänge: 1994, 1996, 1999, 2001

Kumeu River Wines

Im Jahre 1944 gründeten Mick und Kat Brajkovich dieses Weingut in Kumeu im Nordwesten von Auckland. Sie waren 1938 aus Dalmatien ausgewandert. Ihr Sohn Mat führte das Werk seiner Eltern fort und heiratete 1958 Melba Sutich, die ebenfalls aus Dalmatien stammt. Heute leitet Melba Brajkovich zusammen mit ihren drei Söhnen und Töchtern das Gut.

Anbaugebiet: Kumeu
Anbaufläche und Ort: 30 ha in Kumeu
Rebsorten: Pinot Noir (100%)
Anzahl Flaschen pro Jahr: 200 000
Beste Jahrgänge: 1996, 1999, 2000

Saint Clair

Das Familienunternehmen wurde 1978 gegründet. Es wurde nach dem ersten Weinberg benannt, der von einer Familie Sinclair angelegt wurde. James Sinclair gab den Anstoß zur Entwicklung von Blenheim, der wichtigsten Stadt in der Region Marlborough. Die Trauben für diesen Wein stammten ursprünglich von verschiedenen Winzern. 1994 machte sich das Gut selbstständig.

Anbaugebiet: Marlborough
Anbaufläche und Ort: 45 ha in Marlborough
Rebsorten: Riesling (100%)
Anzahl Flaschen pro Jahr: keine Angaben
Beste Jahrgänge: 1994, 1996, 1999, 2000

Allan Scott Wines

Das Familienunternehmen, das Allan und Catherine Scott 1990 gründeten und seither leiten, nimmt in der Region Marlborough unweit von Blenheim eine ganz besondere Stellung ein. 22 Hektar sind mit Sauvignon, Chardonnay und Riesling bepflanzt. Die beiden eröffneten 1992 auch ein renommiertes Restaurant: »Twelve Trees«.

Anbaugebiet: Marlborough
Anbaufläche und Ort: 65 ha (insgesamt) in Marlborough
Rebsorten: Riesling (100%)
Anzahl Flaschen pro Jahr: 600 000 (insgesamt)
Beste Jahrgänge: 1993, 1996, 1998, 2001

Vavasour Wines

Die Familie Vavasour kann ihre Ursprünge bis zu Wilhelm dem Eroberer zurückverfolgen. Sie ließ sich 1890 in Neuseeland, im Awatere Valley, nieder. Ein Jahrhundert später pflanzte Peter Vavasour als einer der Ersten Reben. 1985 wurde das Weingut gebaut, und 1989 fand die erste Lese statt. Das entsprechende Gebiet gilt heute als eines der besten des Landes.

Anbaugebiet: Marlborough
Anbaufläche und Ort: Awatere Valley
Rebsorten: Sauvignon Blanc (100%)
Anzahl Flaschen pro Jahr: 420 000
Beste Jahrgänge: 1989, 1994, 1997, 1999

Villa Maria Estate

Das Weingut Villa Maria wurde 1961 von George Fistonich in der Region Marlborough im Nordosten der Südinsel gegründet. Er leitet es noch heute. Hier liegt eine der jüngsten Weinbauregionen der Welt, und die Rebsorte Sauvignon hat sehr schnell zu einem internationalen Niveau gefunden. Die Reserve »Clifford Bay« wird aus ausgesuchten Trauben des Awatere Valley gekeltert.

Anbaugebiet: Marlborough
Anbaufläche und Ort: Awatere Valley
Rebsorten: Sauvignon Blanc (100%)
Anzahl Flaschen pro Jahr: 30 000
Beste Jahrgänge: 1996, 1997, 2001

Weitere Länder

Reben wachsen auch in tropischen Gebieten. Für die Produktion von Wein ist aber ein gemäßigtes Klima nahezu notwendig. Der Weinbau konnte nicht in allen klimatisch zusagenden Regionen gleichermaßen Fuß fassen. Seit der Antike wird Wein in den Mittelmeerländern angebaut. In China ist der Weinbau knapp 100 Jahre alt. Das Land wird ein neuer Stern am Weinhimmel werden.

Die drei Länder des Maghreb waren lange Zeit Lieferanten großer Mengen von Verschnittweinen. Ihre Weinbautradition geht auf die Besiedlung durch die Phönizier im 12. Jahrhundert v. Chr. zurück. Unter den Arabern gab es keinen Weinbau. Er kehrte erst mit der Kolonisierung durch die Franzosen im 19. Jahrhundert zurück. Zusammen mit Syrien gehört der Libanon zum alten Phönizien und damit zu einem der ersten Wein produzierenden Reiche der Welt. Die Vorreiterrolle in moderner Zeit übernahm im Libanon das Château Musar in der Bekaa-Ebene. Auch in Israel reicht der Weinanbau bis in früheste Zeiten zurück. Die moderne Geschichte des israelischen Weinbaus begann um 1880, als Baron de Rothschild Rebberge anlegen ließ.

Im 19. Jahrhundert brachten Westler den Weinbau nach Japan. Die größte Rebfläche besitzt die Hauptinsel Honshu. Die besten Weine sind dort leicht und trocken. China hat in den letzten Jahren einen unglaublichen Aufschwung erlebt. Der Weinkonsum ist relativ weit verbreitet, und die ersten Flaschen sind in deutschen Supermärkten erhältlich. China hat ein großes Potenzial, auch für Spitzenweine. Der Cabernet-Sauvignon ist am weitesten verbreitet.

Algerien
Domaine El Bordj

Dieses Weingut ist das älteste in Algerien, denn der entsprechende Weinberg mit französischen und regionalen Sorten datiert aus dem Jahre 1840. Die Weine wurden 1858 zum ersten Mal bei der Herbstausstellung in Paris präsentiert. Das Weingut El Bordj liegt in der gleichnamigen Gemeinde in einer Höhe von 800 Metern.

Anbaugebiet: Coteaux de Mascara
Anbaufläche und Ort: 360 ha in El Bordj
Rebsorten: Grenache, Carignan, Cinsault, Mourvèdre, Syrah, Cabernet-Sauvignon und regionale Sorten
Anzahl Flaschen pro Jahr: keine Angaben
Beste Jahrgänge: keine Angaben

Israel
Golan Heights Winery

Seit 1976 finden die ersten Weinbauversuche auf den Golanhöhen statt, die als bester Weinbaubereich in Galiläa gelten. Der vulkanische Boden ist sehr wasserdurchlässig, und das frische Klima erlaubt eine langsame Reifung der Trauben. Die drei Weinberge des Gutes tragen die Bezeichnungen »Yarden«, »Gamla« und »Golan«.

Anbaugebiet: Galiläa
Anbaufläche und Ort: Katzrin
Rebsorten: Merlot, Cabernet-Sauvignon (geringer Anteil)
Anzahl Flaschen pro Jahr: keine Angaben
Beste Jahrgänge: keine Angaben

Libanon
Chateau Musar

Trotz der seit Jahren anhaltenden widrigen Umstände in seiner Heimat hat Gaston Hochar die Keller seines Chateau Musar, das 1930 in Ghazir in der Bekaa-Ebene gegründet wurde, nie geschlossen. Die Bezeichnung »Musar« geht auf das arabische »m'zar« zurück, ein Ort von besonderer Schönheit. Das Weingut leiten heute Hochars Söhne.

Anbaugebiet: Bekaa-Ebene
Anbaufläche und Ort: 130 ha in der Bekaa-Ebene und am Libanongebirge
Rebsorten: Cabernet-Sauvignon, Carignan, Cinsault
Anzahl Flaschen pro Jahr: 300 000
Beste Jahrgänge: keine Angaben

Register

Frankreich

Weitere Länder in Europa

Weitere Kontinente